KB161646

인생을
바꾸는
고수의 습관

인생을 바꾸는 고수의 습관

조금만 바꾸면 당신의 인생이 완전히 달라진다!

이상훈
지음

- 영화는 조조할인으로 본다
- 시간과 월급의 30퍼센트를 남긴다
- 쓰면서 생각을 정리한다
- A4 한 장에 보고서를 요약한다
- 촉을 날카롭게 관리한다

페이퍼로드
paperroad

조용한 혁명, 습관이 인생을 바꾼다

일상의 변화를 부르는 힘

올 초부터 아내는 꼭두새벽에 법석을 떨었다. 영어 공부를 다시 시작해 보겠다며 매일 아침 6시에 외국인과 전화로 대화를 나누는 서비스를 신청했던 모양이다. 그 무렵 아내는 영어를 자유롭게 구사하고 싶다는 한동안 잊고 있었던 꿈을 이루고 싶어했다. 여기에 보너스로 이제 8살 된 아들에게 영어를 직접 가르쳐 보고 싶다는 '야심'도 한몫했던 것 같다. 아이와 밀도 있는 교감도 가능할 것이라면서 말이다.

나는 괜한 고생을 한다 싶었다. '아침잠도 많은 사람이 그냥 편하게 살지, 얼마나 갈까'라는 마음으로 두고 봤다. 동네에서 조그만 약국을 운영하는 아내는 평일 아침 9시부터 저녁 6시까지 꼬박 자리를 지켜야 했다. 그런 와중에 꿀맛 같은 아침잠과도 결별하게 됐으니, 금세 두 손을 들 줄 알았다.

그런데 이런 내 예상이 빗나가고 있음을 느낀 것은 전화 영어를 시작한지 한 달도 채 되지 않아서였다. '날 제발 깨워달라'고 매달리는 날이 현저히 줄더니, 이때쯤부터는 외국인과 통화를 하기 전 예습까지 하고 전화를 기다렸다. 나는 몰라보게 달라진 아내가 사뭇 신기했다. 그러던 어느 날 저녁 나는 무심코 툭 던지듯 말했다.

"피곤하지 않아? 이제는 알아서 혼자 새벽에 일어나고 정말 대단해."

그랬더니 아내는 기다렸다는 듯 응수했다.

"처음에야 힘들었지. 그런데 이제는 몸이 달라진 거 같아. 아침에 일찍 일어났더니 머리가 맑아지고 기분도 좋아졌어. 스스로 영어 공부를 시작하면서는 삶에 끌려 다닌다는 느낌도 없어졌다니까. 활력소라고 할까 아니면 돌파구라고 할까, 아무튼 그래."

그러면서 아내는 평소 나에게 자주하던 잔소리를 섞어 가며 반격을 가했다.

"당신, 대사증후군이 얼마나 무서운지 알아? 당신처럼 살찐 사람은 더 조심해야 돼. 그게 다 습관을 잘못 들이면 생기는 병이야. 저녁에 TV만 보지 말고 운동 좀 해. 처음이 어렵지, 일주일만 바꿔 보면 달라질 수 있어."

당시 삶에서 뚜렷한 족적을 남긴 이들의 '작지만 강한' 습관에 대해 조사하며 이와 관련한 원고를 쓰고 있던 나는 '아차' 싶었다. 우리 인생을 막후 조종하는 실력자로서 습관의 응숭깊은 저력을 눈앞에서 보고도 놓쳤다는 사실을 문득 깨달았기 때문이다. 요즘 아내는 5살 딸의 칭얼거림을 들어주며 아들과 영어 공부인지 놀이인지를 3개월째 즐기고 있다. 일상의 변화는 습관의 길을 어느 방향으로 틔우느냐에 달려 있다 해도 과언이 아니다.

습관으로 내공을 다진 고수들

신문기자는 사람 만나는 게 일이다. 경제신문에서 꼬박 15년 정도 일하다 보니, 인생이란 가시밭길 속에서 자신의 길을 개척한 다양한 인물을 접촉하는 흔치 않은 기회를 가질 수 있었다. 이름만 들으면 알 만한 대기업과 금융회사의 전문경영인, 정부 고위관료, 성공한 중소벤처 기업인 등을 비롯해 길거리에서 흔히 볼수 있는 각종 프랜차이즈 브랜드를 만든 사업가나 잘나가는 동네식당 사장님 등이 바로 그런 부류다.

각자의 분야에서 탁월한 실력과 혜안으로 일가를 이룬 만큼 이들을 한 두름에 꿰는 키워드는 '고수'가 아닐까 싶다. 이런 고수와의 만남은 나에게 어떤 식으로든 감흥을 남긴다. 때로는 벼락같은 충격으로 다가올 때도 있고, 가끔은 잔물결 같은 울림을 주기도한다.

이 책은 고수를 만든 습관에 대한 보고서다. 습관은 수면 위로 드러난 모습만으로는 형체를 가늠하기 힘든 거대한 빙산과 같다. 작은 행동이 쌓이고 쌓여 큰 결실을 이루는 이치다. 한 사람의 내공 혹은 진면목의 수원(水源)을 찾아 올라가다 보면 반드시 특별한 습관을 마주하게 된다. 내 아내가 아침잠을 줄이는 습관을 들여 인생의 작지만 큰 변화와 마주하고 있듯이 고수들도 남다른 습관을 통해 힘을 키워 왔다.

그런 맥락에서 고수를 단단하게 만들어준 습관을 찾는 작업에 몰두했고, 그 결과물이 바로 이 책이다. 나는 이 책에 언급된 고수의 90퍼센트 가량을 직접 만나 취재했다. 이 책을 쓰기로 결정하고 만난 고수도 많았지만, 이전부터 습관에 대해 예민한 문제의식을 갖고 틈틈이 모아둔 메모의 도움도 쏠쏠하게 받았다. 10퍼센트 가량의 취재원은 각종 기사, 그들이 직접 쓴 책, 그들을 잘 아는 인물 등을 다각도로 간접 취재해 각별한 의미가 있다고 생각되는 습관만을 추출했다.

고수들은 자신의 습관에 대해 뚜렷이 인식하고 있는 경우가 대부분이었다. 하지만 그게 습관인지조차 제대로 알지 못하거나 습관으로 부르는 게 적절한지에 대해서 판단을 내리지 못하는 사례도 적지 않았다. 이런 습관들을 정리하고 분류하고 의미를 부여하는 작업은 힘들었지만 흥미로웠다. 독자들에게 뜬구름 잡는 조언이 아닌 구체적이고 실질적인 조언이 될 것으로 믿어 의심치 않는다. 익숙해져 안락하지만 스스로를 구속하는 길을 갈 것이냐, 낯설지만 새로운 시도를 할 것이냐는 독자의 몫이라고 생각한다.

책을 쓰는 작업은 언제나 힘들다. 내 심신도 지치지만, 시간에 쫓겨 부득이하게 주위에 내 도리를 다하지 못할 때도 적잖이 있다. 책을 읽고 사람을 만나고 메모를 하고 글을 쓰는 것은 내 직업

이기도 하지만 앞서 내 습관이기도 하다. 가족들에게 사랑과 고마움을 전한다.

2014년 겨울 초입에

이상훈 씀

목차

프롤로그_ 조용한 혁명, 습관이 인생을 바꾼다 ...5

1부 일할 때

1장 고수는 계획과 결과 차이에 민감하다

목표를 잘게 썬다 ...18 | 양파 껍질을 벗기듯이 단순화한다 ...23 | 주간 단위로
계획을 짠다 ...26 | 모든 것을 매뉴얼화한다 ...32

2장 고수는 전체 맥락에서 업무를 바라본다

20~30대, 핵심에 올인한다 ...36 | 화장실에서 서류를 읽다 ...42 | 자신의 눈
으로 본다 ...47

3장 고수는 가려운 곳을 적극적으로 말한다

훈수꾼과 조언자를 구별한다 ...52 | 진심으로 부탁한다 ...56 | 힘들지 않은 척
할 필요는 없다 ...60

4장 고수는 지적당하면 고친다

베스트보다 퍼펙트 ...66 │ 자세 교정에 공을 들인다 ...72 │ 멘토의 눈을 귀하게 여긴다 ...75

5장 고수는 현장에서 판단력을 가다듬는다

촉을 자주 시험대 위에 올린다 ...80 │ 수치를 예측한다 ...85 │ 역사적 인식을 갖고 사물을 본다 ...89 │ Simple & Speed ...93 │ 현장의 목소리를 듣는다 ...97 │ 감각을 날생선처럼 신선하게 ...102

6장 고수는 메모를 좋아한다

쓰면서 생각을 정리한다 ...106 │ 곁에 항상 메모지와 볼펜을 ...110 │ 응집력과 협업을 강화하는 메모 ...115

2부 아이디어를 낼 때

1장 고수는 지레짐작하지 않고 움직인다

때로는 저지르고 본다 ...122 │ 물은 100도에서 끓는다 ...128 │ 조금 비틀어 본다 ...134

2장 고수는 자신과 진실한 대화를 한다

나 자신과 현실에 입각한다 ...140 │ 약점보다 강점에 집중한다 ...145

3장 고수는 급소부터 찾는다

급소, 요충지, 허브, 킹핀 ...150 │ 마중물처럼 움직인다 ...155

4장 고수는 두괄식 사고를 한다
A4 한 장에 응축되도록 ...160 | 대상을 쪼개고 나눈다 ...164

5장 고수는 꿈을 환기시키는 매개체를 곁에 둔다
수시로 수첩을 꺼내 본다 ...170 | 닮고 싶은 것을 가까이한다 ...175

6장 고수는 입체적으로 사고한다
다각도로 사안을 바라본다 ...180 | 자기 중심의 관점에서 벗어난다 ...185

3부 사람을 만날 때

1장 고수는 사소한 배려로 마음을 산다
먼저 악수한다 ...192 | 아랫사람의 생일을 챙긴다 ...195

2장 고수는 자신을 위한 시간을 마련한다
쉴 때는 완전히 쉰다 ...200 | 시간과 월급의 30퍼센트를 남긴다 ...203 | 휴대
전화를 끄지 않는다 ...207 | 1등이 아닌 1호가 된다 ...211

3장 고수는 자신의 일이 아니어도 관심을 갖는다
상사의 입장에서 본다 ...216 | 스스로를 브랜드화한다 ...219

4장 고수는 시간의 기회비용을 생각한다
시간 약속에 철저하다 ...226 | 술을 마실 때는 119 원칙 ...231

5장 고수는 시간을 잘게 쪼개 쓴다

이메일 답장은 분 단위로 보낸다 ...236 | 멀티태스킹에 능하다 ...240 | 아침에
시간을 몰아 쓴다 ...244 | 피드백이 빠르다 ...248

6장 고수는 지혜롭게 스트레스를 푼다

영화는 조조할인으로 본다 ...254 | 주변에 즐길 만한 것을 둔다 ...257 | 산책
을 즐긴다 ...260

4부 낡은 나를 버릴 때

1장 고수는 끝장을 본다

끊임없이 기준의 근거를 묻는다 ...266 | 독하게 파고든다 ...270 | 목표가 생기
면 열정을 쏟는다 ...276 | 뜯어 보고 다시 조립한다 ...283

2장 고수는 단순한 생활을 즐긴다

우직하게 파고든다 ...288 | 핵심에 매진한다 ...291 | 꿈에서도 해법을 갈구한
다 ...296

3장 고수는 어려움을 피하지 않는다

모른다는 것을 인정한다 ...304 | 가지 않은 길로 레드카펫을 깐다 ...308 | 바닥
부터 시작한다 ...313

4장 고수는 평소 만나고 배운다

읽고 또 읽는다 ...318 | 빛나는 문구들을 곳곳에 붙인다 ...322 | 종이 신문을
읽는다 ...326 | 가르치면서 배운다 ...330 | 하루 세 명 이상을 만난다 ...334

에필로그_ 비커 속 개구리의 운명에서 벗어나기 ...340

1부

일할 때

1장

**고수는
계획과
결과
차이에
민감하다**

목표를 잘게 썬다

양파 껍질을 벗기듯이 단순화한다

주간 단위로 계획을 짠다

모든 것을 매뉴얼화한다

"목표를 잘게 썬다"
- Plan → Do → Check를 반복한다

틀린 것을 복기하는 것은 고역이다. 자신이 못한 것을 확인해야 하고 또 바로잡아야 한다.

오답으로 유인했던 잘못된 회로도를 머리에서 걷어내야 하는 과정은 지극히 싫은 경험일 수밖에 없다. 별로 내키지 않는 일에 머리가 긴장을 하면서 다시 집중해야 하기 때문이다. 그러나 이 과정을 소홀히 하면 과거에 했던 실수를 연발하게 된다.

어떤 분야에서든 작은 차이가 큰 차이를 만든다. 인간과 침팬지 유전자DNA 중 98퍼센트가 같고 단지 2퍼센트만 다르다. 고작 2퍼센트의 차이 때문에 인간과 침팬지가 천양지차로 벌어진 것이다.

같은 어항에서 자라는 물고기 두 마리 가운데 조금이라도 큰 물고기는 나중에는 덩치가 몰라보게 커진다. 그 작은 차이가 빌미가 돼 더 많은 먹이를 먹게 되고 갈수록 먹이를 독식하게 되기 때문이다. 그래서 작은 차이를 무시해서는 안 된다. 예민한 감성을 갖고 치열하게 준비해 작은 차이를 만들 줄 아는 이가 결국 승리하게 된다.

세밀한 관찰력은 그래서 중요하다. 과일 주스를 보자. 이제는 웬만한 카페에서는 모두 생과일 주스를 판다. 그런데 여름에는 생과일 주스에 얼음을 넣는다. 이 얼음에 주목하지 못하는 브랜드는 결국 경쟁에서 진다. 그냥 물로 얼린 얼음을 주스에 넣을 경우 나중에 얼음이 녹으면 농도가 옅어져 맛이 떨어지기 때문이다. 뛰어난 브랜드, 앞서가는 브랜드는 생수 얼음이 아닌 과일즙 얼음을 쓴다. 얼음이 녹아도 맛이 그대로 보존된다면, 처음부터 끝까지 맛에 변함이 없다. 세밀함은 이렇게 큰 차이를 낳는다.

고객 입장에서 냉정하게 스스로를 평가하고 개선하려는 노력을 매사 기울여야 이런 문제점을 발견할 수 있는 법이다. 그냥 둔감한 감성과 남들 하는 수준의 노력으로는 무엇이 잘못돼 경쟁에서 지고 있는지 알기도 어렵다.

박성칠 동원F&B사장은 독특한 이력의 소유자다. 외환은행에서 직장생활을 시작한 그는 미국 오리건대에서 경영학 박사 학위를 받았다. 이후 일리노이주립대에서 학생을 가르치다 1989년 삼성전자와 인연을 맺었다. 1993년부터 2000년까지 삼성전자 경영혁신팀 SCM공급망 관리 그룹장, 2003년까지 i2테크놀로지 대표이사를 거쳐 2004년부터 2006년 1월까지 삼성전자 경영혁신팀 SCM그룹 담당 전무로 일했다. 1999년에는 직접 소프트웨어 업체를 설립해 사업에 뛰어들기도 했다. 이후 식품 기업인 대상을 거쳐 동원F&B로 옮겼다. 금융권, 제조업체를 거쳐 식품 산업에까지 보폭을 넓힌 비결은 그의 품질 관리 능력이었다. 박 사장은 일하는 방식을 바꿔야 한다고 지적했다.

"모든 성과는 일하는 방식이 바뀌어야 가능합니다. 신제품의 기획, 개발, 마케팅 등 일하는 방법을 획기적이고 효율적으로 바꾸면 매출과 이익은 자동적으로 따라오게 됩니다."

박 사장은 "평소 계획을 세우고, 철저히 실행하고 여기에서 그치면 안 된다"며 "계획과 결과 사이에 차이가 왜 발생하는지 검토해서 다음 번 계획 때는 이 점을 반영할 수 있어야 한다"고 강조했다. 그는 "내가 이 자리에 올 수 있었던 이유를 군이 들자면 이런 일하는 방식을 몸에 밸 만큼 철저히 습관화했기 때문"이라고 말했다.

"단계별로 차이가 납니다. 제일 하수인 사람은 계획Plan만 세우고 실행Do은 잘 못해요. 그 다음 나은 부류는 계획에 근거해 실천도 잘 합니다. 근데 계획과 실천해서 나온 결과물 간에 차이가 왜 발생했는지에 대해서는 잘 살피지Check 않아요. 가장 고수는 마지막 단계까지 해냅니다. 프로세스에서 누수를 없애게 되는 거지요. 결과적으로 사람들은 계획을 제일 많이 하고 그다음이 실천, 마지막으로 제일 적게 하는 것이 비교와 검증입니다."

박 사장은 "반품을 개선할 때 '장사를 하기 위해 어느 정도 반품은 어쩔 수 없다'고 생각하면 한계가 있다."면서 "모든 제품을 소비자 손에 갈 때까지 세밀하게 관리하면 자연히 반품이 줄어들 것"이라고 강조했다. 박 사장은 고정관념을 깨는 데도 적극적이다. 고

정관념의 특징은 당사자들이 그것이 고정관념인지도 잘 인식하지 못한다는 데 있다. 그래서 박 사장은 보이는 것을 바꿔야 고정관념도 바뀔 수 있다고 생각한다. 영업 현장에서 다들 입는 똑같은 잠바를 다 걷어 들였고, 오후 7시만 되면 업무를 끝내고 재충전을 할 수 있도록 조치했다. 월례사도 흔한 글 대신 동영상으로 만들었다. 간단하지만 굳은 사고를 더 유연하게 만드는 데는 이런 방법들이 효과가 크다는 게 박 사장의 지론이다.

지난 2012년 이나모리 가즈오 교세라 명예회장이 국내 굴지의 금융그룹인 하나금융에서 강연을 통해 밝힌 12가지 경영 원칙 중에는 '목표를 잘게 썰라'는 부분이 있다. 그는 목표를 정할 때 중장기보다는 1년 단위로 세우되 일간 단위까지 목표를 세울 만큼 세분화하라고 강조했다.

"일반적으로 5개년 계획 또는 10개년 계획 같은 중장기적 경영계획을 입안해야 한다고 생각하는데, 교세라는 장기 계획을 세운 적이 거의 없어요. 기업의 목표는 회사 전체의 막연한 숫자가 아니라 조직별로 세분화break down돼야 합니다. 1년을 아우르는 연간 목표뿐만 아니라 월간 목표도 정해야 하고 매일의 목표도 설정해야 실패가 없어요."

인생 경영이든, 기업의 경영이든, 행복 추구라는 장기적이고 근원적인 목표를 이루게 하는 세부 계획은 손에 쥘 수 있을 만큼 구체적이어야 한다. 특히 단기 목표가 있고, 여기에 포커스를 맞춰야 실행 동력이 쉽사리 꺼지지 않는다. 추상적이고 중장기적인 계획은 현실의 요철을 무뎌 보이게 만든다. 한마디로 성과가 어느 정도 났는지 표가 잘 나지 않아 목표 의식도 희미해지기 쉽다. CEO들은 즉시 피드백이 오는 시스템을 구축해야 의식의 날이 선다고 여긴다.

"양파 껍질을 벗기듯이 단순화한다"
-실패 요인을 분석한다

보쌈 브랜드 놀부의 김순진 전 회장은 실패를 참 많이도 했다. 백반집, 돼지갈비집, 곰장어집 등 처음에는 손대는 족족 망했다. 여기까지는 일반 창업가들과 다를 게 없었다.

하지만 그는 실패를 그냥 놔두지 않았다. 철저히 분석하고 다시는 같은 실수를 하지 않으려 노력했다. 다 같은 실패라도 다 사연은 달랐다. 그걸 제대로 복기해 보고 교훈을 내 것으로 만들었다. 물렀던 내가 점점 단단해지고 있음을 느꼈다. 남들이 하는 것마다 실패라고 비웃을 때 그는 생각했다. '나는 예전에 내가 아니다. 나는 발전하고 있다'고.

"자본이 부족해서 제가 가게를 열고 싶은 좋은 상권에서 열지 못하고 변두리, 뒷골목, 주택가 이런 곳으로 들어가서 실패한 경험도 있고요. 때로는 요리에 대한 전문성이나 전문지식이 없어서 제가 요리를 잘하시는 전문가를 고용할 수 있는 환경이 못 돼서 실패한 적도 있고요. 때로는 상권과 제가 판매하고자 하는 상품이 잘못 맞춰져서 그런 전문성이 부족해서 실패한 요인도 있었고요. 그래도 끊임없이 긍정적으로 '언젠가는 성공할 수 있겠지'라고 생각했어요. 그리고 제가 못했던 아쉬운 부분이 늘 머릿속에 남았죠. 실패를 중요한 자산으로, 실패의 경험을 간직한다는 점에서 남과는 다른 면이 있을 수 있었던 거 같아요."

그는 "신림동에 골목집이란 보쌈 식당을 열었을 때도 어떻게 해야 맛있는 보쌈을 만들 수 있는지 열심히 궁리했다"며 "보쌈김치를 만들기 위해서는 배, 마늘, 참기름 등 속을 다르게 버무려 넣은 1번, 2번, 3번, 4번 바가지를 죽 늘어 놓고 맛보기를 끊임없이 되풀이했다"고 말했다. 성공하는 창업가들은 예민한 감성의 소유자들이고, 1퍼센트를 더 채우기 위해 전력을 다한다. 원하는 결과가 나올 때까지 집요하게 노력해 애초 목표를 달성해 내는 것이 중요하다. 원하는 결과란 다름 아닌 소비자가 바라는 제품을 구현해 내는 것이다.

잡스가 애플에 다시 돌아와 처음 선보인 제품이 아이맥이다. 본체와 모니터가 하나로 돼 있고 속이 비치는 반투명 케이스를 뒤집어 쓴 독특한 PC였다. 직사각형의 컴퓨터에 패션을 입혔다는 평가가 나왔다.

아이맥은 케이스 제작에만 65달러가 나왔다. 대부분의 컴퓨터 회사가 만들었던 사각형 케이스에는 20달러도 채 들어가지 않는다. 아이맥은 투명한 원색의 사탕처럼 달콤해 보이는 외관으로 폭발적인 사랑을 받았다. 애플 디자인팀은 제대로 된 사탕 색깔을 만들기 위해 사탕 공장을 여러 차례 방문할 정도로 공을 들였다.

아이맥을 만들 당시 엔지니어들은 38가지 이유를 들어 디자인을 거부했다고 한다. 이에 대해 잡스는 언론 인터뷰를 통해 이렇게 말했다.

"디자인 스케치를 기술팀에 들고 가니까 엔지니어들이 무려 38 가지 이유를 들며 못하겠다고 버티더군요. 저는 말했죠. '아니다. 우리는 이걸 원한다. 이걸 해야 한다' 했더니, '왜 해야 하느냐'고 묻더군요. 그래서 저는 '내가 CEO니까'라고 했죠. 제 고집대로 밀고 나갔어요."

아이팟 역시 단순하고 직관적인 디자인을 따랐다. 복잡한 기능을 강조하는 첨단 이미지를 버리고 단순함과 은은함을 강조하는 미니멀리즘을 선택했다. 버튼을 가급적 줄였고, 버튼을 없애고 화면을 건드려 작동하는 터치스크린 방식도 적용했다. 뭐든지 미니멀리즘이 어렵다. 단순화를 위해서 기계라면 기계의 구조를, 문장이라면 말하려는 핵심을 정확히 꿰고 있어야 한다. 그만큼 철저히 이해하고 있어야 한다. 연구개발자 입장에서는 더욱 고통스러운 과정일 수밖에 없다. 잡스는 "무슨 문제든 처음에는 꽤나 복잡한 해결 방법이 먼저 떠오른다. 하지만 많은 사람들은 그 시점에서 그만 생각을 멈춘다. 그런데 끝까지 문제를 파고들어 양파 껍질을 벗기듯 한 가지씩 해결하다 보면 종종 획기적이고 단순한 결과를 찾을 수 있다. 대부분의 사람들은 결과를 찾을 때까지 들여야 하는 시간과 에너지에 무척 인색하다"고 말한다.

아인슈타인은 $E=mc^2$이라는 물리학 공식을 발표했다. 에너지는 질량 곱하기 속도의 제곱이라는 뜻이다. 주목해야 할 부분은 속도, 즉 스피드다. 속도는 그냥 곱하기가 아니고, 그 승수만큼 제곱으로 파워를 끌어낸다. 같은 질량이라도 스피드를 2배 올리면 그 파워는 4배로 커지고, 4배로 올리면 16배로 벌어진다는 원리다.

이는 회사의 업무 추진에도 적용할 수 있다. 빠른 업무 처리는 다른 경쟁자들을 움츠러들게 만들고 도전이나 경쟁 자체를 포기하게 만드는 주요 요소다. 사실 회사 업무 성격상 스피드를 2배, 3배로 쉽게 올릴 수는 없지만, 상대적인 경쟁이 이루어지는 경영 현장에서는 20~30퍼센트만 빨라져도 결과가 확실히 달라진다. 더욱이 '2등은 아무도 기억하지 않는다'는 격언처럼 1등이 독식하는 현재의 완전 경영 여건에서 스피드는 더욱 중요한 변수다.

여기서 '스피드'란 프로세스를 과감하게 생략해 버리고 본질만으로 단도직입적으로 진행한다는 뜻이 아니다. 의사결정은 신중하고 사려 깊어야 한다. 대강대강 의사결정을 내리는 것을 두고 스피디하다고 말하진 않는다. 프로세스 하나하나를 신속하게, 적시에 처리한다는 뜻이다. 미적거리거나 미루거나 하여 실기하는 일을 최소화한다는 의미다.

업무를 빨리빨리 처리하려면, 그만큼 CEO의 판단도 빨라야 한다. 빠르면서도 정확한 판단은 평소 내공이 쌓이지 않으면 불가능하다. 기술의 트렌드, 발전 추이와 전망, 소비자의 기호, 사회의 변화 방향, 시장성과 사업성 등 산업과 사회 전반에 대한 깊이 있는 이해가 필수다. 조직 생활을 해 본 사람들은 다 안다. 업무에 있어서 완급 조절이 얼마나 중요한지를. 리스크를 피한다는 명분으로 매사에 재기만 해서는 안되며, 과감한 결단으로 남보다 빨리 더 나은 성과물을 내놓는 조직이 앞서 가는 게 세상 이치다.

카페베네 김선권 대표는 "어릴 때부터 숫자로 목표를 정해 놓는 것을 좋아했다"고 말한다.

그는 "카페베네가 성공한 것도 단기 목표를 세부까지 구체적으로 세우고 이를 달성하기 위해 매달린 덕분"이라고 설명한다. 김 대표는 일 처리와 관련해서도 빨리 판단을 내려 주는 편이다. 그는 사업과 연관되는 아이디어나 개선점이 올라오면 실무진과 대화와 토론을 통해 바로 결정짓는다고 한다. 이는 대기업과 달리 카페베네가 시장의 트렌드와 고객 취향에 기민하게 대응할 수 있는 토양이 되고 있다.

김 대표는 특별한 일이 없으면 오전 8시 30분에 출근해 오후 10~11시까지 일한다. 예비 창업가들과 만나고 매장에 나가 맛과 서비스 등을 점검하는 것은 평상시 일과다.

그는 "아무리 브랜드가 괜찮아도 점주가 온몸을 던져 매장을 관리하지 않으면 성공할 수 없다"며 "프랜차이즈 사업은 점주의 역량이 가장 중요하다"고 강조했다.

경영 혁신 전문가인 박성칠 동원F&B 대표는 말 그대로 스피드 신봉자다. 뭐든지 빠르다는 것은 지금처럼 급변하는 시대에 승부를 가르는 결정적 변수가 될 수 있다고 여긴다.

"다른 사람들이 한 달에 한 번 계획을 짠다고 하면, 저는 주간 단위로 짭니다. 남들이 한 번 계획을 짤 때 네 번이나 짜게 되는 거죠. 계획을 자주 세우려니 아무래도 의사결정이 빠르고 세분화될 수 밖에 없어요."

박 대표는 "주간 단위로 계획을 세우면 그게 조직 관리든, 자기 경영이든 면밀하고 꼼꼼한 경영이 가능하다"며 "주간 단위로 정보를 모으고 다시 의사를 결정하면서 발전을 도모하는 것"이라고 설명했다. 박종원 코리안리 전 사장도 매월, 매분기별 등으로 주기적으로 목표 달성 여부를 점검한다. 만약 매월 목표가 부진하다면 매주 단위로 점검을 당긴다. 점검 기간이 줄어들면 아무래도 실적 악화의 원인을 찾아내기도 용이하기 때문이다. 미래를 잡으려면 당장의 현재를 잡아야 한다는 철학은 이런 원리에서 나온다.

빠르다는 것은 열정이 있다는 뜻과 같다. 열정이 없다면 일도 느

순해지는 법이다.

삼성의 스마트폰이나 태블릿도 다른 회사가 동일한 상태에서 개발하려면 3년은 족히 걸리는 일이라고 다들 말했다. 하지만 갤럭시탭은 개발을 시작한 지 불과 9개월만에 완성된 제품이다. 기술력과 추진력이 있다 해도 최소 3년은 소요될 것이란 전문가들의 지배적 예측을 보기 좋게 엎어 버린 것이다. 그 과정에서 구성원들이 겪었을 뼈를 깎는 노력은 보지 않아도 뻔한 일이다. 스피디한 제품 개발력, 출시 능력이 조직 문화로 정착됐다는 것은 구성원 하나하나가 일당백의 정신으로 무장하지 않으면 어렵다. 그런 구성원들이 모여 조직을 이뤘으니 일사천리가 될 수 있는 것이다. 상부에서 결정을 해도 일선의 하부 조직이 말을 안 듣는 경우가 대부분이다. 그런 때는 상부 조직에서 문제의 씨앗이 발견되는 경우가 많다.

윗선에서부터 프로페셔널한 능력과 자세로 매사 완벽을 기하는 모습을 보일 때 밑의 직원들도 정신을 차리게 된다. 한 중견 기업 CEO는 기자에게 이렇게 말했다.

"아무리 정교한 보고서라고 해도 정해진 일정을 넘겨 가져오는 것에 대해서는 노이로제가 걸릴 정도로 경계해야 합니다. 신상품 개발이든, 프로젝트 진행이든, 영업 전략을 수립하는 것이든, 직원들의 업무 처리는 빨라야 해요. 직원들의 경우 내용이 다소 엉성하더라도 일단 적시에 되어야 수정할 것을 수정해 가면서 나갈 수 있습니다. 팀원의 손에서 초안이 나오지 않으면 시간만 낭비하게 돼요."

그는 "신상품 개발도 일단 출시하고 나서 고객의 반응을 살피면서 품질을 개선해 나가는 것이 중요하다"며 "일반적으로 완벽한 품질을 갖춘 뒤에 출시해야 제품이나 회사에 대한 이미지가 제대로 정립된다고 생각하지만, 시시각각 신제품이 쏟아져 나오는 상황에서 완벽한 품질을 기대하다가 출시 시기를 놓치면 시장 자체를 잃고 만다"고 지적했다.

"프로젝트 진행 과정에서 기간은 곧 돈입니다. 일정 내에 추진되지 않을 경우 이는 곧바로 비용이 돼 돌아오죠. 결론은 속도가 없는 품질보다는, 품질은 다소 떨어지더라도 속도가 더 중요하다는 겁니다. 특히나 중소기업, 벤처에 있어서는 더더욱 그렇습니다. 품질과 속도 중 어느 하나를 군이 선택해야만 하는 극단적 상황이라면 속도를 선택할 수밖에 없어요."

물류 기업 페덱스에 1:10:100이라는 원칙이 있다. 생산 단계에서 품질 이상을 발견해 즉각적으로 처리하면 1의 비용이 들고, 회사를 떠난 상태에서 발견돼 이를 고치면 10이 들고, 고객의 손에 당도한 이후에 클레임이 발생하면 100의 비용이 든다는 말이다. 미리 1의 비용을 들여서 미래의 100의 비용을 사전에 방지한다면 재무적인 측면뿐만 아니라 브랜드 이미지 등 다양한 부분에서 앞서 나갈 수 있다는 내용을 담고 있다.

마찬가지 관점으로, 경쟁사가 생각하지도 않았던 상품을 먼저 출시하면 100의 효과가 있고, 경쟁사가 생각하고는 있지만 아직 개발 중인 것을 먼저 내놓으면 10의 효과가 있고, 거의 비슷한 시기에 제품을 내놓으면 1의 효과가 있다고 말할 수 있다.

죽이 되든 밥이 되든 일단 초안을 만드는 게 중요하다. 그러면 검토해 주는 사람을 얻게 되고 이런저런 장애물도 건널 수 있게 된다.

"모든 것을 매뉴얼화한다"

- 데이터를 갖고 말한다

말보다 글이 강하고 글보다 숫자가 더 강하다. 말로 해도 안 통하는 것들도 숫자를 거론하면 얘기가 달라진다. 정확성이 배가되기 때문이다. 그래서 CEO들은 숫자를 중시한다. 외식업계 거목으로 통하는 문영주 버거킹 대표가 베니건스를 국내로 들여와서 승승장구할 때 얘기다. 제대로 배우기 위해 미국으로 건너가 고깃덩이와 싸우고 햄버거 굽는 일부터 시작했던 그에게 성공은 고생에 대한 보답처럼 왔다.

하지만 IMF란 돌풍이 기다리고 있었다. 1시간 이상 기다렸던 줄이 뚝 끊기고 빈 자리마저 늘어 났다. 그는 비용을 줄여야 했다. 숫자의 위력은 여기서 나타났다.

"우선 메뉴에 들어가는 재료를 빠짐없이 체크합니다. 그리고 음식마다 들어가는 양을 일일이 쪼개 원가를 계산한 후 컴퓨터에 입력했죠. 사람이 하는 일이란 게 다 그래요. 이론적 소비량과 실제

소비량 간에 차이가 있을 수 밖에 없어요. 재료를 많이 넣으면 쓸데없는 손실로 직결되고, 조금 넣으면 아무래도 맛이 떨어지죠. 그런데 이런 식으로 일일이 양을 재 수치화하니까 재료비가 20퍼센트나 줄더라고요."

문 대표는 숫자의 마성을 믿는다. 꼼꼼한 사고가 되려면 숫자가 뒷받침돼야 한다고 생각한다. 데이터를 갖고 사고하는 것을 습관화하면 남는 게 있다는 것이다.

그는 "직원들에게 '아껴라, 아껴라' 말해도 잘 안 된다"며 "하지만 정확한 데이터를 들고 요구를 하면 자세부터 달라지는 게 사람의 심리"라고 말했다.

문 대표가 베니건스 전 세계 매장에 김치볶음밥, 불고기덮밥 등 한국 메뉴를 역수출해 로열티를 받을 수 있었던 것도 바로 손맛을 데이터로 구현하려는 치열함이 있었기에 가능했다.

한 주간지에서 뽕뽕사란 냉면 가게 이야기를 흥미롭게 읽은 적이 있다. 뽕뽕사는 일본 최대 번화가인 도쿄 긴자엔에 위치하고 있는데, 점심시간마다 회사원들이 한 시간씩 줄을 서야만 먹을 수 있을 만큼 잘나가는 가게다. 창업자이자 최고경영자인 재일동포 2세 변용웅 사장은 '함흥식 냉면의 재해석'이라고 할 수 있는 '모리오카 냉면' 하나로 일본인의 까다로운 입맛을 휘어잡았다. 그가 제대로 된 맛을 내기 위해 들인 노력은 집요했다.

모리오카에서 유명하다고 알려진 냉면 가게라면 몇 번이라도 찾아가는 것은 기본이었다. 어떤 재료로 육수를 우려내는지, 어떤 조미료를 쓰는지 알고 싶어 음식을 주머니에 넣어오기도 했다. 심지어 새벽마다 가게의 쓰레기통을 뒤졌을 정도다.

무엇보다 변 사장의 데이터에 대한 집착은 혀를 내두를 만했다. 그는 모든 것을 매뉴얼화했다. 맛있게 먹었던 기억이 나 음식점을 다시 찾았더니, 이전과 맛이 다르면 고객이 실망을 하게 된다는 신조에 따른 것이었다. 결국 그는 지독하다는 말이 나올 만큼 세세하게 규격화하는 것으로 이 문제를 잡았다.

이를테면 냉면 위에 계란 반 조각을 얹고 3시에 방향에는 오이, 6시 방향에는 수박이나 배, 9시 방향에는 수육, 12시 방향에는 깍두기를 넣는 식으로 시시콜콜 정했다. 이게 다가 아니다. 면을 감아 담아 놓는 방법, 오이 담그는 법, 수육 손질법, 과일 자르는 법, 완성된 냉면을 손님에게 내놓는 시간 등도 다 정해 놓았다. 가장 맛있는 상태의 음식을 제공하기 위해 그가 고안한 방법들이다. 이런 철두철미한 준비와 노력 속에 성공이 싹튼 것이다.

2장

고수는
전체
맥락에서
업무를
바라본다

20~30대, 핵심에 올인한다

화장실에서 서류를 읽다

자신의 눈으로 본다

"20~30대, 핵심에 올인한다"

- 거시적 안목으로 커리어 관리를 한다

일본 기업가 스즈키 다카시의 『사장은 차라리 바보인 게 낫다』 에는 일본 에도 시대1603~1867년 화재와 관련해 설명을 한 대목이 있 다. 요지는 대략 이렇다.

당시에는 마을을 위협하는 가장 큰 위협 가운데 하나가 불이었 다고 한다. 집들이 다 나무로 지어져 불을 빨리 잡지 못하면 삽시 간에 도시 전체를 집어삼킬 수 있기 때문이다. 그래서 마을 어디 에선가 불이 나면 이를 감시하기 위해 망루에 진을 치고 있던 사 람이 종을 시끄럽게 울렸다. 다른 사람들에게 화재가 났음을 알리 기 위해서다.

그러면 기세 등등한 소방대원들이 곧바로 튀어 나온다.

그 중에서 단연 돋보이는 이는 화재 현장을 표시하는 깃발지기 였다. 누구보다 먼저 현장으로 달려가 다른 소방조의 깃발지기보 다 빨리 지붕에 오른다. 그리고 깃발을 빙빙 돌린다.

에도 시대만 해도 소방의 기본은 '파괴소방'이었다.

파괴소방이란 말 그대로 불이 번지는 방향에 위치한 집들을 미리 부숴 불을 진화하는 것이었다. 옛날이다 보니 방수 펌프라는 것이 요즘과 비교하면 성능이 떨어졌기 때문에 이 방법이 최고였다. 관건은 결국 어떤 집을 어느 시점에 파괴하느냐를 결정하는 판단력이었다. 깃발지기가 중요한 것은 지붕에서 파괴 시점을 판단하는 인물이기 때문이다.

집 앞에서 깃발을 듦으로써 '우리 조는 이 집 앞에서 불을 막을 거야!'라는 뜻을 사람들과 동료에게 알렸다. 이 판단은 까다로웠다. 바람의 방향과 풍력, 지형과 집의 배치 등을 종합적으로 따져야 한다. 바람의 방향이 언제 바뀔지 모르기 때문에 모든 감각을 동원해 예측할 수밖에 없다. 게다가 피해를 최소로 줄이기 위해 불을 진화할 수 있는 마지노선에 위치한 집에 올라야 한다.

만약 그 지점에서 불을 끄지 못하면 자기가 속한 소방조의 수치가 된다.

마지막 집에 불이 옮겨 붙으면 집과 지붕은 함께 타 버린다. 실제로 그렇게 목숨을 잃는 깃발지기가 많았다고 한다. 단 한 번의 실수로 동료들도 저승길로 가기 때문에 깃발지기의 책임은 막중하다. 느긋하게 생각할 겨를이 없다. 가옥은 전부 목조라 빠르게 불이 붙는다.

즉시 결단을 내리지 않으면 일대는 불바다가 된다. 배짱이 두둑하지 않으면, 감당할 수 없는 일이다. 눈여겨볼 것은 깃발지기는 절대 소방 활동을 하지 않는다는 점이다.

깃발지기는 줄곧 지붕 위에 서 있다. 그동안 흩날리는 불꽃을 뿌리치기 위해 지붕 위를 빙글빙글 돈다. 동료인 소방대원들은 눈앞의 불을 끄는 데 최선을 다하고 있기 때문에 주위 상황을 잘 모른다. 믿을 수 있는 것은 지붕 위에서 모든 상황을 보고 있는 깃발지기의 지시뿐이다.

깃발지기의 역할은 여러모로 조직의 리더와 닮은 데가 많다. 리더는 깃발지기처럼 크고 구체적인 목표를 정하고 직원들로 하여금 눈앞의 일이 갖는 의미를 주지시키고 집중할 수 있도록 독려해야 한다.

각자 자신의 일에 가치를 부여하는 일은 일차적으로는 본인의 몫이다. 그래서 CEO들은 항상 자신의 일이 전체 조직의 메커니즘에서 어떤 역할을 하는지 알려고 노력하는 자세가 필요하다고 말한다. 커다란 과업도 작은 업무가 철저히 수행될 때 달성할 수 있다. 작은 일에 등한하지 말라고 아무리 말해도 그 일에 가치를 찾지 못하면 어렵다. 결국 자신의 일이 어떻게 조직과 연계되는지, 그런 유기적 시스템에 대한 날카로운 인식이 서 있어야 한다는 것이다. 이런 생각을 평소에 하고 있으면 타 부서에도 관심을 갖게 된다. 요즘 기업의 일이라는 게 한쪽 부서에서 프로젝트의 처음과 끝이 마무리되는 게 없다. 점점 더 복합적이고 유기적으로 연결되고 있다. 그렇기 때문에 깃발지기처럼 전체를 조망하려는 시각을 젊었을 때부터 길러야 한다. 이런 능력은 조직의 가장 높은 자리에 오르면 자연스레 함양되는 게 아니다. 오감을 동원해 주니어 시절부터 느끼고 배워야 한다. 우리가 흔히 강조하는 창의력도 거미줄처럼 연계돼 있는 업무의 결에 대해 예민한 감각이 살아 있어야 가능하다.

정통 재무 관료 출신의 박병원 전 전국은행연합회장은 "진급보다 커리어가 중요하다"고 말한다. 승진이 급급해 자신이 추구하고자 하는 커리어에 해가 되는 결정을 하지 말아야 한다는 것이다.

"가령 정부 부처를 예로 들면 주도적으로 삽을 들고 일을 밑바닥부터 제대로 배울 수 있는 부처나 확고한 리더십을 바탕으로 각 부처에 업무를 지시하는 곳에서 일을 배우는 것이 성장에 좋아요. 그저 일이 편하다고, 또 진급이 조금 더 빠르다고 원칙 없이 왔다 갔다 하면 손해가 더 큽니다. 성공하기 위해서는 조직의 핵심부서에서 일을 적극적으로 해보고 내 것으로 만들고 말겠다는 다부진 각오가 있어야 합니다."

어떤 시스템을 만드는데 투입된 사람의 업무와 다 만들어 놓은 시스템을 사용하는 사람의 업무 간에는 상당한 지식의 갭이 불가피하다. 시스템을 만드는 일을 한 사람은 보다 높은 위치에서 조직과 업무를 바라볼 기회를 잡을 수 있다. 그런 까닭에 일에 대한 이해도가 뛰어나다. 그러나 시스템이 구축되고 난 뒤에 업무만을 맡은 사람은 조작만 하는 오퍼레이터에 그칠 확률이 크다. 이런 사람은 쉽게 대체 가능하다. 업무적으로 제대로 트레이닝을 받길 바란다면 순도 높은 일을 할 수 있도록 노력해야 한다는 게 박 전 회장의 지론이다.

그도 남들보다 진급을 빨리 할 수 있는 기회가 몇 번이나 왔다. 하지만 이런 기준 때문에 번번이 다음으로 넘겼다고 했다.

"젊은 시절에는 내공을 쌓아야 합니다. 남들보다 몇 배 더 일한다는 각오로, 불공정 게임을 해야 돼요. 이때 시간을 탕진하고 허송세월로 지내면 밑천이 금방 드러나게 됩니다. 사람 간에 능력차이 별로 없습니다. 노력의 차이가 성과의 차이로 나타나는 게 대부분이에요. 특히 20~30대 모든 걸 걸고 일해야 됩니다. 당장 승진에 목매달지 말고 무슨 일을 하더라도 핵심이 되는 일을 할 수 있도록 힘을 써 보세요. 핵심 업무를 배우면 나중에라도 응용과 변용이 가능해 다른 업무를 맡을 수 있지만, 주변적인 일만 거치면 한계가 있습니다. 같은 국장, 같은 부장이라도 어떤 일을 거치며 그 자리에 올라 왔는지가 관건입니다. 직급은 같아도 절대 같지 않아요. 핵심에 집중해야 됩니다."

그는 특히 조직 내에서 형성되는 평판, 첫인상의 중요성을 강조했다.

"습관 중에 가장 중요한 것은 열심히 일하는 습관이에요. 공무원으로 치면 사무관 시절 일해서 얻은 평판이 평생을 갑니다. 물론 평판이 바뀌는 경우도 있지만 매우 힘들어요. 일단 조직 내에서 한 번 생긴 평판이랄까, 첫인상이랄까 이걸 잘 관리해야 합니다. 중요한 일을 할 때 상사에게 '이 사람을 쓰면 틀림없다'는 인식을 줘야 됩니다."

평판이 좋으면 성장에 필요한 기회가 주어진다. 핵심 부서에 배치돼 리더로 분류되는 사람들만이 맡을 수 있는 업무가 배당된다. 바로 인생의 선순환 궤도에 오르게 되는 순간이다.

"30대까지 좋은 평판을 확립해야 됩니다. 실력과 경험은 일하는 과정에서 쌓이는 것입니다. 평판이 우수한 사람에게 일이 몰리고 이를 해내는 과정에서 그 사람은 더 일취월장하게 됩니다. 다른 데서는 능력을 쌓을 수 없어요. 오직 일을 통해서만 가능합니다."

박성수 이랜드 회장이 입버릇처럼 말하는 게 있다.

그것은 바로 문제의 뿌리를 찾으라는 것이다. 본질적인 것을 먼저 생각하는 습관을 들여야 달라진다는 게 박 회장의 지론이다. 가령 이런 것이다.

마케팅 부서가 있다고 치자. 마케팅 부서는 어떻게 하면 이번 상품을 대중에게 잘 알릴 것인가가 중요한 문제다. 그런데 대부분의 마케팅 직원은 '무언가를 기획해 보라'고 하면 일단 대대적인 프로모션부터 생각한다. 물량 공세만한 게 없다며 대대적인 판촉부터 생각한다는 것이다. 박 회장은 그런 발상부터 고치라고 지적한다.

"소비자가 찾을 수밖에 없도록 만드는 무언가를 생각해 봐야 합니다. 그게 우선이고 본질이에요. 선물로 설명을 해 보죠. 흔히 사람들은 비싼 것을 남에게 선물해야 그게 좋은 선물이라고 생각합니다. 하지만 그렇지 않습니다. 선물의 진정한 가치는 선물의 가격에서 나오는 게 아니라 선물을 전달하는 사람의 정성에서 나오는 겁니다. 아무리 귀한 다이아몬드라도 휙 던지듯 선물해 보세요. 받는 사람은 기분이 나쁠 수밖에 없습니다. 과일 한 바구니라도 정성스러운 포장에 진심을 담아 전달하면 그렇지 않습니다. 그런 걸 항상 염두에 두고 업무에 임해야 됩니다."

그래서 이랜드 직원은 힘이 든다. 박 회장의 주문이 일하는 방식에 대한 혁신을 의미하기 때문이다. 그가 강조하는 본질의 의미를 이해하지만 이걸 충족하기가 여간 까다로운 게 아니다. 박 회장은 본질을 알면 큰 그림을 그릴 수 있게 된다고 강조한다.

"매사 본질에 입각해 사고하고 실천하는 습관을 들여 보세요. 그러면 다른 업무와의 연결 고리를 생각하게 되고, 업무간에 가치사슬이 만들어 집니다. 구조적이고 종합적으로 회사 업무를 이해하게 됩니다. 농작물을 키워 보면 아실 겁니다. 물을 제때 주고, 잡초를 뽑아 주는 게 필요하지만, 가장 중요한 것은 흙, 토양이에요. 회사 업무에 비유하면 토양은 일하는 방식입니다. 아무리 열심히 일해도 일하는 방식이 잘못돼 있으면 헛물을 켜게 됩니다."

'선진포크'라는 브랜드 돼지고기로 잘 알려진 축산 식품 전문 기업 선진의 이범권 대표는 수수해 보이는 외양에다 말솜씨도 달변이라기보다는 차분히 할 말만 하는 스타일이다. 그래서인지, 진솔함이 느껴진다. 그는 평소 '가치'라는 화두를 중시한다.

일을 하더라도 어떤 가치를 만들어내느냐를 항시 생각한다. 바빠 움직여도 방향을 제대로 잡고 있나 고민한다. 정답은 없단다.

하지만 고민할수록 더 좋은 쪽으로 접근할 수 있다는 것을 경험으로 깨달았다. 이 대표는 "가치에 대해 고민하는 것은 일종의 습관이고 훈련"이라며 "일을 하더라도 내가 하는 일이 다른 사람에게 어떤 가치를 주는 것인지 성찰해야 한다"고 강조했다. 이 대표는 대학 졸업 후 연구원 생활을 했다. 기간으로는 총 11년에 이른다. 1988년 선진에 입사하기 전 다른 사료 회사에서 3년, 선진에서 8년간 일했다. 그는 연구원 생활을 '직장 생활의 황금기'라고 회고했다.

"연구개발R&D이라는 것이 기본적으로 가치를 비교하고 혹은 발굴하는 활동이에요. 스스로 어떤 목표를 설정하고 부단히 노력해야 하는데 어찌 보면 재미가 없다고도 할 수 있죠. 성과가 더디거든요. 그런데 저는 저널 등을 통해 연구 성과를 접하고 또 거기서 새로운 아이디어를 얻고 이를 신제품에 적용하는 과정이 무척이나 재미있었습니다. 그래서 열심히 일했던 것 같습니다."

벽돌공 이야기는 우리에게 많은 것을 시사한다. 그냥 집을 짓는다, 돈을 벌기 위해 일한다고 생각하는 이는 쳇바퀴와 같은 일상에 질식되고 만다. 하지만 아름다운 건축물을 만들고 있다는 의미 부여는 벽돌공을 높은 차원의 삶으로 인도한다.

CEO들은 자존심이 강하다. 어떤 일을 하더라도 자신을 비하하지 않는다. 남들이 보기에는 시답잖아 보이는 일일 지라도 여기서 승부를 봐야겠다고 생각이 서면 작은 일에도 큰 의미를 부여한다. 그러면 일하는 태도가 달라질 수밖에 없다. 그러면서 자신의 역할을 찾고 성장해 나간다. 이런 태도는 그가 창업가든, 직장에서 차

근차근 단계를 밟아 올라간 CEO든 거의 예외 없이 나타나는 특징이다.

김창수 삼성생명 사장의 햇병아리 시절 얘기다.

그는 이른바 좋은 학교를 나오고 삼성에 들어갔지만 신입사원이 하는 일이란 게 뒤치다꺼리일 때가 많다. 커피 심부름, 자료 전달 등의 일 말이다.

그래서 신입 사원이 만족하기는 어렵다. "고작 이런 일 하려고 그 고생을 하고 들어왔나"는 생각마저 든다. 더러는 이직을 감행하는 사람도 있지만, 딴 회사라고 다를까. 조직 분위기를 익히고 업무가 손에 익을 때까지 신입이 하는 일이란 오십보백보다.

분명 허드렛일이지만 그 속에서 배우는 게 있기 마련이다. 하지만 그걸 즐거운 맘으로 하기는 어렵다. 김 사장도 그랬다.

"그는 세상에 가치 없는 일은 없습니다. 다만 우리가 찾지 못하는 것일 뿐이죠. 신입사원 시절 수개월간 허드렛일만 해서 팀에서 무슨 일들이 어떻게 돌아가는지 도통 알 수 없었어요. 단순 작업만 하면서 고민에 빠진 나는 심부름에 대한 생각을 긍정적으로 바꿔 보기로 했죠. 가령 '과장이 다루는 서류니까 중요한 문서겠지'라고 여기고 단순히 서류를 전달하는 데 머물지 않고, 미리 읽어보고 받는 상대가 관심을 갖는 것에 대해서도 공부하는 습관을 들였습니다."

마음을 고쳐먹은 김 사장은 서류를 전달하기 전에 화장실에서 서류를 읽었다. 이 일을 하다 보니 자신의 부서가, 또 다른 부서가 어떤 업무를 하며, 어떻게 연결돼 있는지 개념이 잡히게 됐다고한다. 타 부서 사람과 말을 나누게 될 때도 이런 경험 덕분에 대화의 소재가 풍부해졌다. 그런 과정에서 점차 신뢰도 쌓여 갔고, 나중에 중요한 일도 맡게 됐다고 한다. 단순한 심부름 속에서 가치를 발견하면, 도약의 발판이 될 수 있다.

"삼성의 사장 자리가 부러움의 대상은 될 수 있지만, 성공이라고는 생각하지 않아요. 성공은 다양합니다. 어떤 일을 하든지 자기일에 숭고함을 부여하면 그것이 곧 성공한 인생이 아닐까요. 가치는 누군가 주는 것이 아니고 자신이 부여하는 것이에요."

김 사장은 "보이는 파도와 풍랑에 감사하라"고 강조했다.

"처음에는 육지가 보이지 않지만, 항해하다 보면 어느 순간 목적지가 나타납니다. 수평선 너머 보이지 않는 꿈도 간절함으로 전진할 때 비로소 현실이 될 수 있습니다."

"자신의 눈으로 본다"

–지시사항을 곧이곧대로 따르지 않는다

일상에서 지침의 폐해가 적지 않다. 너무 여기에 연연하다 보면 자신의 생각이 없어져 버린다. 지시 사항을 따라 하기 급급하다는 말이다. 급기야 지침에 의존하는 것이 습관이 되면 지시 없이는 일 자체를 제대로 하지 못한다. 명령이 떨어져야 움직이는 것이다. 그것도 머리는 놔두고 몸만 움직인다. 안타까운 일이다. 지나친 규율과 요구사항은 지시를 받는 사람의 재량권을 아예 없애버릴 수 있어 지양하는 편이 좋다는 게 CEO들의 생각이다.

군대로 치면 장교들의 유연성이 없어진다. 적극적 사고가 아닌 수동적 사고, 창의성보다는 순응, 대담성보다는 고수하려는 태도를 낳는다. 예측 불가능하고 급변하는 상황에서, 또 특정한 명령이 없고 군사적 지침도 불투명한 상황에서 군부대는 이러한 태도를 지난 장교를 원하지 않는다. 요리사로 빗대 보면, 이용 가능한 온갖 재료를 훑은 뒤 요리를 창조하는 요리사가 아니라 조리법을 그대로 따라 하는 데 정통한 요리사만 배출하게 된다. 만약 교사라면 모든 학생을 똑같이 대하는 것이 공정하다는 원칙에만 얽매여 경직된 사고로 다양한 환경에 놓인 학생들을 제대로 이끌어 주지 못한다.

박인규 대구은행장은 스스로 고민하기 위해 애썼다고 한다.

"자기 생각 없이 시키는 대로만 일하는 사람이 많습니다. 그래서는 안 됩니다. 자기 식으로 고민을 해서 일을 하는 습관을 들이세요. 생각을 해 가면서 업무를 해 버릇해야 발전할 수 있어요. 창의성이 별 것인가요. 더 잘할 수 있는 방법에 대해 생각하다 보면 생깁니다."

박 행장은 그래서 업무 지시를 내릴 때도 일일이 어떻게 하라고 구체적으로 지시하지 않는다. 대체적인 방향만 얘기해 준다. 그래야 부하 직원들도 그들 나름대로 고민한다고 생각하기 때문이다. 그는 "지시를 너무 시시콜콜히 하면 지시 받은 대로만 움직여 다른 생각 자체를 하지 않는 로보트가 된다"며 "컵이 있다면, 컵을 뒤집어도 보고, 두드려도 보고, 컵에 그림을 그려도 보고 해야 되지 않겠냐"고 말했다.

마케팅 대가 조서환 세라젬헬스앤뷰티 대표도 일을 시킬 때 미주알고주알 지시하지 않는다. 그런 식으로 이야기하면 스스로 문제를 해결할 생각조차 않기 때문이다.

그는 젊었을 때부터 스스로 판단하기 위해 애썼다. 상사가 어떤 특정 과제의 대체적 방향을 말하더라도 일선 문제를 완전히 파악하지 못하는 만큼 지시 방향이 잘못됐을 여지도 있는 탓이다. 그럴 때는 수정이 가해져야 한다. 상사의 지시를 일방적으로 수용하기 보다는 그 지시의 핵심을 제대로 이해하고 피드백을 하기 위해 노력했다고 한다.

조 대표는 "일을 시킬 때는 지시를 받는 사람이 여러 옵션을 들고 올 수 있는 수준에서 시키는 게 좋다"며 "일종의 권한 위임을 해서 책임감 있게 대응하도록 만드는 것"이라고 말했다. 그는 실제 어떤 대안을 마련할 때 1안, 2안, 3안 하는 식으로 몇 개를 준비했다. 각 방식의 장단점도 빼놓지 않았다.

김상헌 네이버 대표는 "자기 눈으로 세상을 보라"고 강조한다. 자기 눈으로 보라는 것은 결국 자신의 주관을 가지고 장점에 집중하라는 얘기와 맥이 닿는다. 남의 평가에 휩쓸린다는 것은 자신의 길에 집중하지 않고 주위의 시선에 목매다는 것이다. 판사와 대기업 임원, 벤처기업 대표를 통해 짧지만 다른 세 가지 인생을 살아본 그이기에 가능한 조언인 듯했다.

"사람들 눈에 번듯해 보이는 것은 오히려 허상일 수 있어요. 사회 인식이나 주변 사람들의 말에 얽매이지 말고 자기 눈으로 보려는 노력을 해야 됩니다."

김 대표는 대학교를 다닐 때 책상 앞에 '남의 말을 듣지 말자'는 문구를 붙여 놓고 고시 공부를 했다고 말했다. 당시 부모님이나 선배들의 말에 무의식적으로 얽매이게 되는 자신을 다잡기 위한 것이었다.

"네이버도 이 정도로 성장할 것이라고 예측하고 행동한 것이 아니에요. 일단 자기가 좋아하는 것을 선택해 보세요. 자기가 좋아하는 것을 할 때 진정한 자유와 행복감을 느낄 수 있습니다. 훗날 인생을 돌이켜 봤을 때 후회하지 않으려면 자기가 끌리는 곳을 선택해야 합니다. 큰일을 하려면 소소한 이익에 얽매이면 안 됩니다. 유혹을 느낄 때마다 반듯하게 묵묵히 자신의 위치에서 최선을 다하세요."

CEO들은 자기 판단으로 생각하기를 주저하지 않는 사람들이다. 교조적으로 굳어진 생각을 경계한다. 우리 인생에서 실천적 지혜는 흑백의 영역이 아니다. 그보다는 회색 영역에 뿌리를 내린다. 또 맥락에 의지한다. 그래서 일련의 규칙은 전수 가능하지만, 지혜는 경험으로 스스로 길러야 한다.

3장

고수는 가려운 곳을 적극적으로 말한다

훈수꾼과 조언자를 구별한다

진심으로 부탁한다

힘들지 않은 척할 필요는 없다

"훈수꾼과 조언자를 구별한다"
- 잘난 사람에게 부탁한다

　우는 아이 떡 하나 더 준다고 했다. CEO들은 자신이 원하는 것을 얻기 위해 주위에 필요한 도움을 적극적으로 구했다. 밑도 끝도 없는 자존심을 내세우지 않았다. 자존심은 자신의 목표를 이뤄냈을 때 지키는 것이지, 남에게 도움을 구하지 않는 것에서 얻을 수 있는 것으로 생각하지 않았다. 어미 새도 둥지 속에서 배고프다고 입을 벌리고 있는 새끼들을 보고 입을 크게 벌리는 순서대로 배고픔을 채워준다고 한다. 입을 더 크게 벌리고 보채는 새끼가 배고픔이 더 절박하다고 어미는 판단하기 때문이다.

　비즈니스의 세계는 끝없는 경쟁의 연속이다. 전쟁이나 다름없다. 자기 자신과의 치열한 싸움, 집단 내에서의 보이지 않는 경합, 사업을 확대하고 부가가치를 높이기 위한 경쟁이 수시로 일어난다. 어느 한순간도 경쟁이라는 프레임을 벗어나기 어렵다. 그런 과정에서 스스로 부족함을 드러내는 것은 반드시 빈 곳을 채우겠다는 열정과 확신, 자신감이 없으면 쉽지 않다. 실제로 CEO들을 만나보면 자신의 약점과도 같은 빈 곳을 드러내고 도움을 구하길 주저하지 않는다. 주저하지 않는 게 아니라 적극적으로 갈구한다. 역으로 보면, 자신의 빈 구석을 보일 수 있는 것은 큰 자신감이 있기에 가능하다. 스스로에 대한 자부심과 자신감이 없다면 쓸데없이 방어적이 돼 진정으로 자신에게 필요한 것들에 대해 말을 꺼내지 못한다. 진정 강한 사람이 상대에게 머리를 숙일 수 있는 법이다.

유의할 대목은 CEO들은 도움을 갈구하지만 이를 구하는 태도가 매우 정중하고 단호하다는 것이다. 정중하고 단호하다는 표현이 서로 상충되는 것 같지만 그렇지 않다. 단호하다는 말은 '안 되면 말고' 식으로 도움을 구하지 않는다는 뜻이고, 정중하다는 것은 최대한 인간적 예의를 다한다는 뜻이다. 그런 요청을 받는 입장에서는 이런 부탁을 거부하기 어렵다. 부탁하는 이의 진심을 확인한 사람이라면, 기꺼이 돕길 바란다. 그게 일반적인 세상 인심이다. 웅진식품 사장을 거쳐 친환경 분말 음료 업체 얼쑤 대표로 있는 조운호 사장도 주변에 기꺼이 조언을 구할 줄 알았다.

"부친이 중학교 2학년 때 돌아가셨어요. 그 이후 혼자 결정하기 어려운 문제가 생기면 주변에 믿을 만한 분을 찾아가 조언을 구하는 버릇이 생겼죠. 훈수꾼과 조언자를 구분하는 눈만 있다면, 주위에 좋은 분들은 얼마든지 많습니다. 책임감을 회피하고 그냥 이런저런 말을 들려주는 훈수꾼과 달리 조언자는 당신 편에 서서 경험과 지식을 나눠 줄 수 있는 사람이에요."

부산상고 재학 시절, 조 사장은 빨리 취업을 해서 가계를 도와야 한다는 장남으로서의 당위와 꼭 대학에 가고 싶다는 바람 사이에서 고민했다. 그때 그는 정신적 지주 역할을 했던 고등학교 1학년 담임 선생님과 친구 아버님께 조언을 구했다고 한다. 그 결과 취업과 야간대학 진학이 동시에 가능하다는 사실을 알았고, 그는 두 마리 토끼를 잡을 수 있었다.

그가 웅진식품에서 아침햇살이란 쌀 음료를 만들 당시 일이다. 당시 조 사장은 아침햇살을 다 만들고 발표만을 기다리고 있었다. 그런데 2퍼센트가 부족했다.

해외에서 들여온 음료가 판치는 국내 시장에서 쌀로 만든 음료가 갖는 의의를 잘 설명해줄 인물이 필요했던 것이다. 그래서 찾은 이가 바로 이어령 교수다.

이 교수야 말로 우리 문화에 대한 높은 식견과 해박한 지식을 갖고 있는 만큼 그를 섭외해 부탁하는 일만이 남았다. 다른 이 같으면 일면식도 없다며 지레 포기할 만한 상황이었지만 그는 달랐다. 불쑥 이 교수에게 전화를 했고, 자문을 구한다면서 약속을 잡았다.

이 교수와의 만남을 통해 쌀을 가지고 밥을 만들어 먹는 민족은 많지만 숭늉이라는 문화를 가지고 있는 나라는 우리나라뿐이라는 사실도 알게 됐다. 그리고 정중히 부탁했다고 한다. 아침햇살 출시 발표회 때 자리를 빛내 달라고. 그리고 오늘 하신 말씀을 기자들에게 다시 한번 해 달라고. 쌀 음료가 갖는 의미에 대해서 말이다. 조 사장의 열의에 감복한 이 교수는 흔쾌히 승낙했다. 조 사장은

"조언자를 곁에 둬야 한다"며 "먼저 조언자의 말에 열심히 귀를 기울이고 그의 조언을 행동에 옮길 것이란 의지를 그에게 보여야만 한다"고 말했다.

"진심으로 부탁한다"

– 겸연쩍음보다 기본을 생각한다

　　최윤 아프로파이낸셜그룹 회장은 자기가 원하는 것, 부족한 것을 적극적으로 채우기 위해 남에게 부탁하길 주저하지 않는다. 일본 나고야에서 나고 자란 그는 어렸을 때부터 재일동포로서 성공하는 길은 장사밖에 없다고 생각했다. 중학생 때부터 건설 현장에서 막노동으로 돈을 모은 데서 보듯 일찍부터 세상과 부딪쳤다. 1990년대 초반 일본에서 '신라관'이란 한정식집을 차려 성공을 거뒀다. 일본인들이 은근히 얕잡아보던 '야키니쿠(내장 등을 섞은 한국식 불고기)'를 허름한 식당이 아닌 세련된 매장에서 판 '역발상'이 맞아 떨어졌다. 선동열 기아타이거즈 감독도 나고야 주니치드래곤스에서 선수 생활을 하던 시절 신라관 단골이었다고 한다. 신라관은 입소문이 나면서 일본 전역에 60여 개의 분점을 냈다.

　　그랬던 그가 한국에 와서 국내 금융업에 뛰어들면서 시작한 게 대부업이었다. 러시앤캐시가 아프로파이낸셜그룹의 대표 브랜드다. 은행과 저축은행 등 제도권 금융과 불법 사채업 시장 사이의 블루오션을 찾아낸 것이다. 이제 그는 OK저축은행 인수로 제도권 금융에 발을 들여놓았다. 이제는 카드와 증권업 진출도 검토해 명실공히 금융 그룹으로 성장하겠다는 강한 의지를 내보이고 있다. 그의 남다른 성장 스토리는 그의 습관과 연관돼 있다. 최 회장은 흔히 금융계의 이단아로 불린다. 그의 남다른 출신도 그렇거니와 이단에서 정통의 경계를 넘나들며 사업을 키웠기 때문이다. 그러다 보니, 그는 항상 사람, 인재에 목말라한다.

최 회장을 처음 만난 것은 점심 식사 자리였다. 서글서글한 외모의 그는 금세 사람들을 자신의 편으로 끌어당기는 매력을 갖고 있었다. 그런데 그가 가장 잘하는 말이 "사람 좀 소개시켜 달라"는 것이었다.

이날 자리에서도 금융권의 괜찮은 인재가 없는지, 주위에 그런 사람이 있으면 알려 달라고 신신당부했다. 일찍이 그가 사람 욕심이 많다는 얘기를 들었던 터였다. 역시나 그랬다. 최 회장 스스로도 성공 비결 중 하나로 인재에 대한 욕심을 꼽는다. 금융도 결국 사람이 하는 일이기 때문에 인재를 확보해야 경쟁력을 키울 수 있다는 생각 때문이다.

특히 그가 김진관 전 한국스탠다드차타드SC은행 부행장과 인연을 맺은 일화는 유명하다. 최 회장은 당시 제일은행 도쿄지점장이던 김 전 부행장과 도쿄에서 골프를 같이했다. 라운드 도중 김 전 부행장이 친 공이 최 회장의 눈에 맞고 말았다. 피를 흘리며 의식을 잃었던 최 회장은 눈을 뜨자 자신을 걱정스럽게 바라보는 김 전 부행장에게 이렇게 말했다고 한다.

"사내 대장부가 눈 하나 없으면 어때요. 그보다는 오늘 일을 통해 김 지점장님과 좋은 인연을 맺었으니 그것으로 된 것 아니겠습니까."

그 일을 계기로 최 회장과 친분을 쌓게 된 김 전 부행장은 최 회장이 한국에서 사업하는 데 든든한 후견자 역할을 했다. 나중엔 '뉴데이즈'라는 광고 회사의 부회장을 맡아, 러시앤캐시의 '무과장 시리즈' 광고 등을 만들어내 최 회장의 성공을 도왔다.

최 회장은 부탁의 미학이랄까 철학을 이렇게 말했다.

"부탁을 한다는 것은 자신이 부족한 점이 있음을 드러내는 것입니다. 그냥 저냥 밋밋한 얘기나 시시껄렁한 농담을 주고 받는 것보다 서로에 대해 더 잘 알게 되는 계기가 되는 겁니다. 그리고 그 진심을 잘 전달하게 되면 상대방은 그 부탁을 들어주기 위해 다시 연락할 일이 생깁니다. 서로가 모두 바쁜데 자연스레 만날 일이 만들어지는 겁니다. 다시 보게 되니 비즈니스 차원에서도 친분이 쌓이게 되고 좋은 거 아니겠어요?"

비즈니스의 달인이라는 화교 상인들도 기꺼이 부탁하는 최 회장의 능력을 후하게 평가한다고 한다. 부탁의 스킬은 진정성이 있어야 성과가 따라온다. 소비자 입장에서는 세련된 매너와 화법을 가진 사람에게 처음에는 끌릴 수 있어도 결국에는 진심 어린 각오를 내보이는 사람에게 마음의 문을 열게 돼 있다.

한 벤처기업가는 기자에게 이런 말을 들려주기도 했다.

"한창 영업을 뛸 때 계약을 따내기 위해서라면 무릎 꿇는 것도 할 수 있을 정도였습니다. 오히려 적정선을 지킨다며 아무 소득 없이 빈털터리로 하루를 마감하는 게 오히려 죄 아닌가요? 무릎을 꿇든, 소매를 잡고 매달리든, 통사정을 하든 어찌됐든 하나는 건진 다는 각오로 일했어요. 특히 상대에게 진정 어린 부탁을 하게 되면 고객은 구매 동기를 갖게 돼요. 그렇게 일이 풀릴 수 있는데, 성격이 부탁을 못한다느니 하는 어줍잖은 핑계를 대는 직원들을 보면 속에서 천불이 날 수밖에 없습니다."

성공한 사람들은 한결같이 근성이 최고였다. 자신의 품은 뜻을 달성하기 전까지 좀체 물러서지 않는다. 목표를 이루기 위해 모든 수단을 강구한다. 그런 맥락에서 부탁도 강력한 수단 가운데 하나가 아닐까 싶다. 자신의 일과 삶에 대한 애착이 강한 사람일수록 잠시의 겸연쩍음보다는 비즈니스의 본질을 생각한다.

동료 네트워크를 활용할 줄 알아야 한다. 혼자 힘으로 무언가를 배우고 노력하는 것도 중요하지만, 내가 모르는 노하우를 채워 넣는 방법에 독학만 있는 것이 아니다. 주위를 잘 활용해 지식도 채우고 인간관계도 넓힐 수 있다.

어려운 일이 생기면 자신의 직장에서 그 분야에서 가장 적임자를 찾아 도움을 요청하는 것도 한 방법이다. 권점주 전 신한생명 사장이 신한은행에서 인사부 과장으로 일할 때다.

그가 체육대회 사회를 보게 됐는데 막막했다고 한다. 그의 말을 빌리면, 진한 남도 말씨에 커다란 체구, 시커먼 얼굴이었던 탓에 그랬다. 그래서 사내 방송국의 문을 두드렸다. 6~7년 어린 후배에게 원고 낭독법을 코치해 달라고 말이다. 원고를 크게 끊어 읽는 법, 작게 끊어 읽는 법, 명확하고 시원시원하게 발성하는 법 등을 두루 배웠다.

"몇 학년을 '며닥년'으로 발음하는 습관을 고치게 위해 애썼어요. 가르치는 사람도 제가 그렇게 빨리 사투리를 고칠 것으로 기대하지 않았을 거예요. 아무튼 맹렬히 연습했죠. 미흡했지만, 그래도 열심히 한 덕에 거의 원고도 보지 않고 진행했어요. 무난히 사회를 보고 '잘했다'는 말도 들었습니다. 그 정도면 자존심을 버리고 도움을 청한 보람이 있었죠."

그는 "주위에 있는 훌륭하고 능력 있는 동료들에게 도움을 구하길 주저하지 말라"며 "서로 만나고 대화하고 하는 과정에서 동료에 대한 이해의 폭도 넓어지고 서로 배울 것도 생기게 된다"고 말했다. 권 전 사장의 인간관계 철학도 곱씹을 만하다. 51대 49의 법칙이다.

"주변의 51퍼센트만 자신을 좋아한다고 생각하세요. 그리고 49퍼센트는 자신을 싫어하더라도 연연하지 마세요. 이렇게 마음을 먹으면 자기를 싫어하는 49퍼센트 때문에 겸손하게 되고, 자신을 좋아하는 51퍼센트에 감사하게 됩니다. 나를 비난하는 목소리에 의연히 대처할 줄 하는 여유를 갖게 된다고 할까요. 누가 나를 좋아해 준다고 해서 자만할 이유도 없고, 설사 누가 나를 싫어한다고 해서 좌절할 필요는 당연히 없습니다."

여성 CEO의 경우 직장 생활의 어려움이 더 크다. 육아 등 가정 생활의 비중이 큰 탓이다. 남편이 도와준다고는 하지만 말처럼 행동이 따르지 않는 경우가 대부분이다.

여성 CEO들은 어머니와 언니, 동생 등 친정은 물론 시댁에도 미리 투자를 해 놓으라고 말한다. 가족 도움이 절실한 만큼 자신의 한계를 인정하고 주변의 도움을 받으라는 것이다. 다음은 권선주 기업은행장의 얘기다.

"라가르드 국제통화기금IMF 총재의 인터뷰를 본 적이 있어요. 완벽하게 일하는 어머니는 허상이라고요. 존경하는 분도 양쪽 일을 하는 게 어렵다고 말하더라고요. 일과 가정을 꾸려나가면서 어려움이 있을 수 있고, 제대로 못해낼 때도 있음을 스스로 인정해야 합니다. 그럴 땐 혼자 다 끌어안지 말고 가족이나 친지, 친한 친구 등에게 주저 없이 어려움을 털어놓고 주변의 도움을 받아야 합니다."

권 행장에게도 힘든 시기가 있었다. 1991년 대기업에 다니던 남편이 5년 해외 근무를 나가게 됐는데 한편으론 남편 따라 나가서 대학원 공부도 하고, 아이들에게 제2외국어 공부도 시키고 싶은 마음이 없지 않았다. 하지만 권 행장은 일을 계속하는 길을 택했다. 직장 다니면서 혼자 초등학생 아이 둘을 키우는 게 쉽지는 않았다. 권 행장은 심지어 큰 아이에게까지, 선생님에게도 도움을 구했다.

"제가 그랬어요. 큰아이에게 '이제부턴 네가 이 집의 가장이다. 동생을 잘 돌봐야 한다'며 미션을 줬습니다. 다른 학부모들과 선생님께도 사정을 말하고 도움을 청했죠. 퇴근해서 집안일을 끝낸 뒤 밤 10시쯤에는 아이들을 각자 방에서 나오게 했어요. 1시간 정도 아이들에게 책을 보게 하고, 저도 공부를 했어요. 이렇게 한 것이 아이들이 빗나가지 않고 바르게 자라도록 해준 것 같습니다."

권 행장은 아이들과의 신뢰, 정서적 유대감이 양육의 핵심이라고 강조했다.

그는 "주변 사람들과 좋은 관계를 유지하면서 아이들에게 관심을 쓰는 게 중요하다"며 "특히 아이들에게 '엄마가 집에서 많은 시간을 보내지는 못해도 항상 너희를 사랑하고 관심을 갖고 있다'는 점을 주지시키고 격려한다"고 말했다.

최치훈 삼성물산 사장도 주위에 도움을 구하길 어려워하지 말라고 강조한다.

그는 외교관이던 아버지를 따라 해외에서 어린 시절을 보냈다. 초등학생 시절인 1967년 멕시코로 간 최 사장은 언어의 장벽을 극복하고 친구가 생길 무렵 영국으로, 영국이 익숙해지면 미국으로 건너가야 했다. GE 근무 시절에도 미국, 홍콩, 일본 등으로 근무지를 옮겼다. 삼성에 와서도 4년간 3개의 회사를 거쳤다. 낯선 환경 속 적응의 연속이었던 것이다. 변화의 소용돌이 틈에서 살아남기 위해 최 사장은 힘든 것을 숨기기보다는 드러내는 전략을 택했다. 함께 일하는 사람들 역시 '아는 척'하지 않고 '괜찮은 척'하지 않는 최 사장을 호감으로 대해 주었다. 진심이 통하면 비즈니스의 물꼬가 트인다. 어려움에 처한 사람을 돕는 것은 본능에 가까운 일 아니던가. 최 사장의 전략은 성공적이었다.

"낯선 상황과 맞서야 하는 현실을 인정했고 어떻게 이겨낼지 고민했습니다. 솔루션은 '~한 척'이나 '~한 체'하지 않고 있는 그대로의 모습으로 남을 대하는 것이었습니다. 최선을 다하되 힘든 부분이 있으면 남들에게 솔직하게 도움을 구했어요. 덕분에 사람들과 빨리 친해질 수 있었고, 어려움도 수월하게 극복할 수 있었던 거 같아요."

4장

**고수는
지적당하면
고친다**

베스트보다 퍼펙트

자세 교정에 공을 들인다

멘토의 눈을 귀하게 여긴다

"베스트보다 퍼펙트"
-조직 내 메기를 섬긴다

세상이 확확 바뀌고 있다. 지식과 정보량이 폭증하는 요즘은 잠시만 세상과 단절돼도 물정을 모르는 사람이 되기 쉽다. 그래서 저명한 사회학자인 지그문트 바우만Zygmunt Bauman은 오늘날 사회를 '액체 근대성' 사회라 했다. 모든 것이 있는 그대로 머무르지 않고 계속 변한다는 의미다. 그런데 이런 시대에 살아남으려면 대세 흐름을 주시하면서 언제든지 거기에 알맞게 스스로를 변화시킬 줄 알아야 한다. 외부의 변화에 맞서기보다는 이에 맞춰 자신을 바꾸는 유연성이 가장 중요한 인간적, 조직적 자질이 됐다는 얘기다.

우리의 직장 생활을 떠올려 보자.

자신과 성격이나 스타일이 맞지 않다고 상관이 바뀔 때마다 고심하고 있지는 않은가, 부서의 일이 나의 자질과 선호도와는 무관하다며 겉돌고 있지는 않은가, 내가 진정 원했던 꿈을 추구하기에는 현실이 너무 팍팍하다고 핑계를 대고 있지는 않은가를 곰곰이 성찰해 볼 필요가 있다. 인격이 성숙될수록, 어려운 현실을 딛고 추구할 만한 값어치 있는 꿈을 갖고 있는 사람일수록 상대방이나 세상에 대한 이해의 폭이 넓다. 그만큼 외풍이나 외부 변수에 흔들리지 않고 이런 것들을 자신에게 유리하게 활용하는 지혜가 있다는 얘기다.

달리 보면 모든 일의 책임을 스스로에게 찾지, 남에게 핑계대지 않는다는 말과도 같다.

어떤 코스에 놓이더라도 물처럼 막힘 없이 자신의 길을 헤쳐나갈 줄 아는 사람이 돼야 한다. 관료 출신으로 재보험회사인 코리안리에서 15년간 CEO를 맡은 인물인 박종원 코리안리재보험회사 부회장의 재무부 사무관 시절 일화다.

어느 날 직속상관인 과장이 당시 박 사무관을 책상 앞으로 부르더니 과제를 던져 주었다. 재무부 사무관으로서 첫 과제를 받은 셈. 그는 집에도 가지 않고 꼬박 밤을 세워 보고서를 만들었다. 혼신의 힘을 다했다. 그리고 뿌듯한 마음으로 아침에 출근하는 상사께 바로 갖다 드렸다. 그러나 과장은 보고서를 받자마자 끝까지 다 읽어 보지도 않고 첫 장부터 빨간펜으로 쭉쭉 금을 그었다. 페이지가 넘어갈수록 빨간 펜의 흔적이 더 많아졌다.

자존심이 상했다. 상사의 무심한 일 처리에 화도 치밀었다. 젊은 혈기에 뭔가 한 마디 항의라도 할까 하는 찰나 과장이 보고서를 탁 내려 놓더니 첫 장부터 조목조목 무엇이 문제고 어디가 잘못인지 설명하기 시작했다. 박 부회장의 회고다.

"그 이유를 듣다 보니, 나의 치기와 얄팍한 지식이 부끄러웠습니다. 등에 식은땀이 돋는 듯했죠. 그러나 그건 시작에 불과했습니다. 이후로도 상사는 물론 선배 사무관, 심지어는 동료들로부터 받는 업무에서의 좌절감과 패배의식은 적지 않았습니다. 그때마다 열정과 패기도 중요하지만 그것만으로는 결코 프로가 될 수 없다는 걸 뼈저리게 느꼈습니다."

박 부회장은 "최선을 다해 열심히 하는 것과 업무 결과의 완성도는 전혀 별개"라며 "프로가 되려면 패기도 좋지만 실력이 우선"이라고 강조했다.

"최선이 아니라 완벽이 중요해요. 베스트는 상대적인 개념이지만, 퍼펙트는 절대적인 개념입니다. 그 이후 나는 하나라도 더 배우고 모든 업무에서 완벽해지려고 노력했어요. 일을 하다 모르는 게 나오면 끝까지 파고들어 반드시 알고 나서야 다음 단계로 넘어갔습니다. 보고서를 작성할 때도 내용은 물론 오탈자와 글자 크기까지 세세히 신경 썼습니다."

그가 이 일화를 꺼낸 이유는 바로 상사의 지적을 고마워하고 자신을 개선하려는 노력을 기울여야 한다는 점을 말해주고 싶어서다. 박 부회장은 "1970년대 당시 재무부 직원들은 국가 경제를 견인해 간다는 긍지가 대단했다"며 "강한 승부 근성과 자부심에서 비롯되는 도전과 열정, 단 한치의 실수도 용납하지 않는 프로의식 등이 뒤섞여 팽팽한 긴장감과 균형을 유지했는데, 그런 것도 선배들로부터 배우려는 기본 자세가 돼야 가능한 얘기"라고 말했다. 조언을 해 줘도 귓등으로 흘리는 사람이 많다. 조직의 중간관리자만 돼도 남에게 충고를 한다는 게 얼마나 감정과 에너지 소모가 심한 일인지 알게 된다. 더구나 개인주의 풍조 등이 만연하면서 직장에서 쓴소리를 하는 사람이 갈수록 줄어드는 추세다. 조직에서 잉어를 활기차게 만들기 위해 메기를 자청하는 이들을 섬기는 자세가 필요하다.

조직과 후배에 대한 애정이 없으면 굳이 나서서 껄끄러운 조언을 해 줄 이유가 없다. 조언을 듣는 입장에서도 충고를 고깝게 여기지 말고 나를 업그레이드하겠다는 자세를 가져야 한다.

지난 1973년 설립된 일본전산은 오일쇼크와 10년 불황이라는 최악의 환경 속에서도 뛰어난 기술력과 용병술로 전세계 모터 시장을 석권했다. 지난 1990년대 하드디스크용 모터 분야에서 1위를 차지한 데 이어 성장과 진화를 거듭하며 자동차용 모터 시장에서도 두각을 보이고 있다. IBM의 노트북이나 애플의 아이팟에도 어김없이 들어가 있는 게 바로 일본전산의 모터다. 일본 전산은 열도를 괴롭힌 '잃어버린 10년' 동안에도 매출 10배, 영업 이익 24배라는 놀라운 성장을 일궜는데, 그 중심에는 나가모리 시게노부 사장이 있었다.

나가모리 사장의 경영 철학 중 '진보적 반발심'이란 게 있다. 박부회장이 강조한 것과 비슷한 맥락의 교훈을 담고 있다. 진보적 반발심은 상사 등으로부터 받은 지적 사항, 업무에서 실패와 같은 것을 고치고 극복하려는 강력한 자기 개선 욕구로 생각하면 된다.

실패와 포기의 패턴은 마치 유전자 코드처럼 사람의 몸과 마음에 각인된다. 나가모리는 이런 잘못된 패턴을 반복하지 않으려면 이미 몸과 마음에 세팅된 구조를 한 번이라도 어그러뜨려서 뒤집어 놓아야 한다고 봤다. 그러려면 진보적 반발심이 필요하다는 게 그의 소신이다. 나가모리 사장은 "한 가지 일에 실패하고 문책당해 회사를 그만두면 다른 회사에 가더라도 똑같은 패턴으로 그만두게 된다"며 "이 회사만 아니면, 이 상사만 벗어나면, 뭔가 새로운 환경만 주어지면 잘할 수 있다는 환상을 버려라"고 말한다. 한번 정복하지 않은 실패는 또다시 엄습하게 돼 있는 만큼 '여기만 뜨면 된다', '이런 사람만 피하면 된다'는 사고방식을 버려야 성공할 수 있다고 강조한다.

안 된다는 보고서를 쓰는 습관을 없애라, 시도하지 않는 것보다 더 몹쓸 일은 하다가 흐지부지 그만 두는 것이다, 신입 사원일수록 살벌한 실전에 배치시켜라, 깡으로 남보다 두 배 일하는 것부터 가르쳐라 등은 나가모리 사장의 대표 어록으로 꼽히는 것들이다.

애니메이션 제작사인 픽사의 공동 창립자이자 회장인 에드 캣멀Edwin Earl Catmull은 '자아 중심사고'에서 '문제 중심 사고'로 바뀌어야 머리 속에서 스파크가 튀며 창의적인 사고가 가능하다고 말했다. 어떤 지적을 받았을 때 그 지적 자체에 신경 쓰지 않고 자아가 손상 받았다는 느낌에 집착하는 이들이 많다. 흡사 손가락으로 달을 보라고 가리켰더니, 손가락만 응시하는 것과 같은 이치다. 문제 그 자체에 집중하는 담담한 마음을 가져야 발전이 있다는 게 CEO들의 공통된 견해다. 그리고 그들은 그런 습관을 애송이 시절부터 실천해 나갔기에 높은 수준의 능력과 노하우를 갖춰 나갈 수 있었다.

피드백의 원래 목적만 생각해야 한다. 미완성 작품을 동료와 상사 심지어 아래 직원에게 보여주면서 피드백을 받는 것은 일종의 스트레스지만, 이런 것도 개개인에게 체질화되고 그래서 하나의 조직 문화가 되면 아무렇지 않게 받아들이게 된다. 캣멀 회장은 피드백을 "엉망인 상태에서 엉망이지 않은 상태로 가는 과정에 핵심 역할을 하는 것"으로 정의한다. 영화로 치자면 최종 컷을 위해 수천 번 수정하며 단 한 컷을 찍길 주저해서는 안 된다는 것이다.

"자세 교정에 공을 들인다"
– 기본에 철저하면 무섭게 성장한다

지난 2000년대 초반 증권부에서 일할 당시에 만났던 한 코스닥 상장 업체의 사장이 들려준 이야기는 아직도 기억에 생생하다.

"매너리즘에 빠진 조직은 의욕 자체가 없다 보니 뭔가를 조금이라도 더 낫게 고치려는 애착이나 장인정신 같은 게 없어요. 그냥 하던 대로 하고, 빨리 해치우고 놀 생각부터 하죠. 누군가 개선점을 발견하고 제안하면 '다음부터 하자'는 식으로 얼렁뚱땅 넘어가기 일쑤죠. 이런 조직의 구성원은 향상심 같은 게 없기 때문에 평소에 배울 수조차 없게 됩니다. 원래 사람이란 게 평소 배우려고 노력하면 할수록 개선할 게 많아지는 법인데, 배우지 않기 때문에 얼마 되지도 않는 지식이나 노하우에 구속됩니다. 결국 그러다 망하는 거예요."

사실 내가 15년 가까이 된 CEO의 말을 기억하는 건 메모를 해놓은 탓도 있긴 하지만 어떤 질문의 영향도 컸다. 그 CEO는 나에게 아주 재미있는 질문을 던졌다. 요지는 이렇다.

"베트남 가 보셨죠? 도로에 오토바이가 가득하잖아요. 그런데 왜 최고의 오토바이 선수가 없을까요? 마찬가지로 중국에는 자전거를 타는 사람이 너무나 많은데, 세계적인 사이클 선수가 나오지 않아요. 반면 독일은 다릅니다. 10명 중에 1명이 축구선수일 만큼 축구 저변이 넓은데, 뛰어난 축구선수가 굉장히 많아요. 이런 대조를 보이는 결정적 차이가 뭐라고 생각하세요?"

마땅히 뭐라 할 만한 게 없었다. 잘 모르겠다는 표정을 짓자, 그 CEO는 '기본의 차이'라고 말했다. 그는 "수영 선수가 되는 것과 그냥 수영을 하는 것은 다르다"며 "최고가 되기 위해서는 응당한 수준의 기본을 철저하게 다시 배워야 한다"고 지적했다.

그는 "기본을 제대로 배운 사람은 시작은 더딜 지 몰라도 고비가 지나면 무서운 속도로 성장한다"며 "골프 선수나 야구 선수가 자세를 교정하는 데 그렇게 공을 들이는 것도 기본의 힘을 알기 때문"이라고 말했다.

알지만 어렴풋이 아는 것은 아는 게 아니다. 글로 정의할 수 있어야 하고 행동과 실천으로 이를 뒷받침할 수 있어야 한다. 또 돌발 상황이 발생해도 로드맵에 따라 바로 다음 수순으로 넘어갈 수 있을 정도로 몸에 배여야 아는 것이다. 그 수준이 돼야 비로소 기본이 됐다는 말을 들을 수 있다는 그의 설명이 뒤따랐다.

"조직에서 잘한다는 사람들이 멘토가 돼 아래 사람들을 제대로 트레이닝시켜야 합니다. 저도 그런 멘토가 있었어요. 그에게 혹독하게 훈련 받고 난 뒤 깨달았죠. 난 그간 업무의 ABC도 몰랐다는 것을. 기본이 공기처럼 자연스럽게 녹아 있어야 합니다. 업무에 철저한 기본 활동이 조직의 웨이way가 되기 위해서는 상당한 시간이 걸립니다."

작고 하찮아 보이지만 시간이 흐르면서 괴력을 발휘하는 게 바로 기본이다. 그런 기본을 제대로 체질화한 사람은 자연스럽게 리더로 성장하게 된다.

기본에 대해 환기시키는 사람, 기본을 알려주는 사람을 떠받들어라. 그리고 억지로라도 기본을 되풀이해라. 그러면 습관이 된다. 그 이후에는 누군가가 말하지 않아도 비슷한 상황이 발생하면 스스로 하게 된다. 자발적으로 실행하는 단계가 되면 이제 누군가의 멘토가 돼 줄 수 있다. 그런 메커니즘을 통해 기본이 웨이가 돼 가는 것이다.

"멘토의 눈을 귀하게 여긴다"

- '남들이 보는 나'를 직시한다

평생직장의 개념이 무너진 지금, 대부분의 직장인들은 불안감을 느끼며 하루하루를 보낸다. 작은 실수 하나로 도태되는 것은 아닌지 늘 살얼음판을 걷는 기분이다.

이런 때일수록 삶에서 진심어린 조언을 해 줄 수 있는 멘토의 존재는 든든할 수밖에 없다. 멘토는 삶의 굽이굽이에서 실질적 조언을 해주는 코치이자 삶의 방향계 역할을 하기 때문이다. 차 한 잔을 하면서 가볍게 나눈 대화 속에서도 중요한 결정에 큰 영향을 주는 실마리를 얻을 수 있는 게 바로 멘토의 힘이다. 난관에 부딪혀 잘못된 길로 들어서려고 할 때 멘토의 한 마디는 문제의 흐름을 긍정적으로 돌려놓기도 한다.

월가의 살아있는 전설로 추앙 받는 워런 버핏Warren Buffett은 벤저민 그레이엄Benjamin Graham을 평생 스승으로 모셨다. 그의 강의를 듣기 위해 콜럼비아 대학으로 옮겨 그의 수업에서 최고 성적을 받을 정도로 열심히 공부했다. 졸업 후에는 그레이엄이 운영하는 투자회사에 입사하려고 했지만 스승이 조금 더 실력을 키우라고 해서 더 있다가 들어갔다. 그만큼 그는 스승을 따랐다.

구글의 창업자인 20대 롤러블레이드광 세르게이 브린Sergey Brin과 수줍음 많은 천재 공학도 래리 페이지Larry Page도 실리콘밸리의 '비밀 코치'로 불리는 60대 빌 캠벨Bill Campbell에게 SOS를 보냈다.

빌 캠벨은 실제로 대학교 풋볼팀을 이끌던 진짜 코치였다. 그는 리더십과 통찰력이 비상해 직업 스포츠맨으로는 이례적으로 톰슨, 코닥 마케팅 이사를 거쳐 애플 마케팅 담당 부사장이 됐던 인물이다. 그를 애플로 영입한 건 스티브 잡스Steve Jobs와 앙숙이던 존 스컬리John Scully. 빌 캠벨은 두 사람 모두로부터 존경을 이끌어내면서 애플 매출을 급신장시켰다. 스컬리가 잡스를 추방하자 그는 "엄청난 실수가 될 것"이라고 반발하며 애플을 뛰쳐나왔고 1997년 잡스와 함께 애플 이사회에 복귀했다.

애플을 도약시켰던 캠벨은 구글의 문제점도 바로 짚어냈다. 그의 제안으로 경영진과 매주 월요일 경영 회의, 매주 화·수·금요일엔 엔지니어들과 프로젝트 추진 회의를 열면서 분쟁을 조정하고 성과를 격려했다. 넓은 날개 아래 열정 가득한 CEO를 품었던 인물이 바로 캠벨이었다.

이순우 우리은행장도 멘토 덕분에 어긋난 인생 궤도를 바로 잡을 수 있었다고 말한다. 지난 1950년 경주에서 태어난 이 행장은 고교 입시, 대학 입시, 사시 모두 뜻대로 이루지 못했다. 당시만 해도 중, 고교부터 명문 학교에 입학하기 위한 경쟁이 치열했다. 대구고, 성균관대 법대를 거쳐 상업은행에 입행했지만 초기에는 직장 생활에 취미를 붙이지 못했다. 사법 시험에 대한 미련이 너무 컸던 탓이다. 그가 은행에서 맡은 첫 업무는 대부貸付였는데, 수기로 모든 전표와 서류를 작성했다. 업무량이 많아 야근도 밥 먹듯 했다.

이 행장은 항상 피곤한 얼굴로 고객을 대하고 말수도 적었다. 은행은 다녀도 마음은 콩밭에 있는 시간이 속절없이 흘러갈 무렵, 제대로 된 멘토를 만났다.

"그때가 1977년, 상업은행 을지로지점 근무 때 일이에요. 같은 지점의 선배양택기 대리가 술이나 한잔 하자면서 근처 포장마차로 데리고 갔어요. 소주잔을 기울이다가 갑자기 신문을 돌돌 말더니 내 머리를 때리는 겁니다. 그러면서 '그렇게 찡그리며 일하려면 나가라'고 소리치는데, 고개를 못 들겠더라고요. 제가 아무 의욕 없이 넋 나간 사람처럼 일하는 모습을 지켜보다 그날 제대로 저에게 한마디 하신 거죠."

선배는 그에게 "좋은 은행원이 되려면 우선 마음을 열고 누구와도 많은 대화를 나누고 웃어야 한다"고 가르쳤다. 이 행장은 "한 마디로 적극적으로 일하고, 주위와 섞여서 지내라는 거였다"며 "그날 밤 한참을 혼자 소주 마시고 울면서 열심히 해 보자고 다짐했다"고 말했다. 그날 이후 이 행장은 매일 거울을 보면서 웃는 연습을 했다고 한다. 덕분에 그의 주변에도 점차 사람이 모여들기 시작했다. 직원들과 격의 없이 지내는 그의 소탈한 성격은 이 가르침을 따른 결과다.

"말 참견도 좀 하고 때로는 욕도 하면서 의욕적으로 일했더니 조금씩 날 보는 눈이 달라지더라고요. 나중에는 여직원들이 '이 주임님 저녁 사주세요'라고 할 정도가 됐죠. 업무 성과도 좋아져 대부계 이주임으로 이름을 날렸어요."

이 행장은 "내 인생을 송두리째 바꾼 그 선배는 1998년 지점장을 끝으로 은행을 나가셨는데, 지금도 연락하고 뵙고 있다"며 "그분이 아니었으면 은행장 직함은 달 수 없었을 것"이라고 말했다. 우리는 남에게 조언을 쉽게 구하지만, 조언을 구하는 것만큼 잘 받아들이는 지는 의문이다. 조언을 듣기는 쉽지만, 실천하기는 어렵다. 성공하는 사람들은 '자신이 스스로 생각하는 자신'과 '남이 생각하는 자신'의 갭에 대해 날카롭게 반응하고 이 갭을 줄이기 위해 노력해 왔음을 알 수 있다. 이 행장도 조언에 반감을 보이기 보단 자신을 고치기 위해 애썼다. 결국 그 조언을 제대로 실천한 덕분에 서비스 가 몸에 밴 태도를 습관처럼 갖게 됐다. '내가 맞다'는 생각에 갇힐수록 그토록 '잘난 나'는 성장을 멈추게 된다. 그리고 더 어리석어진다. 남의 의견을 다 받아들이라는 얘기는 아니다. 현명한 조언을 잘 받아들이는 사람이 성장할 수 있다.

촉을 자주 시험대 위에 올린다

수치를 예측한다

역사적 인식을 갖고 사물을 본다

Simple & Speed

현장의 목소리를 듣는다

감각을 날생선처럼 신선하게

"촉을 자주 시험대 위에 올린다"

-탐문과 예측을 통해 감을 발달시킨다

    도마는 짧은 승부다. 다른 체조 종목은 시작에서 착지까지 10개 기술을 써야 한다. 하나만 삐끗하면 메달이 물 건너간다. 도마는 순간이다. 그게 매력이다.

    선수라면, '성공하겠다'나 '실패하겠다'는 감이 온다. 먼저 도움닫기 때 성공과 실패 여부를 90퍼센트 정도 가늠할 수 있다고 한다. 달려갈 때 스피드로 느끼는 것이다. '가벼우니 될 것 같다. 무거우니 힘들겠다'는 판단이 1초 안에 다 이뤄진다. 구름판을 밟고 도마에 손을 짚으면 80퍼센트 정도 알 수 있다. 그리고 공중 동작에서 느껴지는 힘의 강도에 따라 확신은 100퍼센트에 도달한다. 맨 처음 출발선에 설 때는 거의 무아지경이 된다. 너무 긴장을 해서 긴장했다는 것조차 느껴지지 않는다. 긴장을 했는데 긴장하지 않은 거 같은 오히려 차분해진 것 같은 그런 긴장감이다. 그때 눈에는 딱 도마만 보인다. 연습 과정이 좋지 않았으면 찰나의 생각에 불안감이 엄습하고, 생각하기에 연습 과정이 좋았으면 불안하지 않다.

지난 2012년 런던올림픽 도마 부분에서 금메달을 딴 양학선 선수. 그는 런던올림픽 때가 바로 '긴장'이 '성과'를 다스린 대회라고 말한다. 착지하는 순간 득도를 한 듯한 느낌을 받았다고 한다. 도마로 달려가 손을 짚고 몸을 돌리고 완벽하게 착지했을 때, 뭔가 느껴보지 못한 감각을 느꼈다고 언론 인터뷰에서 말했다. 한 번도 찾지 못한 답을 찾은 느낌이 들었다고 했다.

이런 게 촉이 아닐까 싶다. 뭔가에 매진해 문리가 트이는 경지. 요즘처럼 빨리 변화하는 세상에 촉은 더더욱 중요하다. 기업도 제품도 살아 있는 생물과 같다. 소비자의 심리도 유행도 변화무쌍해서 럭비공 같다. 어디로 튈지 예측 자체가 어렵다. 시장을 분석하고 데이터 뽑아 보고, 회의하고 이럴 시간이 없다.

판단을 하기 위한 복잡한 절차를 거치는 사이 어느덧 트렌드는 벌써 바뀌어 있을 것이다. 최적의 타이밍을 놓치지 않으려면 스피디한 결단이 필요하다. 이를 위해서는 경영자의 통찰력이나 직관, 굳이 한 글자로 표현하면 '촉'이 있어야 한다. 그것도 아주 날카로운 촉이 있어야 한다. 이제는 가맹점만 300개가 넘는 유명 외식업체 CEO는 젊었을 때 대기업 식품 계열사 직원이었다. 애초부터 월급쟁이 직장인이 되고 싶은 생각은 없었다고 한다.

일단 대기업에서 식품 외식 전반의 메커니즘과 생리를 터득한 후에 창업을 할 생각으로 입사를 했다. 그는 5년 만에 회사를 관두고 프랜차이즈 브랜드를 창업했고 우여곡절 끝에 이제는 외식업계에서 내로라하는 브랜드를 여러 개 보유한 어엿한 CEO로 성장했다.

그는 대기업 사원 시절, 자신만의 촉을 예리하게 다듬기 위해 별별 노력을 다했다.

"촉을 키우려면 책상에서 앉아서 계산기만 두들겨서는 안됩니다. 시장에서 발로 뛰어야 해요. 오감을 써서 '이게 될까, 안 될까' 자꾸 예상을 해 봐야 합니다. 촉이란 게 결국은 감이거든요. 모든 것이 그렇듯, 안 쓰면 퇴화되고, 써야 발달합니다."

그는 업무가 끝나는 저녁 시간에는 자신이 관심 있어 하는 외식 분야 식당을 모조리 섭렵하겠다는 열의로 식당을 탐문했다. 주말도 예외가 아니었다. 고향에 내려갈 일이 있는 날에는 그 지역 식당에 들를 정도였다. 모두 후일 창업하기 위한 준비 작업이었다.

사람들이 어떤 음식과 서비스, 분위기에 반응하는지, 간판 등 인테리어 트렌드는 어떤지, 식자재의 특이점은 뭔지 할 수 있는 한 꼼꼼히 살펴봤다. 심지어 근 1년 가까이는 신장 개업하는 식당만을 한 달에 4곳 정도 들러 맛과 서비스를 체크해 보고, '이 식당은 된다, 안 된다'는 판단을 해 봤다고 한다. 그리고 몇 개월 뒤 자신의 판단이 시장에서 들어맞는지 확인해 봤다고 했다. 자신의 촉을 나름대로 검증해 본 것이다. 그러자 촉이 점점 자라기 시작했다.

"거짓말처럼 갈수록 내 촉이 들어맞는 비중이 점점 높아지더라고요. 야구에서도 최고의 홈런 타자는 삼진을 제일 많이 당한다고 하잖아요. 촉이란 것도 마찬가지예요. 자꾸 시험대 위에 올려서 검증해 봐야 키워진다고 생각합니다. 성공과 실패가 반대가 아니라 실패 경험 속에서 성공의 가능성을 더 키우는 것입니다. 유능한 사업가는 작은 실패 경험을 소소하게 하고 그런 덕분에 큰 성공을 하는 거죠. 이는 사업뿐만 아니라 모든 일에서 다 적용된다고 생각해요. 일상에서도 작고 사소한 결정을 할 때 그냥 허투루 하는 게 아니라 자신의 판단력을 가다듬는다는 마음으로 신경을 써 버릇해 보세요. 달라지게 돼 있습니다. 아마 그런 훈련을 오래 하게 되면 나름 용하다는 얘기도 들을 수 있을 거예요."

그는 대학교 시절 얘기를 꺼내기도 했다.

외식업계 CEO와 운동권은 전혀 매치가 안되지만, 그는 학교 다닐 때 데모에 적극적이었다고 했다. 그의 표현을 빌리면 야성이 강했는데, 그 경험도 사회에 나와서 도움이 됐다.

"전단지 돌려 보셨나요? 그리고 사람들이 별 관심도 기울이지 않는데 목청껏 자신의 주장을 외쳐본 적이 있나요? 운동권들은 그런 경험이 어느 정도는 있어요. 그런 경험은 사람을 어떤 면에서 좀 트이게 만듭니다. 사람의 심리에 대해서도 깨닫는 게 있고, 벽에다 대고 소리치면서 '아 내가 이렇게 중요하다고 여기는 것도 세상이 무관심할 수 있구나. 나는 얼굴이 화끈거리는데 저들은 나에게 관심조차 없구나. 내가 좀 뻔뻔해져도 아무 문제 없겠구나. 열심히 살아야겠다'라든지 그런 감정도 들고요. '저 사람은 이 전단지에 관심을 가질 것 같다'는 생각도 들고요. 이런 것도 촉이라고 하면 촉이죠. 자신이 하고 싶은 게 있다면 부딪쳐야 얻는 게 있어요. 밖으로 나가서 두루 경험해 봐야 합니다."

"수치를 예측한다"
- 경우의 수가 많으면 빈틈이 작아진다

경영의 진면목은 역시 수치에 있다. 경영의 총체가 있는 그대로 반영되는 게 바로 주가다.

주가에 가장 큰 영향을 미치는 것은 결국 실적인데, 이는 현재 실적과 향후 실적 전망에 근거한다. 주가, 매출, 영업 이익 등은 모두 숫자로 구현된다. 그래서 경영자는 숫자에 민감하게 반응할 수밖에 없다. 숫자 감각이 있을수록 뛰어난 경영자가 되는 것이다.

아직 덩치가 크지 않은 단계의 외식업 CEO 중에는 매일매일 퇴근 하기 전에 꼭 현금을 세는 이들이 있다. 남이 보기에는 이는 그날그날 매출을 체크하는 것이지만, 사실 이런 행위는 훨씬 복잡한 의미를 내포한다고 볼 수 있다. 예컨대 사업의 현금 흐름을 가늠하며 긴장의 끈을 놓지 않으려는 다짐이 담긴 행위일 수 있다. 어찌됐든 모든 경영은 결국 숫자로 환원된다. 돈으로 환산된다는 냉엄한 현실을 매일 절감하는 것이다. 그런 노력 등을 통해 경영자의 감을 키운다고 볼 수 있다.

실제로 경영자의 감이란 매일매일 거듭된 훈련의 산물에 더 가깝다. 예를 들어 소프트뱅크의 손정의 대표는 아침 신문을 읽을 때 특이한 습관이 있다. 가령 어떤 회사의 결산과 관련한 기사의 경우 읽기 전에 미리 매출액 및 이익 등을 예상한다고 한다. 일상 생활이나 모든 업무 처리 상황에서도 그렇게 한다. 수치를 예측하기 위해서는 사업 계획 수립과 마찬가지로 머릿속으로 신속하게 그려보는 게 필요하다. 그래야 자연히 감이 예리해진다. 몇 수 앞을 내다보게 되는 것이다. 이런 단계에 이르면 초밥을 만드는 장인의 감에 비견될 수 있을 만큼 도가 트이게 된다. 입신의 경지에 오른 초밥의 달인은 오랜 시간의 경험과 감을 통해 손에 쥐는 밥알 수가 언제나 똑같다.

손 대표의 수치 감각과 관련해 『손정의의 상식을 파괴하는 비즈니스 테크닉』이란 책에서 본 내용은 흥미롭다. 손정의는 계획을 짜도 별날 정도로 주의를 기울인다고 한다.

가령 신규 사업을 한다고 치면, 대부분의 회사는 낙관적인 계획, 중립적인 계획, 비관적인 계획 등의 세 가지 유형으로 계획을 작성한다.

하지만 손정의는 다르다. 부하들이 이런 계획서를 들고 오면 불호령이 떨어진다. 이 경우 손정의는 "1,000가지 유형으로 작성하라"고 질책한다고 한다. 숫자만 보면 도저히 불가능할 것 같지만 방법론만 파악하면 어려운 게 아니라고 손정의는 말한다.

"방법론이란 유형의 축입니다. 유형의 축이란 예를 들면 고객 확보 수, 고객 단가, 설비 투자액, 고객 확보 비용 등 유형의 전제가 되는 수치를 말합니다. 이러한 유형의 축마다 다시 유형을 만들어 나가면 됩니다. 이 경우 고객 확보 수를 6가지 유형으로 놓는다 치고, 고객 단가, 설비 투자액, 고객 확보 비용 등 나머지 변수도 6가지 유형을 만든다고 합시다. 그러면 총 $6 \times 6 \times 6 \times 6 = 1,296$가지 유형의 계획서가 나오는 겁니다."

손정의가 요구하는 것은 이처럼 유형의 축을 많이 만들어 내는 것이다. 흔하디 흔한 '강중약'만으로는 상황 적응력을 키울 수 없다. 그만큼 철저하게 대응해야 한다는 의미다.

손정의는 고객 수를 파악하는 것에도 철저했다. 소프트뱅크는 브로드밴드의 신규 고객 수를 파악하기 위해 일일 매출을 모두 분석했다. 날씨별로도 따졌다. 가령 맑은 날이 100이라면, 흐린 날은 75, 비오는 날은 50, 이런 식이다. 또 신참 아르바이트 직원을 100이라고 하면, 고참 사원은 150, 등으로 직원의 숙련도에 따라서도 성과를 철저히 따졌다.

이러한 분석이 필요한 이유는 비용 효율화를 꾀하기 위한 것이다. 판촉비가 재무상 부담으로 작용하는 불황기에 이런 수치에 기반한 분석이 돼 있으면 자원을 효율적으로 배분하고 최적의 효과를 낼 수 있다. 특히 정확한 수치 분석이 되면 예상을 웃도는 매출이 발생할 경우 초과 달성 부문을 직원의 보수에 반영할 수 있다. 그 때문에 현장직 직원의 의욕도 높아진다. 사업과 관련한 다양한 아이디어가 나오게 되는 것이다. 손정의처럼 숫자에 근거해 치열한 시나리오 경영을 하는 습관을 들이면 어떤 일을 하든 직관력, 판단력을 강화할 수 있다.

"역사적 인식을 갖고 사물을 본다"
-근본적으로, 다면적으로, 장기적으로 생각하기

김재철 동원그룹 회장은 벤처 비즈니스맨의 전형이다. 서울대 입학을 마다하고 무한한 가능성을 좇아 바다 인생을 선택했다. 그는 성실과 불굴의 투지, 그리고 개척자 정신으로 바다와 싸워 성공을 거뒀고 식품 가공업과 금융 부문 등으로 그룹을 키워 내며 자신의 꿈을 이뤘다. 바다를 떼놓고 이야기할 수 없는 게 그의 삶이다.

진로를 고민하던 고3 시절. "바다는 무진장한 자원의 보고다. 젊은이들이 무궁무진한 자원의 보고인 바다를 개척해야 한다"는 담임 선생님의 말에 이끌려 인생의 나침반을 망망대해로 돌렸다. 서울대 농대에 장학생으로 입학 허가를 받아 놓은 상태에서 수산대로 진로를 바꾸었다.

"시골 학교에서 서울대에 들어간다면 큰 경사인데 갑자기 지방에 있는 뱃사람 학교에 가겠다고 하니 부모님을 비롯해 주위에서 반대가 많았습니다. 또 졸업하고 배를 탈 때도 어려움이 많았습니다. 정식 학부 졸업생이 배를 탄 것은 제가 처음이었거든요. 당시 수산대 졸업생들은 수산청이나 수산업협동조합 같은 관계 기관에서 근무하거나 교사가 되는 게 보통이었죠. 그때 저도 여수수산고 교장으로 계시는 고등학교 은사로부터 교사로 와 달라는 제의를 받았습니다. 그런데 제가 원양어선을 타겠다고 하자 처음에는 백면서생의 객기쯤으로 받아들이는 듯했습니다. 결국 항해 중에 사고가 나도 책임을 묻지 않는다는 각서를 쓰고서야 겨우 승선할 수 있었습니다."

1958년은 우리나라가 처음으로 원양어업을 시작한 뜻깊은 해다. 김 회장은 우리나라 첫 원양어선인 '지남호'의 승선자이기도 하다. 기업가로 변신하기 전 김 회장은 8년간 실제로 마도로스 생활을 했다. 그에게는 직감을 넘어선 사고 원칙이 있다.

"근본적으로, 다면적으로, 그리고 장기적으로 생각해야 합니다. 달리 말하면 역사적 인식을 갖고 사물을 봐야 하죠. 과거에 대한 기억력, 현재에 대한 판단력, 미래를 보는 상상력이 바탕이 됩니다."

그가 사업을 벌이는 과정을 들여다 보면 그의 사고 원칙이 무슨 의미인지 와 닿는다.

참치캔 사업을 시작한 것은 1981년. 동원산업을 창업한 지 무려 10년 이상 지난 시점이었다. 그가 참치캔 사업에 눈독을 들인 것은 미국에 있을 때 참치 유통·가공업체인 스타키스트를 방문하고, 1인당 국민소득이 2,000달러가 되면 참치 캔을 사먹는다는 이론을 알게 되면서부터다. 그때가 한국의 1인당 국민소득이 1,200~1,300달러였다. 경제 발전 단계에 따른 식생활 변화 등을 두루 감안해 괜찮은 사업 아이템이라고 판단했을 터다.

"참치가 '바다의 닭고기'로 불리는 생선이지만 우리나라 사람들이 닭고기보다는 쇠고기를 더 선호하는 식습관에 착안해 브랜드 이름에 '살코기캔'을 붙였습니다. 출시 가격은 당시 돈으로 1,000원이었어요. 자장면 한 그릇보다 훨씬 비쌌죠. 하지만 남대문 시장에서는 미국 유학생들이 3,800원을 주고 사먹던 제품이었습니다. 동원참치가 대중적으로 인기를 끈 건 사업을 시작하고 6~7년 지난 1988년 서울올림픽이 열린 때부터였죠."

금융업 진출도 그의 사고 원칙에 입각한 것이었다.

"1980년대 한국에서는 증권회사라고 하면 산업이 아니라 장사치로 여겼어요. 그런데 미국에서는 어딜 가나 가장 우수한 사람들은 증권회사로 가더군요. 당시 하버드대학 MBA 출신들이 증권사를 선호하는 것을 보고 고급 인재들을 모으기 위해 증권업에 뛰어들었어요."

마침 정부가 한신증권 입찰을 했다. 동원은 입찰가 71억2,000만원에 낙찰받아 증권업에 진출했다. 하지만 금융에 대해 아는 것이 없었다. 막막했다. 무엇보다 인재를 모으는 것이 어려웠다. 김 회장은 원양어선에서 기본 생활비만 지급하고 나머지 급여는 어획량에 따라 나눠 주는 것에 착안해 증권회사에 인센티브 제도를 도입했다. 또 공개채용을 했고, 직원 교육에 각별히 신경 썼다. 선장이 선원 훈련하듯 했으니 하드 트레이닝을 시켰다. 동원그룹의 금융 부문도 이런 과정을 거쳐 성장할 수 있었다.

김 회장은 창업할 때 자신이 잘 아는 분야에 뛰어들라고 강조했다. 또 누군가 도와줄 사람을 옆에 두라고 조언했다. 그리고 부하를 쓸 때는 자신을 교주로 여길 만큼 절대적 지지를 받아야 한다고 말했다. 이른바 '치마 이론'도 그가 강조하는 것이다. 치마는 아래에서 보면 다 보인다. 그래서 부하 직원은 리더가 거짓말을 하면 다 안다. 리더가 더 열심히, 더 잘해야 하는 이유다. 부하가 어려울 때 같이 죽는다는 마음이 서 있을 정도가 돼야 진정한 리더라고 그는 여긴다. 리더라면 자기 관리가 그만큼 철저해야 한다는 의미다.

"배에서는 칼로 찔러서 바다에 던져버리면 그만입니다. 선장이 망설이면 선원들도 흔들려요. 선장 시절 말을 듣지 않는 험한 선원들이 있으면 술 내기를 하자고 했습니다. '내가 지면 네가 어른이고 내가 이기면 무조건 복종하라'는 조건으로요. 단, 술을 먹고 기상 시간인 새벽 6시에 갑판에 나와 있어야 승리하는 방식입니다. 새벽 5시까지 술을 마시고 저는 찬 물에 얼굴만 내놓고 시간이 되기를 기다립니다. 선원은 당연히 못 나오지요. 내 약점을 잡히지 않아야 존경받을 수 있어요."

"Simple & Speed"
– 쉬운 것부터 하되 빨리 실행한다

김준일 락앤락 회장은 문제가 발생할 때마다 현장에서 어떤 일이 벌어지고 있는지에 주목한다. 그러면 해답도 예상보다 쉽게 구할 수 있다는 게 김 회장의 지론이다.

처음 밀폐 용기를 내놓았던 1998년. 기존 제품보다 뛰어난 제품을 내놓은 만큼 엄청난 반응을 예상했지만 결과는 아예 딴판이었다. 외환 위기 당시였던 만큼 내수 자체가 줄어들 수 있음을 염두에 두고서라도 매출이 생각보다 적었던 것. 그래서 김 회장은 서울 도곡동 월마트의 큰 기둥에 숨어 소비자의 반응을 지켜봤다고 한다.

대부분의 소비자들은 제품을 보고 처음에는 신기해하는 듯하더니 고개를 갸우뚱하고 다시 놓았다. 그때 김 회장은 "아, 설명이 필요한 제품이구나"라고 생각했다고 한다.

"기존에 없던 제품이잖아요. 설명을 해줘야 제품의 진가를 제대로 알릴 수 있다고 보고 할인점에 제품을 설명해 주는 요원을 쭉 배치했습니다. 그달 매출액이 전달의 10배에 달했어요. 그러나 요원 배치 비용이 딱 매출액만큼 나왔습니다. 돈을 안 들이고 설명할 수 있는 방법을 찾아야 했지요."

결국 홈쇼핑을 찾아갔다. 그런데 국내 홈쇼핑은 중소 업체의 제품에 눈길도 주지 않았다고 한다. 그래서 김 회장은 해외 홈쇼핑부터 공략하는 우회로를 선택했다. 미국에서 최고의 작가, 배우, 스태프가 참여한 '인포모셜information+commercial, 정보+광고'을 만들어 미국과 캐나다 홈쇼핑 업체를 찾아 다녔다. 결과는 대성공이었다.

세계 최대 홈쇼핑 채널인 QVC의 캐나다 채널에 제품이 소개됐다. 방송의 하이라이트는 락앤락 속에 지폐를 넣은 후 물이 담긴 수조에 넣었다 꺼내는 장면. 한참을 물속에 담가뒀다 꺼내 뚜껑을 열었다. 놀랍게도 락앤락 속에 들어 있던 지폐에는 물 한 방울 묻은 흔적조차 없었다. 전혀 젖지 않은 지폐를 두 눈으로 본 소비자들이 줄줄이 주문 전화를 걸었다. 준비한 5천 세트가 순식간에 팔렸다. 캐나다 방송 성공은 미국 QVC 진출로 이어졌다. 미국에서도 캐나다에서와 마찬가지로 폭발적인 반응이 밀려왔다. 캐나다와 미국에서의 성공 스토리가 알려지면서 락앤락을 외면했던 국내 홈쇼핑 업체들이 이번엔 거꾸로 먼저 방송을 제안하고 들어왔다. '상전벽해'란 바로 이런 것을 두고 하는 말일 테다.

김 회장은 제품 개발 아이디어도 현장에서 구한다. 글로벌 시장에 나가 보니 국가별로 쓰는 용기가 다 달랐고, 결국에는 바이어가 주문한 아이디어가 시장에서 더 반응이 좋다는 경험칙 때문이다. 김 회장은 행정학 전공자이지만, 어려서부터 영업 감각이 남다른 면이 있었다. 김 회장 집안이 사업가 집안이라 부친의 영향이 작용한 것도 있거니와 20대부터 이론에 의지하지 않고 모든 것을 필드에서 감각으로 익혔기 때문에 후천적으로 사업과 관련된 직감과 본능이 자라난 덕분이다. 그의 경영 철학은 '현장 경영'으로 집약 가능하다.

경영자를 비롯해 실무자도 현장에서 발로 뛰며 경험을 익히면 성공할 수 있다는 게 김 회장의 지론이다. 경쟁 기업보다 한발 빠른 해외 진출과 현지화 성공은 항상 이런 스피디한 현장 경영이 있었기 때문에 가능했다.

"제 경영 모토가 바로 Simple & Speed입니다. 해법이 어렵다고 꾸물거리기만 하는 사람이 많은데요. 그래서는 될 것도 안됩니다. 가장 쉬운 것부터 하되, 변화는 빠를수록 좋습니다. 현장에서 살펴보고 방향성을 잡은 다음에는 꾸물거리지 말고 가시적인 성과를 향해 되는 것부터 실행에 옮기는 습관을 들여야 합니다."

지난 2007년 10월부터 가동된 중국의 쑤저우 공장은 토지 면적 10만m²3만평, 생산 면적은 4만m²1만2,100평에 이르는 대형 공장이다. 해외 수출 기지로 자리매김한 웨이하이와 만산 공장에 이은 세 번째 중국 공장인 쑤저우 공장은 중국 내수 제품을 생산하는 공장으로 차별화된 곳인데, 이 공장을 만드는 과정에서도 예의 김 회장의 'Simple & Speed' 전략이 그대로 적용됐다. 김 회장은 "시장

진입 초기에는 집중적으로 현장에서 두 발로 뛰어야 한다"며 "중국에 한 번 나갈 때마다 보통 보름여 기간을 체류했는데, 그 기간 동안 쉬운 것부터 한 개 이상의 사안은 반드시 결정하고 돌아오는 식으로 중국 사업에 속도를 냈다"고 회고했다.

가령 한번은 중국에 가서 아파트 임대 계약을 맺고 오고, 다음에는 임대 공장을 계약하고 하는 식으로 일했다. 그래서 중국 사업의 속도를 낼 수 있었다고 한다. 만약 중국 진출 초기 이처럼 시간대별로 뚜렷한 단기 목표를 갖고 일하지 않았다면 만만디로 통하는 중국 관료들의 느린 행정 절차, 현지인 채용 등등의 일에 너무 많은 시간과 비용을 허비한 채 성과도 지지부진했을 것이란 게 김 회장의 생각이다.

"현장의 목소리를 듣는다"

– 인파가 붐비는 곳을 찾는다

CEO는 현장에서 직접적인 정보를 접했을 때 비로소 실용적인 창의력이 생긴다고 여긴다. 그래서 유능한 기업가들은 시간이 날 때마다 현장을 둘러보고 문제점을 찾고 또 해결책을 모색했다. 소비자와의 접점을 만드는 공간으로서 매장을 중시하는 것이다.

특히 CEO들은 인파가 붐비는 곳에서 시간을 보내길 좋아한다는 점도 알게 됐다. 사람들의 기호, 라이프스타일, 패션 트렌드 등을 살필 수 있기 때문이다. 매장 방문은 기본 중의 기본이고, 최신 조류 등을 살펴 보기 좋은 번화가, 특이한 분위기의 레스토랑 등을 정기적으로 찾는 CEO도 많았다.

LG생활건강을 크게 키워낸 차석용 부회장도 대표적인 현장형 CEO로 통한다. 그는 평소 골프도 치지 않고 특정 임원 등 회사 내부 사람과 특별히 식사를 하는 등의 일정이 거의 없는 것으로 유명하다. 그는 시간이 날 때마다 매장을 들러보며 문제점을 찾거나 시내 번화가에서 유행하고 있는 현재 트렌드 등을 유심히 살펴보고 아이디어를 얻는다.

건강 때문에 경영 일선에서 물러난 이건희 삼성그룹 회장도 과거 미국 유명 백화점에 들러 삼성전자의 현실을 눈으로 직접 보라고 조직에 경각심을 촉구하기도 했다. 특히 이건희는 계열사 CEO에게 물건이 팔리는 현장에 나가서 자신들이 개발한 물건이 어떻게 진열돼 있는지, 조명이나 놓이는 위치에 따라 제품이 어떻게 보이는지, 그 제품이 눈에 잘 띄는지, 소비자들이 제품에 호감을 갖는지, 판매자들은 우리 제품을 어떻게 평가하는지 확인해 봤냐며 현장의 중요성을 강조했다.

브랜드 전문가로서 명성을 떨치고 있는 노희영 전 CJ브랜드 전략 고문도 현장에서 답을 구하는 스타일이다. 국내 최초 퓨전 레스토랑 '궁'을 비롯해 '호면당', '느리게 걷기' 등 론칭하는 브랜드마다 성공했고, 유기농 프리미엄 과자 브랜드 '마켓오'에 이어 한식 세계화를 겨냥해 만든 비빔밥 브랜드 '비비고'를 맡아 온 말 그대로 베테랑이지만, 여전히 현장에서 배우고 있는 것이다.

"해외에 나가면 현지 식당과 호텔 등을 돌며 식음료, 인테리어, 패션 트렌드를 주의 깊게 봅니다. 이는 생활과도 같은 일이에요. 이제는 소비자가 메뉴의 맛, 분위기, 인테리어, 서비스 등으로 브랜드를 묶어 총괄적으로 평가하는 시대입니다. 항상 소프트웨어적인 것들에 관심을 갖고 브랜드에 접목시키려는 노력을 기울이지 않으면 안 되죠. 고객의 라이프 스타일을 파악해야 성공하는 브랜드를 만들 수 있어요. 이는 현장에서 고객의 동선이나 욕구, 성향 등을 파악해야 가능한 일입니다."

서경배 아모레퍼시픽 사장도 현장을 챙긴다고 말한다.

"기업이란 축구공 위에 서 있는 선수와 같아요. 축구 선수가 공의 움직임에 적응하지 못하면 균형을 잃고 넘어지듯 기업도 고객의 변화를 감지하지 못하면 시장에서 외면당하고 맙니다. 그래서 마케팅 부문 산하에 국내외 시장과 고객 트렌드를 전문적으로 연구하는 담당 부서들을 운영하고 있어요. 독서와 여행 등은 간단한 것 같지만 내게는 세계 화장품 산업의 조류를 파악하기 위한 중요한 활동입니다. 책에서 얻은 지혜를 경영에 반영하고 여행 중에 세계 각국의 매장에 들러 글로벌 트렌드를 살피곤 하니까요."

서 사장은 "시장과의 소통을 위해 최대한 시간을 내서 현장과 거래처, 파트너를 찾아가 현장의 목소리를 듣는다"고 강조했다. 상하이, 뉴욕, 파리, 도쿄, 홍콩 등 아모레퍼시픽이 진출한 글로벌 거점은 물론이고 국내 지역사업부도 자주 방문한다.

"현장은 고객과 직접 만나 배울 수 있는 소중한 장소이자 기회입니다. 해외 출장의 경우 가능한 한 많은 매장을 방문하거나 유동인구가 많은 곳에서 시간을 보냅니다. 고객과 브랜드가 만나는 방식은 나라마다 차이가 있기 때문에 그 시장에 대한 관찰이 필요하죠."

히트 상품은 급변하는 시장 환경 속에서 언제든 다른 상품으로 대체될 수 있다는 점에서 소비자와의 교감이 중요하다. 이를 등

한할 경우 경영학에서 흔히 말하는 이른바 '마케팅 근시marketing myopia' 현상이 나타나는 것을 감수해야 한다. 마케팅 근시의 대표적 예로는 기차 산업을 들 수 있다. 사람들이 기차를 타는 이유는 기차에 대한 각별한 애정이 있어서도 아니고, 기차의 디자인이 맘에 들어서도 아니다. 먼 길을 가야 하기 때문에 기차를 택하는 것이다. 비행기가 나타나자 많은 고객은 아무런 미련 없이 기차를 버리고 비행기를 택했다. 운송 수단으로서 비행기의 매력이 더 컸던 까닭이다. 기차를 철도 비즈니스로만 인식할 것인가, 아니면 운송 비즈니스로 인식할 것인가의 차이는 매우 크다. 기차라는 나무만 봐서는 비행기를 포함한 운송업이라는 숲이 보이지 않는다.

유능한 기업가들은 자신이 몸담고 있는 비즈니스, 업에 대한 콘셉트를 항시 살펴보고 점검하는 것을 게을리 하지 않았다. MP3 플레이어를 만들더라도 단순히 애플이 아니라 아르마니를 경쟁사로 볼 줄 아는 게 이들이다. 소비자들이 IT기기를 패션 액세서리처럼 매무새를 꾸미는 장식품으로 활용하는 것을 봐 왔기 때문이다. 같은 맥락에서 프로야구팀의 경쟁자는 다른 프로 구단이 아니라 CGV나 에버랜드일 수 있다.

시장을 알기 위해 현장을 방문하는 태도는 누군가에게서 무엇을 배울 때도 요긴하게 쓰인다. 자신의 업무에 몰입하다 보면, 해답을 구하기 어려울 때도 종종 생긴다. 그럴 때는 의도적으로라도 잘하는 사업장이나 다른 업종의 모범이 될 만한 곳을 방문해 보는 것도 해결책을 찾는 좋은 방법이 될 수 있다고 CEO들은 말한다.

실제로 삼성전자의 반도체 부문 임직원들은 자사의 광주 가전 공장을 견학하는가 하면 동대문의 의류 매장인 밀리오레를 찾기도 했다. 이미 최첨단을 자랑하는 반도체 공정이라 해도 개선할 점은 있기 마련이다.

특히 다른 업종을 둘러보면서 새로운 시각과 관점을 갖게 돼 뜻밖의 진주를 캐낼 수도 있다. 시장을 배우기 위한 노력에는 끝도 없고 경계도 없다.

"감각을 날생선처럼 신선하게"

-최고의 교본인 대학가를 받든다

스웨그swag란 말을 들어봤을 것이다. 원래는 힙합 뮤지션들이 한 창 흥이 오르고 기분이 들떠서 건들건들한 몸짓으로 흥얼거리는 상태를 뜻하는 말이다. 원래 단어의 뜻은 좀 불량스런 뉘앙스가 많지만 최근에는 젊은이들의 사고 방식과 소비 패턴을 상징하는 단어가 됐다.

스웨그 문화는 기성 세대의 눈으로 보면 경박하기 이를 데 없다. 인터넷 뉴스 검색 순위를 보자. 중요한 정치, 경제 뉴스보다는 연예 인 커플 뉴스나 자극적인 뉴스의 순위가 높다. 하지만 스웨그는 다 른 한편으로는 겉멋보다 편안하고 실용적인 트렌드를 보여준다.

백화점 명품보다 나만의 스타일을 원하는 쇼핑 행태가 늘어난 다. 주류적 성공이란 잣대에 흔들리기보다는 자신의 가치관에 따 라 원하는 인생을 살려는 시도가 많다. 가벼움, 여유와 멋, 약간의 허세와 치기까지 겸비했다고나 할까.

스웨그 문화의 특징으로는 몇 가지를 거론할 수 있다. 첫째, 자기모순이 있을지언정 스스로 만족하면 된다. 둘째, 본능적인 자유로움이다. 원초적 매력과 동물적 감각을 탐닉한다. 셋째, 기성의 것과 선을 긋는다. 고유하고 낯선 것을 동경하고 기존에는 터부시하던 것들을 과감하게 받아들인다. 조폭의 상징이었던 문신도 이제는 패션이 되고 있다.

700-5425로 유명한 벨소리, 통화 연결음 사업으로 히트를 치고 지금은 모든 음료에 쉽게 섞어 마실 수 있는 술 '맥키스'를 개발한 조웅래 더맥키스컴퍼니 회장.

그는 그런 스웨그 트렌드를 읽기 위해 대학가를 자주 들른다. 사업 감각을 날생선처럼 신선하게 유지하기 위해서다. 점심을 먹고 나서 차 한잔 할 때 그가 자주 하는 말이 바로 "젊은 사람들 기나 한번 받으러 갑시다"다. 밥은 회사 근처 중국집에서 먹어도 차는 꼭 젊은이들 틈에 끼여 마신다. 그런다고 회춘할 리는 없지만 젊은이들을 보고 느끼기 위해서다. "나이가 들수록 젊은 세대를 이해하지 못하고 '요즘 젊은 것들은…'하고 혀를 끌끌 차는 사람이 많습니다. 물론 젊은 친구들한테 아쉬움이 많죠. 왜 없겠어요. 하지만 그게 트렌드고 세상의 흐름이라면 이를 읽고 이해하는 마음가짐이 필요해요."

문영주 버거킹 대표도 젊은 감각을 유지하기 위해 의도적으로 젊은이들이 몰리는 장소를 찾는다. 새로운 곳, 좋은 곳이 생겼다고 하면 만사 제쳐 놓고 눈으로 입으로 오감으로 확인해야 직성이 풀리는 스타일이다. 그러다 보니, 예나 지금이나 집에서 저녁을 먹는 일은 거의 없다시피 한다. 메뉴 개발도 직원들과 함께 요리 경연대회를 열어 아이디어를 수혈하는 것을 즐긴다. '이건 내 일, 저건 네 일'하는 식으로 금 긋고 타성대로 하는 것을 경멸하기에 몸에 밴 것들이다. 한국 경제를 일으킨 인물로 추앙받는 현대그룹 고 정주영 회장은 치지재격물致知在格物이라는 말을 좋아했다. 이 뜻은 '사람이 지식으로 올바른 앎에 이르자면, 사물에 직접 부딪혀 그 속에 있는 가치를 배워야 한다'는 것이다. 바로 현장주의와 맥이 상통한다. 성공한 사람들은 하나같이 디테일에 강하다. 이는 현장을 챙긴다는 뜻이다. 정 회장은 건설현장을 비롯해 모든 현장을 마무리할 때마다 정문에서부터 현장 전체를 빠짐없이 훑어보는 등 마무리를 철저히 하는 것으로 유명했다.

혹여 작업장에서 나사못 하나라도 줍게 되면 왜 여기에 떨어져 있는지를 묻고 조사하는 등 구석구석까지 세심하게 배려하고 검토했다. 이렇게 완벽하게 따져 본 뒤에도 마지막으로 한 번 더 점검하는 습관이 배어 있었다. 성공은 그런 작은 행동 하나하나가 쌓여 이뤄지는 것이다.

6장

고수는
메모를
좋아한다

쓰면서 생각을 정리한다

곁에 항상 메모지와 볼펜을

응집력과 협업을 강화하는 메모

"쓰면서 생각을 정리한다"

-의식적이고 집중적인 사고를 한다

성공하려면 수많은 실패의 요인을 알고 이를 피할 수 있어야 한다.

가령 기업이 성공하려면, 신선한 사업 아이템, 냉철한 시장 분석, 자본 조달 능력, 뛰어난 마케팅, 좋은 입지, 뜻밖의 행운 등이 갖춰져야 한다. 어느 하나라도 처질 경우 성공은 손아귀 속의 모래알처럼 쉽게 빠져나갈 가능성이 크다. 최소율의 법칙law of minimum은 이런 개념을 뒷받침한다. 이 법칙은 독일의 생화학자 유스투스 리비히Justus von Liebig가 1843년 주장한 최소 양분율 이론으로, 식물의 생산량수량은 가장 소량으로 존재하는 무기 성분에 의해 결정된다는 것이 핵심 뼈대다.

식물이 정상적인 생육을 하기 위해서는 여러 종류의 무기 성분이 필요한데 어느 하나라도 부족하면 식물의 생육은 그 부족한 성분량에 의해 지배되며, 다른 성분이 아무리 많아도 정상적으로 자랄 수 없다는 것이다.『총, 균, 쇠』를 쓴 진화생물학자 제레드 다이아몬드Jared Diamond는 최소율의 법칙을 선택된 가축화에 빗대 설명했다. 역사상 가축화된 대형 포유동물은 14종 밖에 되지 않는데, 가축화가 가능하기 위한 조건을 열거했다. 가령 육식 동물이어서는 안되고, 식성이 지나치게 까다로워서도 안되며, 행동 영역이 너무 넓어도 안되고, 성격이 포악해도 탈락이라는 것이다.

따지고 보면, 우리 인생도 이런 메커니즘을 따른다. 어떤 요건에 걸림돌이 되는 수많은 요인 가운데 어느 하나라도 심각한 수준에 달하면 소기의 목적을 이룰 수가 없는 탓이다.

CEO 가운데서도 최소율의 법칙에 근거해 중요한 경영 판단을 하는 인물이 많다.

대표적인 이가 바로 김준일 락앤락 회장이다. 김 회장은 수더분한 외양을 갖고 있다. 주식 거부지만 옆집 아저씨 같은 인상에 이를 내색하지 않는 소탈한 성격의 CEO다. 그는 명징한 사고, 체계적인 사고를 위해 쓰면서 사고하는 습관을 갖고 있다. 고민이 생길 때마다 메모를 하면서 사고하고, 메모한 것을 읽으면서 다시 생각을 정리한다. 그가 말할 때 작은 특징이 있다. 첫째, 둘째, 셋째 하는 식으로 근거를 대길 좋아한다. 그래서 말에 뼈가 있다. 철저히 사고하는 방식이 언어 습관에도 그대로 투영돼 있다.

그는 사업 아이템을 정할 때, 경영 판단을 내릴 때, 준거 기준으로 삼을 원칙을 세울 때에는 항시 첫째, 둘째, 셋째 하는 식으로 우선순위를 메모한다. 그래야 휘둘리지 않고 자신만의 관점대로 일을 진행시킬 수 있다고 여긴다.

"목록을 만든다는 것은 의식적인, 집중적인 사고를 한다는 뜻입니다. 메모를 통해 생각을 모으고 정리하는 게 습관이라면 습관입니다."

가령 이런 것이다. 그는 도약하기 위해 여러 분야의 플라스틱 제품 가운데 무언가 집중할 아이템 한 가지를 고민했다. 그때 김 회장은 노트에 '○○하는 사업은 안 된다'는 목록을 적기 시작했다.

"컬러가 많으면 안 된다, 계절을 타면 안 된다, 국가별로 사이즈가 다르면 안 된다, 문화적 차이와 상충하면 안 된다, 운반이 용이해야 한다, 한 집에서 여러 개를 써야 한다 등 20개의 목록을 뽑았어요. 목록을 보며 버려야 할 제품을 하나씩 지우고 나니 딱 한 개가 남더군요. 그게 바로 밀폐 용기였어요."

그는 중국에서 사업을 할 때도 중국 소비자의 몇 가지 특징을 찾아 직원들에게 주지시켰다. 모두 현지에서 부딪치면서 소비자 반응과 단상 등을 메모로 정리한 것들이다.

첫째는 의심이 많다. 김 회장은 "조선족 직원과 함께 휴대폰 가게에 갔는데, 이 직원이 무려 1시간 반 동안 직원과 휴대폰을 놓고 실랑이를 하더라"고 말했다.

둘째는 자국에서 만든 상품을 엄청나게 불신한다. 셋째는 브랜드에 엄청 약하다.

"현지법인을 열기 위해 금고를 사러 갔는데 엄청 큰 금고가 600위안인데, 4분의 1밖에 안하는 게 1,300위안이나 하더라고요. 그래서 '작은 게 왜 이리 비싸냐'고 물으니, '그건 상하이의 무슨 브랜드잖아요'라고 답하더라고요. 근데 그 표정이 브랜드 한마디면 다들 껌뻑 죽는다는 표정이었어요."

메모 습관은 이처럼 구체적이고 꼼꼼한 사고로 연결된다. 그리고 메모 당사자로 하여금 어렴풋이 알고는 있지만 불확실하게 인식하고 있는 대상에 대해 명징하게 바라보게끔 교정시켜 준다. 이는 실행 단계에서 방법론의 차이를 낳게 만드는 결정적 이유가 된다. 그래서 글로 표현하고 이를 숙지하는 능력은 매우 중요하다.

"곁에 항상 메모지와 볼펜을"

-아이디어는 휘발성이 강하다

김준일 락앤락 회장은 대구에서 알아주는 부잣집 아들 출신이다. 그의 부친은 대구 시내서 제일 높은 건물을 소유했다고 한다. 그러나 중학교 이후 가세가 기울면서 졸업 후 곧바로 서울로 올라왔다. 그 후 교통사고로 고교 입시 과목 중 60점이 배점된 체육을 포기해야 되는 환경에 처하면서 결국 진학에 실패하고, 김 회장은 독한 마음으로 검정고시를 거쳐 1년 만에 대학을 가겠다는 결심을 하게 된다. 하지만 서울대에 응시해서 실패한 후 방송통신대 행정학과에 진학한 뒤 군에 입대했다. 20대 초반을 평범하게 보냈지만 그의 머릿속에는 사업에 대한 구상으로 가득 찼다고 한다. 김 회장은 방송통신대에 다니면서 낮에는 영업사원으로 학비를 마련하는 '전투적인' 일상을 보냈다. 그러다 지난 1978년 신문에서 '수입자유화'라는 운명과도 같은 기사를 보게 된다. 김 회장은 선진국의 제품을 수입해서 제대로 사업을 벌여 볼 결심을 하고,

젯돈 500만원을 들고 생활용품 수입 업체 '국진國進화공'을 세웠다.

"당시 한국에서는 '수출보국'이라는 인식이 팽배했습니다. 눈을 돌리는 곳마다 '수출만이 살 길'이라는 표어가 붙어 있었지요. 그러나 전 '수입도 충분히 나라를 위하는 길이 될 수 있다'고 생각했습니다. 수입을 해서 소비자들의 제품 보는 안목이 높아져야, 국내 제조업체들도 소비자를 만족시키기 위해 더 좋은 제품을 만들지 않겠습니까? '수출은 나라를 살리는 길이고 수입은 정반대 개념'이라는 인식을 바꿔보고 싶었습니다."

이때부터 욕실용품, 청소용품 등 무려 600여 가지에 달하는 다양한 생활용품을 수입해 남대문 시장에서 팔았다. 장사가 꽤 잘 됐다. 세계 주방용품 업체 200여 곳의 한국 내 유통을 독점했다. 200여 곳 제품 중 단 4곳 제품만 잘 팔리지 않았다. 승률 98퍼센트다. 그렇게 국진유통은 주방수입용품 업체 1위가 됐다. 김 회장은 당시를 회상하며 '그땐 정말 매일 돈을 쓸어 담았다'고 했다. 서초동 109m²33평형 아파트가 3,500만원 하던 시절, 매월 순수익만 3,000만원 이상을 올렸다. 주방제품 황제 김 회장의 성공 스토리가 시작되던 순간이다.

그가 이렇게 성공할 수 있었던 데는 철저한 준비가 뒤따랐기 때문이다. 남자였던 그가 맨 처음 주방용품을 들여오기로 결심했던 것도 국민소득이 증가하는 시기에는 대체로 주방용품이 가장 성장한다는 사실을 알았던 게 크게 작용했다. 패션이나 IT 쪽은 아직 소비자들에게 개념 자체가 생소했기에 주방용품이 가장 눈에 잘 들어왔다고 한다.

"수입품으로 주방용품을 결정하게 된 것은 발품을 판 결과였습니다. 오로지 상품을 판매하겠다는 마음에 서울 남대문시장, 부산 국제시장, 대구 교동시장 등에서 상인들에게 뭐가 잘 팔리는지 일일이 다 물어봤습니다. 그렇게 시장 조사만 3년간 했어요."

틈날 때마다 전 세계 전시회도 찾아다녔다고 한다. 통역 한 명을 대동하고 여러 국가를 누볐다. 눈에 띄는 물건이 있으면 바로 상담하고 수입을 시작했다. 이런 남다른 준비 덕분에 김 회장이 들여 온 유리, 도자기, 스테인리스강, 알루미늄, 플라스틱 등 다양한 재질의 주방제품은 그야말로 시장을 휩쓸 수 있었다.

이처럼 비즈니스에서 시장 조사의 중요성은 두 말하면 잔소리다. 하지만 같은 시장 조사라도 효과를 극대화하려면 메모를 잘 해야 한다. 아이디어는 휘발성이 강한 만큼 생각나는 때 바로 메모할 수 있어야 한다. 그러기 때문에 항상 메모장과 필기도구가 필요하다. 그래서 어떤 CEO는 양복 주머니에 항상 메모지와 볼펜을 넣어 다닌다. 게다가 요즘은 많이 편해졌다. 스마트폰에 메모장이 있기 때문이다. 여기에 기록하면 된다. 만약 스마트폰도 없는 때라면 키워드라도 기억해 둔다. 핵심 아이디어의 키워드만 생각이 나면 기억을 재생하는 데 무리가 없다.

그런데 메모할 게 도무지 없는 사람도 있다. 같은 현상이나 대상을 봐도 어떤 사람에게는 큰 감흥을 주지만 어떤 이들은 아무런 느낌이 없다. 그래서 메모를 많이 하려면 먼저 독서광이 될 필요가 있다. 독일의 문호 마르틴 발저Martin Walser의 말대로 우리는 우리가 읽는 것으로 만들어진다. 이와 관련해 박성수 이랜드 회장의 중국 시장 공략 과정은 시사하는 바가 적지 않다. 메모를 통해 조직의 지식이 쌓이고 이런 소프트웨어적인 노하우가 경쟁력으로 발현되는 것을 보여주기 때문이다. 이랜드는 국내와 달리 중국 시장에서 고가 브랜드로 자리매김하면서 승승장구하고 있는데 여기에는 박 회장의 철저한 시장 분석이 결정적 기여를 했다. 박 회장은 "중국 비즈니스에서 성공하려면 중국에 대한 역사, 문화, 사고방식 등에 두루 통달해 중국인을 이해해야 한다"며 "중국 관련 서적 100권을 읽으라"고 특명을 내렸다. 이 때문에 당시 최종양 중국법인 대표 등은 부임 전 중국 관련 서적 100권을 독파하고, 부임 후에는 기차로 6개월간 중국 전역을 순회했다고 한다. 중국의 아주 작은 행정구역인 쩐한국의 읍 단위의 시장 조사를 위해 기차와 싸구려 버스는 물론 한국의 여관이나 여인숙 정도의 숙박까지 가리지 않았다. 도시 간의 이동 시간은 짧아야 5시간, 길게는 무려 30여 시간이나 됐다. 말이 한 국가이지 중국은 지역별 특징이 너무 강하다. 14억 인구와 문화적 다양성, 넓은 대륙과 기후의 중국은 한 지역에서의 성공이 다른 지역으로 이어지지 않는다. 시장을 이해하기 위한 사전 학습과 철저한 시장 조사라는 각고의 노력 없이 과실을 따기는 어렵다는 얘기다. 각 지역에 대한 철저한 조사와 이에 대한 기록은 이랜드가 지역마다 변형된 현지화 전략을 세우게끔 만들었고, 이는 성공을 가져왔다.

한 중소기업 CEO는 메모의 장점에 대해 이렇게 말했다.

"꼼꼼히 메모하는 습관은 세세한 지식과 정보를 습득하게끔 도와줍니다. 메모는 기존 학습과 기억력에 기대지 않으려는 노력 그 자체이기 때문입니다. 책을 통해서는 얻기 힘든 지식, 그 2퍼센트의 차이를 메워 주는 것은 현실에서 메모일 가능성이 큽니다. 특히 메모할 거리를 찾기 위해서는 관찰하는 습관이 있어야 하죠. 뭔가를 발굴하는 데 흥미를 느껴야 합니다. 관찰을 하게 되면 생각이 자연스럽게 따라오고 메모할 게 생기는 이치입니다. 그래서 메모를 잘 하는 이들이 뛰어날 수 밖에 없는 겁니다."

"응집력과 협업을 강화하는 메모"

–적으면 실수를 되풀이하지 않는다

기록은 확실히 업무 속도를 배가시킨다. 만약 어떤 문제의 해법을 모색하기 위한 회의가 열렸다 치자. 이때 당신의 기억만으로는 그날 회의에 있었던 발언을 다 챙겨서 담아 두기는 어렵다.

결국 이렇게 되면 10가지 발언 중에 7~8개만 겨우 복기하게 되고 2~3개를 놓치는 우를 범하게 된다. 문제를 해결할 실마리의 씨앗이 놓친 2~3개에 잉태돼 있을 경우, 그 기회비용은 막심할 수밖에 없다. 하지만 이 모든 회의 발언을 기록해 두었다면 사정은 달라진다. 회의를 통한 업무 누수 자체를 틀어막는 효과가 생긴다. 그래서 기록 문화는 업무 효율성과 해결 가능성을 키울 수 있다.

이봉관 서희건설 회장은 직원들에게 메모하길 권유하는 CEO로 잘 알려져 있다. 여기다 메모를 하라고 수첩을 나눠 주기까지 한다. 그 이유는 메모가 업무 능력으로 이어진다고 보기 때문이다. "메모 습관이 몸에 밴 직원과 그렇지 않은 직원의 업무 능력은 경험상 크게 차이가 납니다. 메모로 정리하는 사람은 아무래도 실수도 적고 노하우를 축적하는 힘이 남다를 수밖에 없어요."

이 회장은 스스로도 메모의 달인이다. 그의 메모 방법은 이렇다. 매일 생각나는 대로 일단 할 일, 아이디어 등을 번호를 매겨 적는다. 목표를 달성하면 메모는 지운다. 또 당시에는 괜찮은 아이디어로 생각했는데 시간이 지나고 보니 대수롭지 않다고 느껴지면 지운다. 안 했으면 안 지우니 계속 해야 할 일이 그대로 남는다. 그러다 보면 장단기 과제가 자연스레 메모를 통해 정리되고 이는 연간계획, 그룹 청사진 구상에 실질적인 아이디어로 남게 된다. 엑기스, 핵심이 되는 목표, 아이디어를 걸러내는 용도로 메모를 활용하는 셈이다. 개인이나 기업이나 갖고 있는 역량을 최대한 발휘하는 게 중요하다. 그러기 위해서는 메모하는 습관, 기록하는 습관을 만들어야 한다.

한 대기업 상무가 필자에게 고민을 털어놓은 적이 있다. 기업에서 인사 등을 통해 자리에 사람을 바꿀 때마다 기존 사람이 갖고 있던 노하우가 후임에게 인수인계가 제대로 안돼 문제라는 것이다.

"국가든, 기업이든, 개인이든 기록을 잘하고 역사에서 교훈을 찾아 실수를 반복하지 않는 나라일수록 일류이지 않겠습니까. 일본이나 유럽의 50년 된 회사와 5년 된 회사의 결정적인 차이는 축적된 데이터의 양입니다. 생생한 데이터, 사례 연구, 역사 같은 것들은 돈을 주고도 못사는 귀중한 것들인데, 우리에게는 기록 문화가 아직 성숙돼 있지 않습니다. 기록만 잘해 놓고 이를 후임에게 전달만 해도 불필요한 시행착오를 줄일 수 있을 텐데 말이죠."

그러고 보면 성공하는 사람의 가장 흔한 특징으로 거론되는 것이 메모이지만, 이 메모를 제대로 하는 이는 별로 없다. 실제 인사 이동으로 자신의 업무를 떠나게 될 때 책이 한 권 인계될 정도로 제대로 뭔가를 남기고 가는 이는 극히 드물다. 아니 거의 없다. 그냥 말 몇 마디로, 명함으로, 책상과 주소만 바꿔 버리고 떠나면 그만이란 생각이 문제다. 기록 문화가 정착되지 않다 보니 모든 부문에서 단절의 연속이 된다. 알아 두면 요긴한 것들은 자신만의 노하우로만 남고, 잘못했던 일은 덮어 두고 쉬쉬하기에만 급급해 다른 사람은 비슷한 실수를 또 하게 된다. 많은 CEO들이 메모하는 습관에서 조직을 위해 뭔가는 남기는 습관으로 가야 한다고 말하는 이유가 여기에 있다. 한 작은 여행사 CEO도 이런 문제의식을 갖고 있었다.

"기록을 강조하는 것은 공유하기 위한 것입니다. 정보의 공유가 되면 신참자가 와서 겪을 시행착오가 줄게 돼요. 당연히 기록만 잘 돼도 이익을 늘릴 수 있게 됩니다. 첫째는 자신의 업무 역량 향상을 위해 메모해야 되고요. 더 크게는 이런 메모 습관을 조직 전체로 확신시켜 직원들의 업무 능력을 끌어올리고 한편으로는 같은 회사 직원으로서 일종의 응집력과 협업을 강화하는 계기로 만들어야 합니다."

그의 메모 요령도 참조할 만하다.

"생각을 적절한 주제에 따라 분류하거나 질서 있게 모아야 합니다. 메모는 많은 경우 아이디어를 써 놓는 것에 그치기 때문에, 메모의 양이 많아지면 감당하기 어렵게 됩니다. 말 그대로 산더미가 될 수도 있어요. 한눈에 볼 수 없기에 정리가 안 돼 있다면 찾기도 힘들어지죠. 가령 특정 사람에 대해 메모를 한다고 하면, 그의 외모상 특징, 습관, 성격 등으로 분류해야 합니다. 그래야 나중에 찾기가 쉽고, 활용도 가능해집니다."

메모는 또 디테일에 강한 사람으로 만들어 준다.

권선주 기업은행장이 대표적인 케이스다. 여성 은행장답게 섬세한 그는 메모에서도 둘째가라면 서러울 수준이다. 그간 쓴 다이어리가 25권에 이른다. 뱅커로서 인생의 궤적을 고스란히 담고 있기에 잘 보관하고 있다. 지점장 시절, 고객과 통화할 때면 일일이 대화 내용을 메모했다. '3개월 후 계약을 한 건 하기로 했다'는 고객 사연을 들으면 그 시기가 임박해 전화를 걸어 "계약 건은 잘 돼 가냐"고 물었다. 고객이 깜짝 놀라지 않을 수 없다. '계약이 성사되지 않았다'고 하면 "현금 흐름이 예상보다 좋지 않을 수 있는데, 은행이 도와줄 일은 없겠느냐"고 묻는다. 그러면 고객이 감동한다. 메모는 메모 대상에 대한 관심을 전제로 하는 행위다. 그만큼 잠재력과 힘이 셀 수밖에 없다.

2부

아이디어를
낼 때

때로는 저지르고 본다

물은 100도에서 끓는다

조금 비틀어 본다

"때로는 저지르고 본다"

- 기회도, 인연도 용기가 만든다

'어떤 일을 할까, 말까' 하고 고민할 때가 있다. 이때 고민이 길어지면 길어질수록 그냥 주저앉기 십상이다. 왜 그런 것일까. 일단 머리에서 계산기를 두드리기 시작하면, 아무래도 부정적인 편견에 사로잡히기 쉽다. 가뜩이나 고민을 하는 이유는 난관이 버티고 있는 탓인데, 고민할수록 그런 난관은 점점 더 커져 보인다.

기회는 일단 발걸음을 옮겨야 잡을 수 있다. 우연한 기회가 인생의 새로운 문을 열게끔 인도할 수도 있다. 해 보기 전까지는 결코 알 수 없다. 또 그토록 강고해 보이던 난관도 상상이었을 뿐 실제로는 아무런 문제가 되지 않는 경우도 적지 않다.

CEO들은 일단 저지르고 이후에 생기는 문제는 가다듬는 스타일이 많다. 타고난 활력 때문이든 깨달음에 의한 후천적 노력에 의한 것이든 강한 행동파들이 대부분이다. 아예 습관처럼 몸에 밴 이런 저돌적인 태도는 기획 포착에 유리하다. 양과 질이 있다면 일단 CEO들은 양에 베팅하는 이가 많다. 높은 질보다는 많은 양이라니 의아할 수도 있겠다. 하지만 질만 따지다 보면 너무 많은 계획으로 사업의 타이밍을 놓치기 쉽다. 최고보다는 최초가 더 성공에 가까이 갈 수 있는 길이다. 그래서 CEO들은 남들보다는 빠르게 움직이는 것을 더 중히 여긴다.

어차피 어떤 일을 착수하기 전에 계획을 짜는 데는 한계가 있기 마련이다. 그 분야에서 노하우가 얇기 때문이다. 전략을 아무리 꼼꼼하게 짰다고 해서 끝까지 밀고 나갈 수도 없다. 예상 못한 변수와 운이 너무도 많은 탓이다. 그래서 어느 정도 된다는 판단이 서면 일단 일을 시작하고 문제가 발생하면 수정해 나가면서 일을 진행하는 게 낫다.

더구나 양과 질은 반대 개념도 아니다. 시도가 많아지면 질도 좋아지기 마련이다. 방귀가 잦으면 일을 보게 되는 것과 같은 이치다. 질을 담보하려면 양이 일단 받쳐 줘야 되는 경우가 대부분이다. 한 CEO는 프로젝트를 새로 맡기 망설여질 때는 "내가 이 일을 하지 않으면 어떤 일을 하게 될 지를 떠올린다"고 했다. '뻔한 생활 패턴에 다시 빠져들기 밖에 더 하겠는가'라는 생각이 들면 일을 맡게 된다고 말했다. 책상에서 궁리만 하기 보다는 움직이며 활로를 모색하는 게 낫다.

김상성 MG(새마을금고)손해보험 사장은 긍정적 에너지가 넘치는 인물이다. 그는 평소 직원들에게 "무슨 일을 하려면 죽기 살기로 하고, 동시에 즐거움을 찾으라"고 말한다.

"하고 싶은 대로 다 해 봐야 합니다. 실패를 두려워해서는 안 돼요. 무언가를 시도하다 보면 당연히 실패할 때도 있죠. 가령 영업이 안 된다고 말하기 전에 본인이 얼마나 열심히 했는지 되돌아봐야 합니다. 1퍼센트 점유율로 무엇을 할 수 있을까 생각하지 말고 일단 1퍼센트를 올려보겠다는 각오로 일하다 보면, 재미가 붙게 됩니다. 그게 바로 긍정적으로 일하면서 일 근육도 키우는 비결입니다."

그의 행동파적 성향을 보여주는 일화가 있다. 바로 대학(명지대 무역학과) 졸업반 때 일이다. 학사 논문을 쓰는 시기였는데 김 사장이 설정한 논문 주제는 해상보험. 당시만 해도 보험 전문가가 많지 않았다. 제대로 된 논문을 쓰고 싶었던 김 사장은 고민 끝에 서울 통인동에 있던 보험감독원을 찾아갔다. 애를 쓴 끝에 당시 보험감독 분야의 국장을 만날 수 있었다. 저간의 사정을 설명하고 관련 자료를 요청했다. 담당 국장은 밑의 직원을 불러 원하는 만큼의 자료를 건네줬다.

"누구한테 소개를 받아 간 게 아니었습니다. 그냥 무작정 찾아갔죠. 기댈 곳이 없었으니까요. 일면식도 없는 제게 시간을 내주고 자료까지 건네주신 그분께 아직도 감사합니다. 후배들이 이런 마음자세를 가졌으면 좋겠습니다. 사람을 만나는 것에 대해, 또 인연을 만들어가는 것에 대해 용기를 갖길 바랍니다."

김 사장이 우리나라 최고의 철학자라고 칭송하는 안병욱 선생 역시 그가 늦은 나이에 먼저 다가가 맺은 인연이다. 등산이 취미인 김 사장이 집 근처 산_{아차산}을 자주 오르면서 우연히 만난 분이 바로 안 선생이다.

"어느 날 산에 오르는데 산 중턱에서 안 선생님이 바위에 앉아 계셨어요. 처음엔 누군지 몰랐죠. 이런저런 얘기를 하다가 유명한 철학자라는 것을 알게 됐어요. 그러다 그분 집에 초대를 받고 그분 서재에서 차를 얻어 마시면서 얘기를 나눴어요. 참 배울 게 많다는 생각을 했습니다. 가장 존경하게 된 분입니다."

그가 영어에 서툰 친구 2명과 떠난 10일간의 해외 배낭 여행 이야기도 재미있다. 기왕 마음을 먹었으니 한번 해 보자며 일주일에 한 번 퇴근 후 모여 각자 수집해 온 정보를 공유하고 계획을 분담했다고 한다. 한 사람은 여행사에 가서 우리의 현실을 충분히 이해시킨 후 여행지에서의 일정과 숙박·비행 스케줄·기차표에 대해 연구하고 협상했다. 또 다른 사람은 어디서 무엇을 먹을지를 연구하고 준비물을 구입했고, 나머지 한 명은 총 경비를 관리했다.

"영어를 못하니 일단 영어사전 한 권을 짐에 넣고 위기 상황이 생기면 아는 몇 개의 영어 단어에 손짓 발짓을 더해 보기로 마음먹고 출국 길에 올랐죠. 셋이 함께 간다는 든든함 하나로 패기 있게 출발했지만 파리 드골 공항에 도착하면서부터 머리에 쥐가 나기 시작했어요. 공항에서 숙소로 가는 방법을 몰라 겨우겨우 수첩에 영어 문장을 조합한 것을 공항 직원에게 보여주며 길을 물었습니다."

목적지는 개선문 근처의 숙소. 정확하진 않지만 대충 짐작으로 알아듣고 전철을 탔다.

우여곡절 끝에 숙소에 도착할 수 있었다. 이렇게 긴장 속에서 일차 관문을 통과하고 나니 왠지 이 여행을 잘해낼 수 있겠다는 자신감이 생겼다. 영어 까막눈 세 명은 재래시장을 구경하며 평화롭게 파리 구경을 시작했다. 첫날 관광을 마치고 숙소로 돌아와서는 무사히 도착했다는 안도감과 함께 앞으로 펼쳐질 유럽 여행에 들떠 잠을 이룰 수 없었다고 한다.

"정말로 신기한 것은 다음날이 되니까, 궁금한 것이 있으면 누가 먼저랄 것 없이 사람들에게 다가가 단 몇 개의 단어만을 건네 답을 얻었고 안 되면 다시 앞뒤가 안 맞는 영작을 시도했다는 거예요. 그것도 안 되면 온몸으로 원하는 것을 표현해 목적을 달성했죠. 이런 방식으로 에펠탑을 찍고 루브르 박물관의 모나리자, 베르사유 궁전, 센 강 유람선에 이르기까지 즐겁게 구경하고 왔죠."

그는 "열흘 간의 여행을 통해 긴장과 이완을 균형 있게 반복하며 당황하지 않는 법을 배웠고 견문을 넓혔다"며 "만약 영어를 못해서, 겁이 난다고 부딪혀 보지도 않고 포기했더라면 내 생애 이런 환희를 절대로 경험하지 못했을 것"이라고 회고했다.

한우전문기업 다하누의 최계경 대표도 일단 들이대고 보는 스타일이다. 사업을 하면서 기회라는 것은 우연이란 탈을 쓰고 나타난다는 사실을 몸소 체득했기 때문이다. 다하누 곰탕을 국내 항공사의 기내식에 넣을 때 과정이 그랬다.

"경쟁사보다 월등히 높은 가격임에도 낙점을 받았죠. 우연한 기회에 한국 항공사에서 기내식으로 수입 사골을 쓰는 곰탕을 내놓는다는 사실을 알게 되었어요. 곧바로 항공사를 찾아가 '곰탕 납품 계획서'를 제출했죠. 아는 사람 하나 없는 상태에서 무작정 계획서를 들고 간 거예요. 한국에서 한우를 먹는 게 당연하다는 사실을 어필했고 결국 해냈어요."

어떤 일을 하든 실패할 가능성은 늘 있다. 하지만 실패가 두려워서 걱정만 하는 건 아무 의미가 없다.

부정적 생각에 너무 사로잡히게 되면 오히려 실패할 수 있다는 것을 핑계로 어영부영 일을 하게 될 수도 있다. 기회비용을 최소화할 수 있으면 좋겠지만, 막상 현실을 보면 실패가 쌓이고 쌓여야 나오는 게 성공이다. 최 대표는 "특히 젊은 나이일수록 '실패가 두렵지 않나요?'라고 묻기보다는 '어떻게 하면 성공할 수 있을까요?'라고 물어보라"며 "성공만을 생각해도 모자란데 실패까지 미리 생각할 필요는 없다"고 말했다.

"물은 100도에서 끓는다"

-99번 시도해도 안 되면 될 때까지 한다

어떤 것을 배울 때 특히 초기에는 습득의 속도가 매우 빠르다. 그러나 어느 정도 수준에 이르면 학습 효과가 정체돼 아주 많은 시간을 투자해야만 완벽한 기술 수준에 이를 수가 있다. 파레토 법칙이 여기에도 적용된다. 20퍼센트의 시간 투자로 학습 내용의 80퍼센트를 배울 수 있다. 즉 시간을 효율적으로 활용해 학습 시간의 20퍼센트를 가중 중요한 부분에 투자해야 한다. 교재의 80퍼센트를 뗐다면 보통 좋은 성적이 보장된다. '수, 우, 미, 양, 가' 식으로 성적을 매기면 '우'쯤이 되는 것이다.

그러고 나면, '우'에서 만족하고 남은 시간을 다른 분야에 투자하는 것이 어떨지 고민해 봐야 한다. 왜냐하면 학습 내용의 100퍼센트를 달성하기 위해, 즉 남은 20퍼센트를 완전히 내 것으로 만들려면 지금까지 투자한 시간의 네 배인 80퍼센트를 추가로 투입해야 한다. 파레토 법칙이 여기에도 적용되는 것이다. 완벽으로 가기 위해 나머지 20퍼센트를 채우려면 80퍼센트의 노력을 기울여야 가능하다.

그래서 적은 시간을 투자해 '우'를 받았다고 자랑하는 사람은 하수다. 조금만 노력하면 '수'도 무난히 받겠다고 큰소리 치지만 심각한 착각이다. '우'와 '수'사이에는 대부분 엄청난 시간과 노력이 가로놓여 있다. 100점과 80점의 실력 차는 엄청나게 크다.

실제로 학교에서건 직장에서건 최고점을 받은 사람과 우수한 평균점을 받은 사람의 능력은 천양지차로 벌어진다. 최고점을 받은 이에게는 약간 더 많은 기회, 약간 더 많은 성공, 약간 더 많은 명예가 아니라 수십, 수백, 수천 배의 기회와 성공, 명예가 기다린다. 80퍼센트의 노력이 헛되지 않다는 얘기다.

장평순 교원그룹 회장은 말 걸기가 쉽지 않은 외모의 CEO다. 첫 눈에도 과묵하고 선 굵은 스타일에 안경 너머 보이는 눈빛에서도 날이 선 기운이 느껴진다. 그는 특히 젊은이들의 나약함에 대해 할 말이 많은 듯했다. 자신이 한 것보다 더 원해서는 안 된다는 쓴소리가 쏟아졌다.

"목표가 서면 끝까지 노력해야 합니다. 되기 위해 궁리하고 포기하지 말아야 성공할 수 있습니다. 중간에 포기하면 이제까지 쌓아왔던 것을 다 잃는 것이나 마찬가지예요. 보통 사람과 성공하는 사람과의 차이는 보통 사람은 보통 정도의 노력밖에 하지 않고 성공하기를 기대한다는 점입니다. 노력한 만큼 얻어가는 게 인생사라는 점을 명심해야 합니다."

그는 행정고시에 도전했으나 역부족이라 생각돼 접었다. 그리고 시작한 것이 배추장사다.

1980년 초였다. 가게를 얻을 돈이 없어 4톤 트럭에 배추, 무 등을 싣고 다니며 주택가나 아파트 단지의 공터에 내다 놓고 팔았다. '될성 부른 나무는 떡잎부터 알아본다'는 말처럼 장 회장은 달랐다. 철저하게 '품질'을 따졌다. 전국의 산지를 다 둘러보고 가장 좋은 배추들만 골라서 실었다.

한번은 한 차 가득 실은 배추가 겉은 멀쩡한데 속이 썩은 것을 발견하고 손님들을 일일이 찾아다니며 전액 환불을 해 줬다. 누구 하나 먼저 원한 이도 없었는데 팔았던 배추를 스스로 다 걷어 갔다. 그 배추들은 모두 쓰레기장으로 직행했다. 아무리 떠돌이 장사꾼이라지만 소문이 안 날 수가 없었다. 장 회장은 그렇게 거짓말처럼 10억 원을 모았다. 상품이 B급이면 고객에 대한 판매자의 인격도 B급이 된다는 철학을 지켰다.

"저는 젊었을 때 10년이 평생을 좌우한다는 생각으로 죽어라고 일했습니다. 배추 장사할 때는 하루 3~4시간밖에 못 잤을 정도였죠. 너무 돈돈 해서는 안 됩니다. 돈을 많이 버는 것만이 성공은 아닙니다. 어떤 분야에서든 노력해 수준급 이상의 실력을 갖추면 그게 바로 성공한 인생입니다. 돈은 자연스럽게 따라 오는 거예요."

장 회장은 사업에 눈을 뜨면서 당시 시작 단계인 학습지 영업을 하게 된다. 웅진 그룹에 신입사원으로 입사해 4개월 만에 판매왕이 됐고 1985년 3명의 직원과 함께 시작한 학습지 사업으로 25년 만에 매출 1조 원의 기업을 일궜다. 장 회장은 지독해야 한다고 말했다. 배경도 없고 기술도 없고 멘토도 없던 척박한 환경에서 그가 1등이 될 수 있었던 이유였다. 그의 영업 방식은 기우제를 닮았다는 말을 듣는다. 인디언들이 기우제를 지내면 반드시 비가 왔는데, 이는 효험이 뛰어나서가 아니다. 비가 올 때까지 기우제를 지내기 때문이다. 그도 무던하게 사람을 만났다.

"신입사원 때 전집을 팔기 위해 99번째 방문에도 실패하다 100번을 방문해 판 적도 있어요. 99번째에서 포기하면 99번의 노력은 모두 날려 버리는 겁니다. 영업 잘하는 사람의 얼굴은 열기가 느껴지고, 일에 대한 집중도가 남다릅니다. 요즘 이런 얘기를 하면 욕먹는다고 하는데, 저는 애들을 낳을 때 처음 보고, 두 번째는 기어 다닐 때 봤어요. 이런 마음가짐으로 몰입해야 됩니다."

그는 부딪히는 습관을 들이라고 강조했다. 세상은 가만히 앉아 생각하는 대로 흘러가지 않는다는 것. 장 회장은 "직접 만나라. 지레짐작하지 마라고 항상 말한다"며 "안 될 것이라고 생각했던 일이 너무나 쉽게 잘 풀리는 경우가 허다한데, 제풀에 나가떨어지는 모습을 보면 안타깝다"고 말했다.

"목표를 세우면 달성해야 합니다. 어떻게 해서든 달성하려는 습관을 가져야 해요. 누군가에게 어떤 일을 맡기면 안심이 되고, 저 사람이 하면 달성된다는 확신이 들도록 일을 해야 합니다. 일이라는 건 원래가 잘 안 됩니다. 안 되는 게 정상입니다. 그때 왜 일이 안 되는지를 분석하고, 고민에 고민을 거듭해서 되게 해야 합니다.

안 되는 것을 되게 하는 것이 일이에요."

증기기관차는 물의 온도가 100도 이상이 돼야 출발할 수 있다. 99도의 물로는 기관차를 움직일 수 없다. 우리 일도 마찬가지다. 매일 출근하고, 일을 하지만 100도가 돼야 비로소 제대로 된 결과가 나온다. 그래서 열정이 중요하다.

김성근 야구 감독도 자신의 인생을 '1구2무'의 정신에 빗댄다. 공 하나에 승부를 걸 뿐, 두 번째 공은 없다는 의미다. 항상 이 공이 마지막인 것처럼 순간 순간에 최선을 다하라는 메시지가 담겨 있다. 김 감독은 "비상식적으로 느끼고, 반응하고, 행동하라"고 강조한다. 그는 평소 느끼고, 움직이는 행동이 빠른 스타일이다. 모든 일을 할 때 결과를 생각해서 움직여 본 적은 없다고 한다. 해 놓고 보니 그게 나만의 길이 되고 인생이 되더라는 것이다. 어떤 일에 부딪혔을 때 주춤하지 말고 그 순간 빨리 덤비는 게 인생살이고, 얼만큼 빨리 행동하느냐가 승패의 시작이라는 통찰이 담긴 말이다.

주위에 일가를 이룬 사람들을 봐도 그렇다. 그들은 상식적으로 움직이지 않는다. 열정이 크다 보니 무리해 보이는 과제, 목표를 향해 돌진한다. 성취동기가 높은 사람들은 "과연 이걸 해낼 수 있을까"를 고민하기 보다는 일단 몸을 그 과제에 투여하고 본다. 그리고 이렇게 비상식적으로 움직이는 사람이 대부분 승자가 된다. 김 감독도 어떠한 일을 시작할 때 육감적으로 느낌이 왔다면 망설이지 말고 바로 행동하라고 한다. 상황을 비교, 판단하느라 주춤

하지 말고 처음에 가진 생각에 따라 확실히 행동하면 그 후에 나만의 길이 따라온다는 것이다. 김 감독은 또 "남다른 리더의 발상을 가지라"고 주문한다. 리더의 위치에서 볼 때 조직이라는 것은 리더의 발상에서부터 시작한다. 리더의 발상이란, 쥐가 고양이한테 몰려서 마지막 코너에 다다르면 오로지 살 생각으로 고양이한테 덤비는 것이다. 덤빌 때 그 심정은 살겠다는 일념 하나뿐이다. 이것이 발상이고, 여기서 나오는 아이디어가 소위 말해 시발점이 된다. 이 시발점 뒤에는 행동이 있어야 하고, 행동하려면 반드시 열정이 있어야 한다. 이러한 '발상→행동→행동의 지속→열정'이 있어야 인생에서 성공할 수 있다는 것이다. 살다 보면 자기 스스로를 보호하려고 살아가는 사람이 많다. 자신에게 편리하게 행동하고 쉬울 때만 덤비고 어려운 것은 피해가는 사람들이 이들이다. 하지만 이래서는 발전은 커녕 조직에 해만 되는, 필요 없는 존재로 전락한다.

길이 없는 곳에서 안 된다고 푸념하기보다는, 어느 위치에 서있더라도 지금 현재 이길 수 있는, 할 수 있는 방법을 찾아내는 사람이 매 순간을 이겨 가는 승자가 된다.

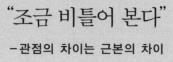

"조금 비틀어 본다"
–관점의 차이는 근본의 차이

비즈니스에서 마케팅의 성패는 어떤 관점을 고객에게 제시하느냐에 달려 있다고 볼 수 있다. 남다른 해석을 통해 신선한 관점을 보여 줄 수 있다면, 똑같은 제품이라도 다른 성적표를 받아 들게 된다. 코카콜라가 이에 부합하는 사례가 될 수 있을 듯싶다.

코카콜라의 경우 병 안에 들어 있는 검은색 액체의 본질은 그대로이지만, 똑같은 내용물을 가지고 120년 넘게 세계 1등 브랜드 자리를 지키고 있다. 이런 기적 같은 일은 코카콜라의 마케터들이 시대에 맞춰 고객들이 코카콜라를 새롭게 인식하도록 유인했기 때문이다. 예컨대 겨울철에 차가운 콜라를 마시도록 만들기 위해 그들은 산타클로스와 코카콜라 로고의 붉은 색을 오버랩시켰다. 상식적으로 보면 추운 날 안 어울리는 코카콜라이지만, 이런 기발한 발상의 전환 덕분에 코카콜라는 겨울철에도 스테디셀러가 될 수 있었다.

일본의 아오모리 현 사과도 그런 사례에 속한다. 일본 최대의 사과 생산지이기도 한 이곳은 태풍으로 마을 전체가 쑥대밭이 됐다. 곧 수확을 앞둔 사과의 90퍼센트가 소실될 정도였다. 한 해 사과 농사가 다 날아갈 판이 된 것이다. 그런데 이들은 태풍에 살아남은 사과를 '초속 40m의 초강력 태풍에도 떨어지지 않았던 그 사과! 내 인생에 어떤 시련이 몰아친다고 해도 나를 떨어지지 않게 해 줄 그 사과, 합격 사과!'라고 컨셉트를 잡고 마케팅에 나섰다. 그리고 사과의 가격도 일반 사과보다 10배 비싸게 책정했다. 결과는 대성공이었다.

아오모리 사과의 성공담은 의지나 기술로는 설명할 수 없는 종류의 솔루션을 담고 있다. 뭔가 기발하고 차원 높은 솔루션, 바로 관점의 변화다. 사과에다 합격, 위로, 사랑, 낭만, 고독을 붙일 수도 있을 것이다. 그냥 먹거리일 뿐인 사과에 스토리를 입히고 감정을 싣자, 사과의 세계는 고객에게 훨씬 더 넓고 깊은 이미지를 남기며 확장된다.

죽이라는 아이템으로 엄청난 성공을 거둔 김철호 본죽 사장도 기존의 것을 비틀고 다른 각도로 보는 습관을 갖고 있다.

"저는 항시 새로운 것을 생각하는 버릇이 있어요. 외식업에 종사하다 보니 똑같은 방법으로 접근하면 길이 없으니까요. 없던 제품을 만들어 낼 수 있는 엔지니어가 아니기 때문에 콘셉트에 집착했습니다. 기존에 있던 것을 어떻게 바꾸고 비틀고 다른 각도로 볼까 매일 그 생각만 했어요. 지금도 그런 습관은 변함이 없습니다."

본죽도 죽에 대한 다른 개념 정의가 있었기에 성공할 수 있었다고 말한다. 대표적인 것이 바로 죽은 몸이 안 좋은 사람들이 먹는 음식이라는 통념을 깬 것. 가령 건강이 안 좋을 때 먹는 음식이 죽이란 인식을 뒤집어 몸이 안 좋은 이들이 주로 찾는 음식이니만큼 그만큼 웰빙 음식이다, 그러니 평소에 먹어야 된다고 발상을 뒤집었다. 오히려 일반인들이 많이 먹으면 좋은 음식이 돼 버리니 죽은 어쩌다 먹는 아이템이 아닌 일상의 주식이 될 수 있는 아이템으로 변모했다. 노인과 환자층이 주로 찾는 음식이 일반인이 먹는 건강식이 된 것이다.

'죽은 식사용이 아니다'는 통념도 깨야 했다. 브랜드 론칭 초기에 사람들은 '양을 줄이고 가격을 조금 내리면 진짜 장사가 잘 될 것'이라고 말했다고 한다. 그런데 김 사장은 죽이야말로 식사 대용으로 먹을 수 있는 아이템이라는 원칙을 버릴 수 없었다. 그래서 양을 고수했다.

"고집을 좀 부렸습니다. 양을 줄이지 않은 부분은 '왜, 이렇게 죽이 많아. 그냥 간단하게 속 안 좋아서 왔는데'라고 말씀하시던 고객에게 '양이 많으시면 덜어서 포장을 해 드리겠습니다. 드시고 싶은 만큼만 드시고 가세요'라고 했어요. 그런데 시간이 흐르자, 양이 많다고 타박하시던 분이 다음에 오실 때는 다른 분하고 같이 오시면서 '야, 이게 식사로 충분해'라고 하는 거예요. 아플 때만 먹는 음식, 그래서 조금 먹는 음식에서 평소 먹어도 되는 음식, 양도 든든한 음식으로 죽에 대한 고객들의 생각도 바뀌고 있음을 느꼈죠."

프랜차이즈 사업을 하면서 죽과 잘 어울릴 것 같은 한옥 콘셉트도 버렸다. 처음부터 간판에도 영어를 넣고 메뉴판에 일본어와 영어를 넣은 것이다. 김 사장은 "관점의 차이는 근본의 차이"라며 같은 아이템이라도 '이렇게 보면 어떨까 저렇게 보면 어떨까' 하는 식으로 조금 더 시도해 보면 나은 결과가 있을 것이라고 말했다. 그러면서 "어려움이 닥쳐도 감사하는 마음으로 빨리 현실을 인정하고 할 일을 찾아야 위기를 벗어날 수 있다"고 강조했다.

김용만 김가네 회장도 남들과 다른 발상으로 성공했다. 김가네가 대표적인 외식전문 프랜차이즈로 자리매김을 한 것에 대해 김 회장은 '콜럼버스의 달걀 세우기'에 비유했다.

"주방에서 내놓는 김밥 대신 손님들의 주문을 받으면 손님 앞에서 김밥을 말아 주는 쇼케이스 전략이 주효했습니다. 즉석 김밥으로 차별화를 시도했죠. 김밥 소도 종전 4~5가지에서 9~11가지로 늘려 이윤보다는 맛으로 승부했어요."

이뿐만 아니다. 발상의 전환은 냄새 활용 전략에도 묻어 있다. 당시 식당들은 실내 냄새를 밖으로 빼내는 후드를 인적이 드문 가게 뒤쪽에 설치했다. 하지만 김 회장은 가게 앞쪽에 설치해 밥과 참기름, 소금 등을 버무릴 때 나는 고소한 냄새로 지나가던 손님들을 유혹했다.

그는 남다른 발상의 비결로 메모를 꼽는다. 안주머니에 넣어 다니는 수첩에는 깨알같이 작은 글씨가 도배돼 있다.

"메모는 일종의 작은 기획실과 같습니다. 보물 창고죠. 일전에 어디서 봤는데, 미국을 이끌고 나가는 최상류층 3퍼센트는 항상 메모하는 습관이 있다고 해요. 그래서 직원에게도 '항상 메모하라' 고 권하죠. 메모를 철저히 하면 실수하는 법이 없고, 금세 떠올랐다 사라지는 아이디어도 잡을 수 있어요."

그는 또 아침 예찬론자다. 늘 부지런하게 몸을 놀리면 안 되는 일이 없다는 게 그의 신조다.

"새벽에 문을 열면 오복이 들어오고, 새벽에 깨면 부자가 됩니다. 우리 김가네만 해도 각 가맹점으로 원재료를 싣고 나갈 차량이 붐비는 새벽이 제일 시끄럽습니다."

나 자신과 현실에 입각한다

약점보다 강점에 집중한다

"나 자신과 현실에 입각한다"

-평소 SWOT 분석을 한다

뛰어난 선수는 오직 자신에 집중한다. 승부는 자기 자신과의 싸움이라는 점을 분명히 인식하고 있다. 이들에게는 오로지 스스로에게 만족스러운 경기를 했느냐가 중요하다.

일류 마라톤 선수는 뛰는 내내 자신의 보폭, 호흡 등에 흐트러짐이 없도록 최대한 온 신경을 쏟는다. 잠시라도 자신의 페이스를 놓치지 않을까 긴장한다. 하지만 그저 그런 선수는 경쟁자의 페이스, 뛰는 경로의 풍경, 관중 등에 주의가 분산돼 자신의 고유한 흐름을 놓친다. 성공한 사람들은 남의 평가에 연연하기보다는 자신의 길에 최대한 집중한다. 자신을 잘 안다는 것은 생각만큼 쉬운게 아니다. 진로를 고민한다면서 정작 자신의 강점과 약점, 적성 등을 모르는 이가 많다.

젊은 시절 아인슈타인은 수재가 아니었다. 대학 입시에 실패했고, 교수들은 대학에 들어온 그가 재능이 없다며 자리 하나 허락

하지 않았다. 그가 그나마 인정받았던 때는 친구의 배려로 들어갔던 특허청 근무 시절이었다.

1905년은 물리학 역사에서 기적의 해로 불린다. 바로 특허청에서 일했던 아인슈타인이 '광양자 가설', '브라운 운동 이론', '특수 상대성 이론' 등을 발표했기 때문이다. 당시 그는 박사 학위도 없었지만, 위대한 발표를 연이어 하게 된다.

그토록 평범했던 아인슈타인이 어떻게 물리학 역사의 획기적인 대전환을 주도할 수 있었을까. 아인슈타인이 한정된 시간 안에 매뉴얼 대로 정답을 찾는 시험 성적은 나빴을지 모른다. 하지만 그는 하나의 주제를 깊이 있게 탐구할 줄 아는 학생이었다. 실제 아인슈타인은 1905년 발표한 논문의 아이디어를 꽤 오래 전부터 머리 속에 담고 있었다고 한다. 더구나 그는 자신의 장단점에 밝았다. 자신에 대해 잘 알기에 남의 평가에 일희일비하지 않고 자신이 추구하는 바를 우직하게 밀고 나갈 수 있었다.

주변에서는 재능 없는 열등생으로 낙인을 찍었지만, 그는 자신만의 생각을 하고 있었던 것이다. 학업 성적으로는 사고력의 극히 일부만을 측정할 수 있다. 게다가 일을 마무리하는 데 꼭 필요한 인내력은 종이 시험으로는 가늠하기 힘들다.

창조성이 풍부한 학생들은 수험 공부를 무시하지는 않지만 그렇다고 특별히 중시하지도 않는 심리적 여유를 갖고 있다고 한다. 반대로 학창 시절에 아무리 성적이 좋았어도 수험 공부에 지나친 심리적 부담을 느끼면 결과가 좋지 않은 경우가 많다. 대학과 사회에서 기력이 다해 목표를 잃기 쉽기 때문이다. 인생의 고민은 대부분 고차원적이고, 입력된 매뉴얼로는 금세 답을 구할 수 없다. 그렇기 때문에 자신만의 강점에 끈기 있게 집중할 수 있는 능력이 중요하다. 아인슈타인은 자신의 역량에 대해 제대로 인식하고 연구에 몰입한 결과 대가가 될 수 있었다.

CEO들도 전 과목에서 뛰어난 능력을 보여 주는 전형적인 모범생과는 거리가 있다. 간혹 그런 천재형도 있지만, CEO를 포괄적으로 규정짓는 특징은 아니다. 굳이 공부 쪽에서 공통점을 찾는다면 이들은 학력이 뛰어나기보다는 학습력이 뛰어난 인물들이다. 명문대를 나왔건, 가방 끈이 짧고 길건 간에 이들은 자신이 투신한 분야에서 꾸준히 때론 맹렬히 무언가를 배우길 주저하지 않았다. 특히 성공한 사람들은 어릴 적부터 자신의 강점과 약점 등에 대해 예민하게 파악하고 주어진 환경에서 무언가를 해내겠다는 근성을 갖고 우직하게 제 길을 가는 특징을 갖고 있다.

마케팅 대가로 잘 알려진 조서환 세라젬 헬스&뷰티 대표이사는 주기적으로 SWOT 분석을 한다. SWOT는 알다시피 강점Strength, 약점Weakness, 기회Opportunity, 위기Threat를 의미한다. 그는 타고난 성향과 특징, 환경적 요인에 대해 잘 분석한 덕분에 마케팅 분야로 투신하는 계기를 마련할 수 있었다고 여긴다.

그가 애경에 입사해 매일 피켓을 들고 공항에 외국 손님 마중을 나갈 당시 일이다. 그는 '큰일이다. 계속 피켓 들고 공항만 왔다 갔다 할 수 없다. 내가 앵무새도 아닌데 웰컴 투 코리아만 외치고, 공항에서 호텔로 데려다 주는 일만 할 수는 없다'고 생각했다고 한다. 뭔가 프로페셔널한 전문 분야를 가져야 한다는 문제의식에 사로잡혔던 때였다.

"당시 제가 공항에 마중 나갔던 사람들의 명함을 보니, 모두 '마케팅 디렉터', '브랜드 매니저', '인터내셔널 마케팅 매니저' 등으로 마케팅이란 말이 들어 있었어요. 그때만 해도 80년대 초반이라 마케팅이란 용어가 생소할 때였죠. 궁금하기도 해서 모교에 가봤습니다. 그랬더니 학교에는 마케팅 학과가 있었는데 사회에는 아직 마케팅 부서가 없다는 걸 알았죠. 그래서 바로 경영대학원에 가서 마케팅에 대해 배웠습니다."

조 대표는 영어를 전공해 영어에는 자신이 있었다. 그리고 업무를 보면서 마케팅이 향후 뜬다는 것을 알게 됐다. 그러자 그는 자신의 강점인 영어와 각광받을 것이 확실한 마케팅을 접목한다면 크게 성공할 수 있을 것임을 직감적으로 느꼈다.

"공항에 피켓 들고 외국인들 마중 나가는 일이 굉장히 불만이었지만, 그때 만일 공항에 가지 않았다면, 그래서 피켓을 들지 않았다면 그리고 명함을 받지 않았다면 깨닫지 못했을 겁니다. 평소 미래의 나의 모습에 대해 고민하는 습관이 없었다고 해도 마케팅이란 분야에 대해 제대로 인식하지 못했겠지요."

현실이 답답하다고 느끼는 것도 발전하려는 의지가 있기에 그런 것이다. 어떤 계기를 만들어야 한다는 절박함이 없다면 미래를 개척할 수 없다. 현실에서 작은 모티브를 발견하는 능력도 자신의 길을 열어 나가려는 의지와 실천력이 있어야만 가능하다. CEO들이 평소 하는 일에서 많은 기회가 숨어 있다고 강조하는 것도 그런 맥락이다.

조 대표는 평소 미래에 대한 진지한 고민을 해 왔다. 그것도 뜬구름 잡듯 막연하거나 무조건 싫다는 식이 아니라 SWOT 분석처럼 현실에 입각해 커리어 방향을 모색해 왔다. 평소 이런 건강한 긴장감을 유지해야 자신에게 어울리는 분야를 찾을 가능성도 커진다.

"약점보다 강점에 집중한다"

－ 보랏빛 소가 되라

당신은 약점을 보완하는 부류인가. 아니면 강점을 더 날카롭게 가다듬는 부류인가.

여기에 답하기 전에 먼저 인간의 기본 조건부터 살펴보자. 당신에게는 약점이 많은가 강점이 많은가. 아마도 대부분은 약점이 훨씬 많을 것이다. 이 사실을 인정한다면 약점을 보완하거나 혹은 개선하는 데는 엄청난 지적 에너지뿐만 아니라 감정적 에너지를 투자해야 함을 알 수 있다. 이 얼마나 손해 보는 장사인가. 그럼에도 우리는 강점을 살리기보다는 약점을 땜질하는 데 더 치중하는 경향이 있다.

약점으로 인해 커리어가 정체돼 있다고 가정해 보자. 이때 대부분의 사람들은 약점을 보완해 돌파구를 만들려고 한다. 하지만 더 나은 해법은 강점을 바탕으로 기존의 경력 지도를 뛰어넘어 새로운 길을 개척하는 것이다. 남들보다 못한 부분을 보완해 두루두루 평균점 이상으로 만든다는 게 오히려 그 사람을 특색 없는 부류로 자리매김하게끔 유인하는 경우가 더 많다. 개선 가능한 약점을 무시하지 말라는 뜻이 아니다. 다만 근본적인 취약점에 너무 연연해 봐야 크게 달라질 것은 없다는 얘기다. 기자가 만났던 상당수 CEO들도 못하는 부분을 고치기보다는 잘하는 부분을 더 뛰어나게 만들어 그 자리에 올랐다고 말했다.

등산화 등 아웃도어 업체 트렉스타의 권동칠 대표도 자신이 강점에 집중했기에 성공할 수 있었다고 말한다. 그는 진로를 결정할 때부터 강점에 집착했다. 달리 말하면, 잘하지 못하는 것을 빼내는 식으로 초점을 좁혀 갔다.

가령 그는 일터로서 금융기관은 배제했다. 왜냐하면 수학, 물리 등을 싫어했기 때문이다. 또 마찬가지 이유로 일반 회사에서 기획부라든지, 경리, 재무부서는 지원하지 않았다. 그런 것을 빼고 나니까 남는 것은 영업이었다. 영업에도 여러 종류가 있는데, 국내영업보다는 해외 영업을 택했다. 그는 영어에는 자신이 있었다.

"우리가 대학을 졸업할 때는 금융기관 등에서 인원을 굉장히 많이 뽑았어요. 다들 취업이 잘 되던 시절입니다. 하지만 저는 그쪽은 거들떠보지도 않고 해외 영업을 맡아 일을 했습니다. 요즘 대학생들은 영업을 등한시하는 경향이 있어요. 하지만 영업은 정말 재미있습니다. 그래서 일요일에도 일하고, 명절에도 일할 정도였죠. 평균적으로 4시간 30분 정도 자고 일했는데, 재미가 있었기 때문입니다. 자신을 객관적으로 바라보고 강점을 키우는 습관을 들여야 합니다."

그는 그러면서 "장점을 키우면 자신만의 특색을 갖게 되고, 이게 곧 스토리가 된다"고 강조했다. 비슷비슷한 사람이 판치는 세상에서 스토리를 갖고 있는 사람은 금세 눈에 띄게 된다. 성공의 길로 들어서게 된다는 의미다.

"퍼플 카우Purple Cow란 말이 있어요. 소가 아무리 예뻐도 잠깐 눈이 가는 것으로 그칩니다. 하지만 보랏빛 소라면 얘기가 달라져요. 모두가 주목하게 됩니다. 강점을 살려 나간다는 것은 조금 더 예쁜 소가 되는 길을 버리고 퍼플 카우로 거듭나려는 시도라고 볼 수 있습니다. 젊었을 때부터 자신만의 특징, 개성을 만들어 나가는 게 중요해요."

이는 제너럴리스트가 될 것이냐, 스페셜리스트가 될 것이냐의 문제와도 맥이 닿는다.

CEO를 만나면서 느낀 것은 CEO가 되기까지는 스페셜리스트인 것이 유리해 보이고, CEO가 되고 나면 제너럴리스트가 되는 게 낫다는 점이다. CEO는 그가 창업자이든 월급쟁이 사장이든 모두 자신만의 비기가 있다는 점에서 단연 스페셜리스트다. 하지만 조직의 장이 되면 기업의 모든 부분을 챙기고 끌고 가야 되기 때문에 어쩔 수 없이 제너럴리스트가 될 수 밖에 없다. 그런 면에서 보면 일반적으로는 스페셜리스트의 시장 경쟁력이 낮지만 관리자급으로 갈수록 제너럴리스트로서의 면모를 겸비해야 한다. 사실 어떤 분야의 정점에 오르면 굳이 다른 분야를 경험하지 않아도 알게 되는 부분이 있기 마련이다. 특정 분야의 일류로서 최고가 되기까지 지난한 과정을 체험한 대가로 문리가 트이는 셈이다. 그런 관점에서 보면 CEO가 스페셜리스트로서 특정 분야에 자신만의 성을 구축해야 한다고 강조하는 데는 그럴 만한 이유가 있다. 권 대표의 말이다.

"지식정보화 사회에서는 두루두루 잘하는 사람보다 스페셜리스트를 원해요. 한 가지라도 똑 부러지게 잘해야 합니다. 이 분야만큼은 최고가 된다는 각오로 끊임없이 자신을 조련해야 됩니다. 그러기 위해서는 자신의 약점과 강점을 냉철하게 파악하는 게 첫째입니다. 자신이 아이디어를 내는 데 탁월한지, 아니면 영업에 강점이 있는 지, 무언가를 만드는 성향인지, 누군가에게 조언을 주는 스타일인지 연구에 강한 지, 생각해 봐야 합니다. 나만이 가질 수 있는 특기는 누구나 있기 마련이거든요. 여기서부터 자신의 프리미엄 전략을 짜야 합니다."

3장

고수는 급소부터 찾는다

급소, 요충지, 허브, 킹핀

마중물처럼 움직인다

"급소, 요충지, 허브, 킹핀"

-정보의 길목을 활용한다

베트남의 전쟁 영웅 보 구엔 지압 장군. 그가 치른 '디엔비엔푸 전투'는 세계 전쟁사에 남을 기록이다. 2차 대전이 끝난 후 프랑스는 베트남 식민지를 계속 지키고 싶었다. 이에 프랑스는 베트남 독립동맹을 무력화시키기 위해 1953년 북부 국경 도시 디엔비엔푸에 1만 5천 명의 군대를 파견하고 군용기 활주로까지 건설했다. 프랑스는 승리를 확신했다.

그러나 1954년 3월부터 시작된 전투에서 프랑스군 3천 명이 죽고 1만 2천 명이 포로로 잡혔다. 결국 프랑스는 철수할 수밖에 없었다. 그 전투를 지도한 장군이 지압이다.

그의 치밀함은 혀를 내두를 정도였다. 그는 프랑스 군이 눈치채지 못하게 200문이 넘는 대포를 밀림 속으로 이동시켰다. 그것도 부대원의 몸을 끈으로 묶어 한 번에 1인치씩 하루에 800미터만 옮겼다. 프랑스군이 기습에 속절없이 당할 수밖에 없었던 이유다.

지압은 이후 1968년 베트남 전쟁 구정공세를 통해 미국을 격퇴했고, 1979년 중국과의 전투에서도 승리했다. 지압 장군이 승리 비법으로 꼽은 게 '3불不정책'. 적들이 원하는 시간에, 원하는 장소에서, 그들이 예상한 방법으로 싸우지 않는다는 것이다.

CEO들은 한판 붙기 전에 급소, 요충지, 허브, 킹핀부터 찾는다. 여기를 먼저 점하면 이미 이긴 게임이나 마찬가지기 때문이다. 결전을 해서 이기는 게 아니라 이기고 나서 결전에 나섰다.

김정태 하나금융그룹 회장은 사람을 편하게 만드는 장점이 있다. 은행, 보험, 증권 등을 모두 아우르는 금융지주 수장에게서 풍기는 권위 같은 게 없다. 사람 자체가 화통하고 솔직하다. 농담으로 분위기를 누그러뜨리길 즐긴다. 그를 처음 만났을 때도 그랬다. 그래서 그를 두고 '소통의 달인'이라고 하는 구나'고 느꼈다.

김 회장은 지난 2008년 은행장에 취임해서는 자신의 방 앞에 '조이 투게더Joy Together'라는 팻말을 붙였다. '누구라도 즐거운 마음으로 찾아오라'는 뜻으로 본인의 이름 영문 이니셜인 'JT'를 자신의 리더십에 빗대 맛깔스럽게 풀이한 것이다.

소통에 강하기 때문인지, 김 회장은 행원 시절 영업에 항상 1등이었다. 영업이라면 둘째가라면 서러울 정도로 뛰어났다. 하지만 그는 타고난 핸디캡이 있었다. 손가락이 굵었다. 그가 행원 시절만 해도 주판은 뱅커의 최대 무기였다. 그런데 굵은 손가락은 셈을 자꾸 틀리게 만들었다. 주판 앞에서 땀을 흘리며 끙끙거리는 김정태 행원을 여직원들이 짬을 내 도와줬다는 일화는 잘 알려져 있다. 그는 당시 여직원들이 베풀어 주었던 배려와 친절을 아직도 잊지 못한다고 한다. 그가 영업의 챔피언이 된 비결이 궁금했다.

"아파트 영업을 할 때요. 당시 은행원들은 아파트를 가가호호 방문하는 영업 방식을 고집했지만 나는 가장 먼저 아파트 수위실을 찾았어요. 소주와 담배를 사 들고 수위 아저씨들이랑 두런두런 얘기부터 나눴죠. 처음에는 '별난 놈이 왔다'고 시큰둥한 표정을 짓던 수위 아저씨들도 시간이 지나면서 내 진심과 정성을 알아주더라고요. 그때부터는 마음을 연 수위 아저씨들 입에서 아파트 주민들의 고급 신상정보가 술술 다 나오는 거예요. 덕분에 고급 정보를 이용해 아파트 고객들을 공략했고 앞설 수 있었어요. 허브를 공략한 거죠. 정보와 사람이 모이는 요충지 말이에요."

말이 나온 김에 은행 얘기를 더 해 보자. 은행원 중에서 제일 잘나가는 사람들이 주로 거쳐가는 코스가 바로 뉴욕 지점장이다. 글로벌 경제의 중심이 미국인 만큼 뉴욕 지점장 출신이 나중에 영전되는 경우가 많다. 뉴욕 지점장이 잘 나가는 이유는 따지고 보면 전임 선배들이 요로를 닦아 알게 모르게 이너 서클이 형성되는 탓이다.

그런데 신한은행은 좀 다르다. 미국보다 일본 오사카 지점장이 선호된다. 일본 재일교포가 출자한 은행이기 때문이다. 일본 대주주와의 우호적 관계를 형성해 놓는 것이 행원의 앞길에 중요하다. 실제 신상훈 전 신한은행장은 오사카 지점장 시절 '오사케' 지점장이란 별명이 붙었을 정도였다. 일본말로 '오'는 존칭이고, '사케'는 술이다. 일본에서 차별의 서러움을 받으며 사업을 일군 재일교포들은 신한은행 오사카 지점장을 불러내 번갈아 사케를 마셨다. 겨울에는 따뜻하게, 여름에는 시원하게 술을 들이키며 재일교포 상인들의 성공담과 눈물로 얼룩진 인생 역정을 들어주는 게 퇴근 후 중요한 일과였다.

그 당시 쌓은 재일교포 주주들과의 네트워크가 은행가로서의 성공에 밑바탕이 됐음은 불문가지다. 창업가든, 조직의 일원이든 정보가 지나가는 길목을 잡는 게 그래서 중요하다.

최기의 전 KB국민카드 사장은 금융계에서 전략적 마인드가 뛰어나다는 평가를 받는다.

그가 주택은행에서 일할 때 얘기다. 최 전 사장이 신출내기였을 때 어느 날 "앉아만 있지 말고 밖으로 나가 직접 영업을 뛰어 보라"는 지점장의 지시를 받는다. 그는 "신입사원 때만 해도 가만 앉아 있어도 고객들이 돈다발을 싸오던 시기였다"며 "운이 좋아 혜안이 있고 강단 있는 뛰어난 지점장 선배 덕에 '행동의 힘'을 일찌감치 깨달았다"고 했다.

"대부분의 사람들은 문제가 생기면 한 번 건드려 보고 '안 된다' 싶으면 포기합니다. 그런데 저는 일단 방법부터 더 곰곰이 생각해 봅니다. 열심히 하는 것은 기본 중에 기본이고요. 파급력이 더 큰 매개를 활용하는 것이 좋아요. 결론이 나면 끝까지 밀어붙입니다."

그도 요충지 공략에 능했다. 창원 지점에서는 공단을 뚫는 데 주력했다. 일반 행원들이 기업체 문턱을 방문하는 데 그쳤다면 그는 여기에 하나 더 보탰다. 바로 공단 내 기업들이 발행하는 사보를 섭외해 여기에 은행 상품을 실은 것이다. 수십 명에 달하는 사보 담당자들을 일대일로 만나 설득했다. 지점 실적은 금세 2~3배까지 늘었다. 덕분에 전국에 흩어져 있던 입행 동기 중 제일 먼저 대리로 승진했다.

1990년 부산 지역에서 인사·홍보·총무 담당 대리로 근무할 때였다. 당시 주택은행의 청약저축 인기는 대단했다. 청약저축에 대한 설명을 듣기 위해 고객들이 수십 미터씩 줄을 서서 몇 시간씩 기다렸다. 하지만 설명을 들을 수 있는 건 10분 남짓. 고객들의 항의가 빗발쳤다. 대부분은 여기서 고민만 하다 끝낸다. 그러나 그는 방송국 프로그램 '라디오에 물어봅시다'의 담당 PD를 찾아갔다. 그리고는 청약저축에 대해 알기 쉽게 설명할 수 있는 코너를 만들어 달라는 아이디어를 냈다. 결국 그가 1년 이상 이 코너를 진행했다. 다른 방송사와 신문사에서도 연락이 몰려왔다. 서울에서 열린 임원회의에서는 "최기의가 누구냐"며 그에 대한 칭찬이 쏟아졌다. 1994년 과장 진급까지 그는 전국에서 가장 먼저 승진했다.

CEO들은 마차나 자동차의 두 바퀴를 연결하는 쇠막대기를 고정하는 린치핀이 어디인지 생각하는 습관을 갖고 있다. 린치핀은 축구로 치면 공수 연결 고리를 맡은 미드필더와 같다. 이 포지션을 무력화시키면 공격도, 수비도 제대로 안 돼 게임을 유리한 방향으로 이끌어 낼 수 있다.

"마중물처럼 움직인다"

- 남에게 좋은 일은 먼저 하라

우리은행 이순우 행장은 지역 중소기업체를 방문할 때 지점장에게 리스트를 작성해서 올리라고 한다. 그 리스트는 다름 아닌 타 은행과 거래하는 우량 업체 명단이다. 우리은행과 거래했으면 좋겠는데 뜻대로 되지 않는 업체들이다.

이 행장은 "영업을 지원하기 위해 둘러보는 것인데, 굳이 잘 하고 있는 곳은 갈 필요가 없다"며 "그래서 영업망을 뚫지 못한 곳만을 골라서 간다"고 말했다.

"우량한 중소기업 사장님만 해도 부행장이 가도 잘 만나 주지 않아요. 우량 업체라면 은행에서 서로 자기 돈을 가져 가라고 떠받드는데 굳이 시간 내서 만날 필요가 없는 거지요. 저는 영업 현장을 가도 그런 데만 골라 다닙니다. 지점장, 본부장을 데리고 가 기업체 사장님과 얼굴을 트게 만드는 거죠. 그러면 다음부터는 죽이 되든, 밥이 되든 지점에서 알아서 해야죠."

예전에 펌프로 물을 품어 내어 식수로 사용하던 때가 있었다. 펌프질을 하기 전 한 바가지 정도의 물을 펌프에 붓는데, 이 물이 바로 마중물이다. 손님이 오면 주인이 마중을 나가 맞이하듯이, 펌프질을 할 때 물을 부어 품어 올리는 새물을 맞이하는 물이라는 뜻이 담겼다. 펌프에 물이 잘 퍼 올려지지 않으면 마중물이 꼭 필요했는데, 이런 역할을 리더가 하는 것이다. 마중물은 적은 양이지만 큰 물을 길어 올리는 데 반드시 필요하다. 작은 도움이 엄청난 힘이 되고 에너지가 된다.

이 행장은 영업망을 트지 못한 기업을 방문하는 데서 그치지 않았다. 그는 기업체 방문 다음날, 기업체 사장에게 카카오톡이나 문자 메시지를 꼭 보낸다. 그걸 받는 사람은 그와 매우 가까운 사이가 된 듯한 기분이 된다.

"만나는 데서 그치지 말고, 한 번 더 감사의 맘을 전하면 효과가 훨씬 큽니다. 안 그렇겠어요? 어떤 때는 상대방이 저를 아주 반갑게 맞이하는데, 제가 도통 기억이 안 나 난감할 때가 생길 수 있는 게 단점이라면 단점이에요."

1971년 어느 겨울날 경기도 의정부. 당시 열 두 살 소년이던 오화경 아주저축은행 대표는 영하 10도가 넘는 강추위와 칼바람을 뚫고 리어카를 끌었다. 의정부에서 서울 도봉구를 왕복하는 긴 여정이었다. 4시간에 가까운 행군으로 발걸음은 천근만근이었지만, 리어카 위에 켜켜이 쌓인 수십 장의 연탄을 보면 피로가 가셨다. 금융계에서 '마이더스의 손'이라는 꼬리표가 따라붙는 오 대표의 생애 첫 사업이었다. 그의 남다른 경영 감각은 어린 시절부터 길러온 것이다.

"겨울마다 연탄 파동이 반복될 만큼 연탄이 귀했던 시절이었죠. 처음에는 부모님을 기쁘게 해 드리겠다는 생각에 연탄 공장을 찾아 다니며 연탄을 구해왔는데 집집마다 연탄이 귀하다는 사실을 알게 됐어요. 그때부터 연탄을 떼어 와 동네에서 연탄 장사를 했습니다. 벌이도 괜찮았어요. 연탄 한 장에 3~5원 가량 웃돈을 붙여 팔았거든요."

중학교 2학년 때는 아예 모친이 생계를 위해 운영하던 만화가게를 인수했다. 그는 "어머니가 사업 경험이 없어 힘들어하셨다"며 "결국 학업을 병행하며 직접 가게를 꾸려나나게 됐는데, 많이 배웠다"고 말했다.

"동네에 하나 둘 만화 가게가 들어서면서 경쟁이 치열해졌어요. 가게마다 만화책 대여비를 깎아 주기 시작하다 결국 하루에 10원을 내면 무제한으로 만화책을 볼 수 있는 시스템을 도입했죠. 그러다 보니 수입이 눈에 띄게 줄어 가게를 처분할 수밖에 없었지요."

경영에서 차별화의 중요성을 깨달았던 순간이었다. 오 대표는 이후 예민한 감각으로 모든 일에 차별화를 꾀하려고 노력했다. 때론 강박감을 가질 정도였다. 그가 대학교 졸업 이후 유진증권옛 서울증권을 거쳐 홍콩상하이은행HSBC에서 소매금융 업무를 맡았을 때 일이다. 그는 HSBC가 국내에서 처음으로 소매금융을 시작하던

2000년에 문을 연 분당 지점을 맡아 신규 고객을 유치해야 하는 중책을 떠안고 있었다.

"당시 HSBC를 잘 알지 못하는 고객이 대다수였어요. 어떻게 하면 고객에게 친숙하게 다가갈 수 있을지 끊임없이 연구했어요."

기업체보다는 주거지가 밀집해 있고 주로 40~50대 여성의 은행 거래가 많은 분당 지역의 특성을 활용해 타깃 영업에 나섰다. 유명 메이크업 아티스트를 초청해 주부 고객을 위해 무료 특강을 여는가 하면, 고객의 생일에 카드와 작은 꽃다발을 선물로 보내주기도 했다. 금융이나 재테크에 생소한 주부 고객에게 몇 시간을 마다 않고 재무 상담도 했다. 거동이 불편한 고령의 고객은 오 대표가 직접 자택에서 영업점까지 픽업 서비스를 제공해 주기도 했다. 2000년대 초반 금융계에서는 생소했던 '감성 마케팅'을 시도한 셈. 입소문이 났다. 특히 주부들의 마음을 움직인 결과는 대성공이었다. 남다른 서비스에 감동한 주부 고객들이 주변 지인의 손을 이끌고 영업점을 찾아온 것. 오 대표는 "1년 만에 천 억원의 자금을 예치시켰는데, 당시 시중 은행의 영업점이 3년 정도 걸려야 가능한 규모였다"고 말했다.

먼저 줘야 관계도 발전한다. 미리 주는 것을 아까워해서는 안 된다. 손해 보는 일로 여겨서도 안 된다. 당장 아무런 도움이 안 되는 일처럼 여겨져도 먼저 인사하고, 감사의 표현을 하고, 도와줄 수 있으면 돕고, 상대에게 기회가 될 만한 일을 알려주라는 게 성공한 사람들의 공통된 견해다.

A4 한 장에 응축되도록

대상을 쪼개고 나눈다

"A4 한 장에 응축되도록"

-핵심만 뽑아서 일하라

아이팟이 처음 세상에 나왔을 때 사람들은 그 단순함에 열광했다. 쓸데없는 버튼을 걷어냈기에 가능했다. 그러면서도 있을 것은 다 있었다. 다이얼을 빙글빙글 돌리는 옛날 아날로그 인터페이스를 응용한 혁신적인 휠 인터페이스는 단연 압권이었다. 아이팟이 가진 디테일의 승리였다. 사람들은 직관적으로 이 예쁜 기기를 해석할 수 있었고 그래서 손쉽게 사용할 수 있었다. 디테일이란 복잡하고 정교하게 집어넣고 가다듬는 것만을 의미하지 않는다. 필요 없는 것, 핵심을 방해하는 것은 과감하게 빼는 것이 진정한 디테일이다. 핵심만 빼고 모든 것을 뒤로 돌려 세우는 게 골자다.

CEO들도 돌려서 말하지 않는 타입이 많다. 바로 돌직구를 날린다. 사람 관계가 아무리 원만해도 업무만큼은 예의 차리고 체면 차리지 않는다. 그렇게 되면 의역의 여지가 생기고 문제가 생긴다고 여긴다.

정보 과잉의 시대에 핵심만 말하는 것은 큰 미덕이다. 그리고 핵심을 콕 집으려면 뭐가 중심이고 뭐가 주변부인지를 제대로 알고 있어야 가능하다. 한마디로 유능해야 가능한 게 두괄식 사고법이고 두괄식 업무 커뮤니케이션이다.

이순우 우리은행장도 결론을 좋아한다. 어떤 논의도 결론을 도외시한 것이라면 의미가 없다. 보고서를 만들든, 컨설팅을 받든 간에 일단 결론부터 본다. 그러니 맨 앞에 보고서의 정수精髓가 나올 수밖에 없다. 이 때문에 때로는 성격이 급하다는 오해를 받기도 한다.

하지만 '성격이 급하다'는 표현은 이 행장을 잘 모르고 하는 얘기다. 그의 사고방식이 근본적으로 본질 지향적이며, 결론을 항상 염두에 두기에 따르는 오해라고 볼 수 있다.

두괄식 사고를 하려면 구체적이어야 한다. 추상적이고 복잡한 것은 단박에 정리가 어렵다. 하지만 아무리 사안이 복잡해도 여기에 대한 충분한 학습이 돼 있으면 나름대로 최적의 정리를 할 수 있다는 게 이 행장의 지론이다.

"꼬여서 복잡한 게 아니고, 이해를 완전히 못하고 있기 때문에 그렇게 보일 뿐입니다. 두괄식 보고서를 만들려면 핵심을 장악해야 가능해요. 제일 중요한 것은 길게 설명하지 않아도 될 만큼 명확해야 합니다."

기사 쓰기도 그렇다. 핵심이 되는 키워드로 첫 문장부터 시선을 확 잡아 끄는 메시지를 담아야 한다. 초점을 흐리고, 중언부언하고, 맥락에서 벗어나는 문장이 앞쪽에 하나만 끼어들어도 독자의 집중은 금이 가기 시작한다. 그런 문장이 몇 개만 더 나오면 와르르 무너진다. 오직 말하려는 내용이 분명해야 한다. 그 다음이 글 쓰는 테크닉이다. 일단은 내용이 선명해야 한다. 꼬리가 몸통을 흔들 수 없는 것과 같은 이치다.

이 행장 앞에서는 '잘 해보겠습니다', '검토해 보겠습니다'라는 식으로 두루뭉수리한 답변을 해서는 안 된다. 구체적이지 않기 때문이다. '언제까지 꼭 하겠다', '며칠 내로 할 지 여부를 확정해서 보고하겠다'는 식으로 분명한 입장을 드러내야 OK 사인이 난다.

보고서도 가급적이면 A4지 한 장에 응축해야 한다. 스테이플러로 찍은 보고서는 속도지향적인 그의 비위를 거스른다. '1. 배경, 2.취지…'하는 식으로 늘어지면 "그런 건 다 알아. 핵심만 말하란 말이야"라며 곧바로 불호령이 떨어진다.

그러다 보니 두괄식 보고서가 될 수밖에 없다. 일단 결론부터 간단명료하게 제시하고, 이에 대한 근거를 제일 중요한 순서부터 열거하는 방식만이 가능하다.

이 행장은 "어떤 사안에 대해 보고를 할 때는 그 전까지 결론을 내서 구체적으로 핵심만 뽑아서 하는 태도가 몸에 배야 한다"며 "업무를 장악하고 책임감 있게 일해야 가능한 얘기"라고 강조했다.

만약 회의 때 실무진이 써 준 것을 그대로 읽는 임원은 단단히 각오해야 한다. 이 행장은 이를 자기 식으로 소화를 못해 의역이 불가능한 것으로 보기 때문이다.

CEO들은 무척 바쁘다. 아니 굳이 CEO가 아니더라도 현대인은 다들 바쁘다. 그런 맥락에서 가급적 핵심부터 말하는 습관을 들이는 게 좋다. 일을 하더라도 두괄식으로 우선순위를 정해서 핵심 업무에 가장 큰 공을 쏟아야 한다. 성격이 급해야 일도 추진력 있게 할 가능성이 높다.

"대상을 쪼개고 나눈다"
- 세부화하면 시장이 열린다

한 중견기업 오너인 이 모 사장은 일전에 기자에게 이런 얘기를 들려줬다.

"사람들은 현실의 벽을 생각보다 너무 크게 의식하는 경향이 있어요. 부딪혀 보면 '내가 상상의 괴물을 만들어 놓았구나'라고 느낄 때가 더 많습니다. 직원들에게 어떤 프로젝트를 맡겨보면 일단 목표가 제가 생각했던 것보다 다들 낮아요. 왜 그럴까요. 해내겠다는 근성이 보고서에 없고, 현실의 난관만 잔뜩 반영되다 보니 그런 거예요."

'5퍼센트는 불가능해도 30퍼센트는 가능하다'는 말이 있다. 김 쌍수 전 LG전자 사장이 강조했다고 한다. 골자는 문제 해결의 방법을 획기적으로 손보지 않으면 5퍼센트 성장도 어렵지만, 매너리즘에서 벗어나 문제의 근원을 파헤치고 원점에서 문제 해결을 도모하면 30퍼센트의 성장이 가능하다는 것이다. 이 사장의 주장도 김 전 사장이 말하고자 하는 핵심과 맥이 닿아 있다.

실패하는 사고는 대체로 현재에 기반해 목표를 설정하고 이를 이루기 위한 방법을 찾는 패턴을 띤다. 반면 앞서가는 사람이나 조직은 일단 미래 목표부터 만든 뒤에 현재를 바꿔 원하는 것을 얻어낼 수 있는 최적의 방법을 찾는다.

이런 차이는 생각보다 크다. 현실 지향적인 사람들은 다분히 소극적이 될 소지가 농후하다. 현재에 바탕한 목표를 만들다 보니, 기존 질서나 틀에 안주하거나 순응하기 쉽다. 목표를 쟁취하는 의지가 강한 사람을 "현실을 모르고 치기나 만용을 부린다"고 치부하고 수세적이 될 공산이 크다. 문제 해결 과정에서도 어려운 점이 나타나면, 핑계거리를 자꾸 찾게 된다. 자기 혁신이 안 되는 이유를 찾기 시작하면 어디 하나, 둘이겠는가.

하지만 목표 지향적인 사람은 걸림돌과 마주했을 때 보다 진취적이 된다. 난관을 뛰어넘을 방법도 결국에는 열정과 의지에서 나온다. 이 사장은 "현재에 기반한 혁신은 어찌 보면 망망대해에서 방향키 없이 그저 열심히 노를 젓는 것과 비슷하다"고 말했다.

호박벌은 몸 길이가 2센티미터에 불과하다. 하지만 일주일에 1,600킬로미터를 난다. 놀라운 점은 호박벌의 몸 구조가 애초부터 날 수 있게 돼 있지 않다는 것이다. 몸은 뚱뚱한데 날개 길이는 짧고 얇아서 공기 저항을 이겨낼 수 없어서다. 그런데 호박벌은 자신의 몸 구조가 날 수 없다는 사실을 잊고 오로지 꿀 따는 데만 집중하다 보니 그렇게 먼 거리를 날 수 있게 됐다.

두괄식 사고법도 호박벌이 나는 것처럼 놀라운 능력을 발휘하는 데 유리한 방식이 될 수 있다. 결과부터 제시하고 방법론을 찾기 때문에 돌파하는 힘이 더 강하다. 목표가 명확하기 때문이다. 목표가 명확하다는 얘기는 달리 보면 집중할 타깃이 분명하다는 뜻과 같다.

두괄식 사고법은 목표가 구체적이고 명확하기에 직원의 집중력을 유인하기에도 좋다. 직원의 업무 태도도 적극적이고 철저한 쪽으로 변모하게 만든다. 관행적인 업무 프로세스 등에도 혁신이 따라온다. 각자 개인으로 치면 인생의 긍정적 변화를 유인하는 모티브를 줄 수 있고, 조직도 혁신과 발전을 도모할 수 있다.

두괄식 사고법은 쪼개고 나누는 사고법과도 일맥상통한다. 버릴 것은 버리고 핵심은 취하는 게 두괄식 사고법인데, 이는 특정 대상을 쪼개고 나누고 그래서 남은 것 중에 쓸 만한 것, 나에게 보물이 돼 줄 수 있는 것만을 핀셋으로 건져 올리는 작업이기 때문이다.

'쇼show를 하라'는 광고로 이름을 날린 마케팅 전문가 조서환 세라젬 헬스앤뷰티 대표도 "쪼개고 버리고 남는 것이 바로 핵심"이라며 "평소 시장을 바라볼 때도 그런 태도를 가지라"고 말한다. 세그먼테이션segmentation, 시장을 분류해 그 성격에 알맞은 상품을 제조하고 판매하는 활동의 묘미도 그런 습관에서 나온다는 게 그의 생각이다.

"크게 보면 먹을 게 없어 보여도 쪼개고 나누고 하다 보면 시장의 열려요. 통신사 요금제 같은 것도 대학교 인근에서는 커플제

요금 할인을 광고하고, 주부들이 많은 대형마트에서는 가족 요금제 할인을 알리는 식입니다. 이제는 화장품도, 비누도, 아기용품까지도 다 시장을 세분화해 파는 시대예요. 젊었을 때부터 집중할 대상을 쪼개 보고 나눠 보고 분해해 보는 식으로 달라지고 있는 시장 환경이나 트렌드에 맞춰 자신이 가진 역량을 재정의해 보는 연습을 할 필요가 있습니다."

어찌 보면 세상에서 가장 뛰어난 능력은 대단한 발견이나 발명이 아니라 같은 대상을 보면서도 새로운 것을 발굴하는 눈이다. 여기서 프랑스 철학자 미셸 푸코Michel Foucault가 쓴 『말과 사물』이라는 책에서 소개된 동물 분류법을 보자. 중국의 한 백과사전에 나오는 방식이라는데 흥미롭다. 내용은 이렇다.

"황제에 속하는 것, 향료로 처리된 것, 길들여진 것, 터무니없는 것, 현재의 분류에 포함된 것, 난폭한 것, 셀 수 없는 것, 아주 가는 낙타털 붓으로 그려진 것"

허무맹랑한 분류처럼 보일 수 있지만, 이런 새로운 방식의 분류가 우리에게 익숙한 사고를 부수도록 하는 경험이 될 수 있다. 무수히 다양한 존재를 다룰 때 새로운 조합을 꾀하는 시도는 낯익은 방식을 파괴하고, 세상에 새로운 질서를 창출하는 데 유용할 수 있다.

같은 관점에서 나이키의 경쟁 상대는 일본 게임업체 닌텐도가 될 수 있다. 게임기에 몰입하게 되면 야외 활동이 줄어 운동화도 덜 팔린다. 그래서 김선권 카페베네 대표는 기자와의 인터뷰에서 커피의 가장 큰 경쟁 상대는 커피 전문점이 아니라 김가네, 파리바게뜨, 맥도날드라고 했다. 이종 업종 간 장벽은 이미 허물어졌고, 커피 매장뿐만 아니라 다른 외식업 매장도 점점 커져 잡담을 떨기 좋아지고 있기 때문이다.

수시로 수첩을 꺼내 본다

닮고 싶은 것을 가까이한다

"수시로 수첩을 꺼내 본다"
- 일기와 메모를 보면서 초심으로 돌아간다

　헤로도토스의 『역사』에 있는 내용이다. 기원전 6세기경, 카스피해 연안에 살던 스키타이족은 수천 리 남쪽의 메디아에 침입해 그곳을 식민지로 삼고는 30년간 지배했다. 그동안 스키타이인들은 자신의 고향에 한 번도 가지 않았다. 스키타이족의 본고장에 남은 이들은 여자와 눈먼 노예뿐이었다. 스키타이족은 양질의 유제품을 만들어 먹었다. 그들은 노예가 도망가지 못하도록 멀쩡한 두 눈을 멀게 하고서 말 젖을 짜게 했다. 눈이 멀면 다른 감각이 발달하게 돼 있다. 노예들은 앞을 볼 수 없게 되면서 차츰 후각이 발달하기 시작했고, 그래서 양질의 요구르트를 만들어냈다.

　맹인 노예들은 유제품 제조 말고도 한 가지 일을 더 하게 됐다. 식민지 건설을 위해 고향을 떠난 스키타이족 남자들이 오랜 시간 돌아올 생각을 않자, 스키타이 여성들은 맹인 노예를 침실로 불러들였다. 얼마 뒤 스키타이 여자들과 노예 사이에서 아이가 태어났다. 이 아이들은 장성해 스키타이 지역의 주인 노릇을 하기 시작했다. 다른 지역 정복에 바빴던 스키타이족 남자들은 수십 년만에 고향으로 돌아왔지만, 노예 군단의 저항과 맞닥치게 됐다. 스키타이족 남자들은 고전을 피할 수 없었다. 그때 한 스키타이 전사가 말했다.

"우리가 지금 대체 무엇을 하고 있는가. 우리는 우리의 노예들과 싸우고 있다. 이제부터는 창과 활을 버리고 각자 채찍을 들고서 저들에게 다가가는 편이 좋을 거 같다. 우리가 무기를 드는 한, 그들은 자신이 우리와 대등하다고 여길 것이다. 그러나 채찍을 휘두르면 그들은 자기가 우리의 노예임을 깨닫고 맞서지 못할 것이다."

그 말에 스카타이족 남자들은 무기를 버리고 채찍으로 땅바닥을 내리치며 기세등등하게 진군했다. 그러자, 정말로 놀라운 일이 벌어졌다. 노예 군단이 자신의 정체성을 깨닫고 도망치기 시작한 것이다. 노예로 산다는 것은 이런 것이다. 몸에 밴 습관을 이겨내지 못하면 진정으로 노예 상태에서 벗어날 수 없다. 노예들에게 채찍은 잊어버렸던 자신의 정체성을 더듬게 만드는 매개였던 셈이다. 그만큼 상징의 힘은 상상 그 이상이다.

채찍이 안 좋은 방향으로 노예의 정체성을 상기시켰다면, CEO들은 자신의 각오나 초심, 꿈을 떠오르게 만드는 매개를 가까이 둬 나태해지는 스스로를 추스르고 분발하게 만드는 특효약으로 활용한다. 수산 기업인 동원그룹의 창업주인 김재철 회장의 18층 집무실에는 '거꾸로 된 세계지도'가 걸려 있다. 그러고 보니 이 건물 1층 현관 로비와 각층 사무실에도 모두 거꾸로 된 세계지도가 있었다. 김 회장은 "세계지도를 거꾸로 놓고 보면 한반도는 더 이상 유라시아 대륙의 동쪽 끄트머리에 매달린 반도가 아니라 유라시아 대륙을 발판으로 삼고 드넓은 태평양의 해원을 향해 힘차게 솟구치는 모습"이라며 "한반도를 미래로 가는 교두보, 동북아의 물류 중심지로 발전시켜야 한다는 각오를 떠올린다"고 말했다. 그는 "바다에서 오래 생활하다 보니 수많은 별은 위아래가 없는데, 지도는 왜 위아래가 정해져 있을까 하는 발상에서 이런 생각을 하게 됐다"고 말했다

김 회장은 지난 2000년에는 '지도를 거꾸로 보면 한국인의 미래가 보인다'는 제목의 책을 직접 써서 출간하기도 했다. 배곯기만 면해도 행복했던 50년대 말부터 글로벌 전쟁터인 바다에서 희망을 발견하고 뱃사람으로 시작에 식품, 금융업 등으로 그룹을 키워온 그였기에 가능한 일이었다.

김 회장의 다이어리 맨 앞장에 쓰여 있는 문구도 눈을 사로잡는다.

"나는 새해를 시작할 때마다 다이어리 맨 앞장에 도쿠가와 이에야스의 말을 써넣습니다. '인생의 짐은 무거울수록 좋다. 그것에 의해 인생은 성장하니까'라는 문구예요. 청춘 시절, 원양어선에 몸을 싣고 몇 년을 바다 위에 살며 무수히 죽을 고비를 넘겼습니다. 가장 무서운 것 중 하나가 바다에서 듣는 천둥소리였어요. 천둥이

칠 때면 서정주 시인의 〈국화 옆에서〉 중 "한 송이의 국화꽃을 피우기 위해/천둥은 먹구름 속에서/또 그렇게 울었나 보다"를 외곤 했어요. 그러면서 '성취를 하려면 천둥 같은 고난을 이겨야 한다'며 나 자신을 다잡았어요."

독서광으로 유명한 김 회장은 문장가로서도 이름이 높다. 젊은 시절 바다에서 생활하면서 간결하고 생동감 있는 글을 많이 썼다. '바다의 보고', '거센 파도를 헤치고' 등의 글은 초중고교 국어교과서에 실릴 정도였다. 1935년생으로 80대에 들어선 김 회장은 이제는 사무엘 울만samuel ulman의 '청춘'이란 시를 좋아한다고 한다. 바로 이 구절을 말이다. '당신의 기개가 낙관주의 파도를 잡고 있는 한, 그대는 여든 살로도 청춘의 이름으로 죽을 수 있는 희망이 있다'

선진포크로 잘 알려진 축산전문기업 선진의 이범권 대표의 집무실에는 한쪽 벽을 다 채울 정도의 큼지막한 세계지도가 펼쳐져 있다. 어마어마한 성장 가능성을 갖고 있는 중국 시장을 잡고 말겠다는 각오를 세계지도를 보면서 다진다고 한다.

김선권 카페베네 대표는 인터뷰 도중에 자신의 수첩을 보여줬다. 수첩의 한 귀퉁이에는 "사업가가 정도를 잃어버리면 모든 것을 잃어버린다. 끝도 없이 겸손해야 하는 게 내 운명"이라는 금언이 적힌 메모지가 붙어 있었다. 그는 "수시로 수첩을 꺼내 이 금언을 본다"며 "힘들거나 고민이 있을 때 이런 금언이 내게 힘이 된다"고 말했다. 29살이라는 어린 나이에 프랜차이즈 사업에 뛰어들어 성공 가도를 달린 그이지만 남모를 고충을 삭혀야 했던 시간이 적지 않았음을 보여주는 대목이다.

천호식품의 김영식 회장은 좋은 이야기나 글을 접할 때마다 수첩을 꺼낸다. 심지어 방송 촬영 중에도 순간 생각난 아이디어를 메모하다가 NG를 냈을 정도다. 특히 메모 습관은 자연스럽게 일기 쓰기로 이어졌다. 근 30여 년째 꾸준히 일기를 쓰고 있다. 김 회장은 "과거 힘들었던 시절 눈물에 글씨가 번진 일기를 다시 읽으면 초심으로 돌아가게 된다"고 전했다.

"닮고 싶은 것을 가까이 한다"

– 영감을 주는 분신과도 같은 것

김가네 김용만 사장의 집무실에 들어가면 단연 눈을 사로잡는
게 있다. 바로 자수로 만든 호랑이 액자. 특이한 것은 액자 속 호
랑이가 세상을 삼킬 듯이 포효하는 모습이 아니라 입을 꾹 다물고
생각에 잠긴 듯한 분위기를 띠고 있다는 점이다.

"포효하는 호랑이가 일반적이지 않냐"고 묻자 김 회장은 한 손으
로 액자의 오른쪽 아래 귀퉁이를 가리켰다. 거기에는 '호시우보(虎
視牛步)'라는 사자성어가 쓰여 있었다.

그는 "호랑이같이 예리하게 사물을 보고 소같이 우직하고 신중
하게 행동하겠다는 뜻"이라고 말했다. 서두르거나 한눈 팔지 않고
묵묵하게 길을 가되 먹이를 노리는 호랑이의 날카로운 눈빛처럼
주위를 제대로 살피겠다는 설명이 뒤따랐다. 그러고 보니 포효하
는 호랑이는 용맹할지언정 차분하고 냉정하게 세상을 보지는 못
한다는 생각이 들었다.

김 회장은 "무슨 일을 하든지 확실한 전략과 체계적인 준비를 갖춰야 한다"며 "마음만 급해서는 결국 탈이 나고 만다"고 전했다.

제너시스 BBQ 그룹 윤홍근 회장에게 일과 취미의 공통분모는 바로 '닭'이다. 국내 최대 치킨 프랜차이즈 업체인 서울 문정동 BBQ 그룹 사옥, 그의 집무실 한켠에는 이름표를 단 모형들이 빼곡히 진열돼 있다. 치킨 프랜차이즈 업체의 CEO답게 윤 회장의 취미는 세계 각국의 닭 모형을 수집하는 것이다.

서울 문정동 본사 사옥에는 그가 모은 닭 모형 1,800여 개가 전시돼 있다. 모형에는 모두 이름표가 달려 있고, 번호도 매겨져 있다. 또 구입 시기와 국가, 금액 등에 대한 정보도 일목요연하게 정리돼 있다. 모형 재질도 목각부터 도자기, 유리, 금에 이르기까지 수십 종이다. 손톱만 한 크리스탈 모형이 있는가 하면 성인 상반신 크기의 도자기 모형도 있다.

수집광인 사람들은 집중력과 인내심이 남다를 수밖에 없다.

그는 "처음 치킨 사업을 시작할 때는 그냥 닭이 좋아서 모았는데 어느 순간 속도가 붙었다"며 "사업과 함께 평생 같이 할 수 있는 취미여서 더욱 좋았다"고 말했다.

전 세계적으로 희귀한 닭 모형들도 즐비하다. 이 모형들은 사업 방향에 영감을 주기도 한다.

"모은 닭 모형 가운데 단 한 개도 똑같은 것이 없어요. 변화무쌍한 닭 모형처럼 본질을 지키며 순발력을 발휘하는 경영이 중요하다고 생각합니다. 특히 남미의 닭 모형은 화려한 색채가 돋보이며,

유럽 모형은 특징만 잡아준 간결한 디자인이 인상적인데요. 수집품을 볼 때마다 BBQ 해외 사업도 각국 특성을 살려 차별화해야 한다는 생각이 듭니다."

서경배 아모레퍼시픽 사장의 보물 1호는 아버지의 여권이다.

할머니는 동백기름을 만들어 장에 내다 팔았다고 한다. 어려서부터 할머니를 돕던 아버지는 화장품 제조와 사업 노하우를 밑천 삼아 회사를 세웠다. 부엌에서 기름을 짜던 할머니의 가내수공업은 그렇게 번듯한 기업으로 성장했다. 이 집 둘째 아들로 태어난 서 대표는 30대 중반에 아버지가 일군 회사태평양, 옛 아모레퍼시픽의 사장으로 취임했다. 업계에선 이르다 했지만 그는 기업을 맡아 아버지의 터전을 크게 넓혀 놓았다.

"힘든 순간이면 '아버지는 어떻게 했을까' 자문해 봅니다. 그럴 때마다 아버지의 여권을 꺼내서 보는데요. 30대 때 이리저리 뛰어다니며 고생하시던 모습을 떠올리면 이상하게 문제의 해답이 나오곤 합니다. 아버지 여권을 보면 1960년대 프랑스에 가려고 프로펠러 비행기로 6개국을 거친 흔적이 남아 있어요. 그런 조건에서도 사업을 시작하셨는데, 이 정도는 이겨내야 된다는 각오가 생긴다고나 할까요."

여담이지만, 부자 관계에 관한 얘기가 나와 갑자기 생각이 나서 언급한다.

우리은행 최고 프라이빗뱅커PB 중 하나로 꼽히는 박승안 투체어스 강남 센터장에게 들은 얘기다. 부자들과 일반인들의 가장 큰 차이점 가운데 하나는 바로 교육 방식이라고 한다.

"TV 프로그램 등에서 보면 부자들이 자녀들을 매일 등하고 때 리무진 같은 비싼 차로 태워주고 하는 걸로 묘사되는데요. 실제는 절대 그렇지 않습니다. 부자들은 자녀들을 엄청 고생시킵니다. 왜 그럴까요? 집안의 많은 재산을 지키려면 강하게 커야 한다는 생각이 박혀 있기 때문입니다. 돈을 지키려면 월급쟁이 마인드로는 절대 안 되는 만큼 혹독한 수련을 시킵니다. 절대 과소비나 편한 생활을 하지 못하게 하죠. 하나 더 말씀 드리면, 부자들은 '똥폼'을 잡지 않아요. 돈을 쓸 때는 항상 투자냐 소비냐를 생각합니다. BMW 등 외제차를 타는 이유는 돈이 많아서가 아니라 투자로 보기 때문입니다. 외제차가 안전하잖아요. 비행기 일등석도 여행을 즐기기 위해서라는 목표가 분명하면 투자 관점으로 이용합니다. 하지만 그게 소비라고 판단되면 절대 돈을 낭비하지 않아요. 차 구매도 투자가 아니라 소비라고 여기면 평범한 차를 삽니다. 부자 중에는 사무실이 굉장히 검소한 분들이 많은데, 책상이 럭셔리하지 않아도 일하는 데 지장이 없기 때문입니다. 소비에 불과하면 결코 지갑을 열지 않습니다."

김재철 동원그룹 회장은 아들인 김남구 한국투자금융 부회장의 경영 수업을 혹독하게 시킨 것으로 유명하다. 김 부회장은 대학 4학년 때 북태평양 명태잡이 원양어선에 올라 하루 18시간씩 중노동을 하며 4개월을 보냈다. "원양어업으로 큰 그룹을 이끌려면 원양어업도 직접 해봐야 한다"는 김 회장의 뜻에 따른 것이었다.

다각도로 사안을 바라본다

자기 중심의 관점에서 벗어난다

"다각도로 사안을 바라본다"
-생각하는 훈련을 한다

윤용로 전 외환은행장은 작지만 야무진 사람이다. 행정고시에 수석 합격해 차관급 공무원금융감독위원회 부위원장까지 지낸 뒤 국책은행인 기업은행장과 외환은행장으로 일했다. 줄거리만 보면 승승장구의 전형과 같은 궤적을 달려왔다. 하지만 그 자신은 '한 번도 목표했던 적이 없는 일들'이라고 말한다. 그는 "세상 사는 일 별거 없다는 생각으로 주어진 일에 최선을 다한 게 비결이라면 비결"이라며 "일단 기를 쓰고 달리기만 했다"고 말했다.

겉으로 보이는 것과 달리 그의 시작은 순탄치 않았다. 공부는 잘했지만, 중, 고교는 물론 대학입시에서도 연거푸 물을 먹었고 재무관료로서도 오랜 시간 변방을 돌았다. 하지만 그는 낙천적 마음을 잃지 않으려 애썼다고 한다.

"사람이 살다 보면 올라갈 때도 있고 내려갈 때도 있죠. 올라간다고 해서 과도하게 들떠도 안 되지만, 내려갈 때도 너무 힘들어

할 필요는 없어요. 오히려 마음을 더 편하게 먹으면 됩니다. 다시 올라갈 일이 생기니까요."

윤 전 행장은 오동 잎이 떨어지는 상황을 빗대면서 미래를 준비해야 한다고 조언했다.

"오동 잎이 떨어지면 겨울이 온다는 신호인데 이때 3가지 부류의 사람이 있어요. 우선 오동 잎이 떨어지는 것조차 모르는 사람이 있습니다. 두 번째는 '오동 잎이 떨어지네'라고만 인식하는 사람이 있죠. 마지막으로는 '오동 잎이 떨어지니 겨울을 준비해야겠다'고 생각하는 사람이 있습니다. 세상이 어떻게 돌아가는지 미리 대비하는 것이 중요합니다. 신문을 보면서 왜 그런 일이 있는지 생각하는 훈련을 하는 것도 좋아요. 그냥 따라 읽는 게 아니라 능동적으로 맥락을 따지며 추론하고 유추하는 거죠."

그와 점심을 먹으며 은행의 미래에 대해 얘기를 나눈 적이 있다. 미래에 은행의 점포가 정말로 많이 줄어들지에 대해 의견을 나눴다. 인터넷 뱅킹에 이어 스마트 뱅킹이 확산일로에 있고 여기에 맞춰 은행들도 무인 점포 성격의 스마트 브랜치니 하는 것들에 집중적인 투자를 하고 있다. 그런 만큼 직원들이 많이 근무하는 오프라인 점포가 크게 줄 것이란 게 일반적인 관측이다.

하지만 그는 좀 다르게 봤다. "누가 그것을 알겠냐"며 "예측보다는 비즈니스 현실에 따라 유연하게 대처하는 게 더 중요하다"고 말했다. 그는 미래에도 오프라인 지점이 여전히 많을 것이라는 논리를 폈다.

"노인들은 스마트 뱅킹에 서툰 게 일반적이고, 그래서 고령화 시대에는 노인들을 위해 직원들이 배치된 지점이 여전히 필요합니다. 더구나 정에 목마른 시대입니다. 젊은 사람마저도 그렇지요. 은행들은 이들을 잡기 위해 점포를 줄이지 않을 가능성이 커요. 아무래도 사람 하나 없는 점포에 덩그러니 놓인 자동화 서비스 기기에서 살 냄새를 느끼긴 어렵잖아요."

오프라인 지점의 광고 효과나 점포를 폐쇄할 경우 일반인들이 조건반사적으로 내리는 판단 때문에 점포를 줄이기 어렵다는 견해도 내놓았다. 예를 들어 자기 집 근처에 있던 시중은행 점포가 문을 닫으면 대부분의 사람들은 그 이유를 찬찬히 생각해 보기보다는 곧바로 "이 은행 요즘 어려운가 보네"하며 지레짐작해 버린다. 이 때문에 은행들은 점포 문을 쉽게 닫질 못한다. 고객과의 만남을 통해 새로운 상품의 가입을 늘릴 수 있다는 점도 오프라인 점포가 건재할 수 있는 요인으로 꼽힌다. 예금하러 온 고객에게 방카슈랑스(보험) 상품을 판매할 수도 있고 연금 상품을 권할 수도 있다. 그 가능성을 높이려면 직원이 직접 상품을 세일즈해야 한다. 고객을 만나야 님도 보고 뽕도 따는 일석이조가 가능하다. 당장 비용 절감을 위해 지점을 폐쇄하려는 발상은 다분히 근시안적일 수 있다는 얘기다.

이런 이유를 다 듣고 나니, 오프라인 지점이 줄어드는 게 아니라 현상 유지가 될 가능성이 크지 않을까 하는 생각이 들었다. 하지만 행장은 또 다시 스마트폰을 사례로 들며 우리 인생의 예측 불

가능성을 거론했다.

"우리 삶에 갑자기 등장한 스마트폰을 보세요. 누가 이런 상품이 필요하다고 해서 나온 게 아닙니다. 시장 수요가 발생해서 기업이 만든 제품이 아니란 말입니다. 오히려 스마트폰이 나온 이후 사람의 관심을 끌었고, 더 나가 적극적인 지지를 받은 덕분에 이제는 없어서는 안 되는 제품이 됐어요. 이 점을 안다면 은행의 지점 문제도 뜻하지도 기대하지도 못했던 IT기술 등의 진보로 큰 변화가 생길 수 있음을 보여줍니다. 은행 지점 폐쇄 여부라는 문제가 예측하기 어려운 변수에 의해 결론이 날 가능성을 배제할 수 없습니다. 그래서 중요한 게 유연하게 대응하는 것입니다."

어떤 사안을 다각도로 면밀히 파악하면서도 유연한 대처가 그만큼 중요하다고 말했다.

다각도로 사안을 바라볼 수 있는 능력은 비단 문제 해결을 위한 것만은 아니다. 인생을 그런 식으로 성찰할 줄 아는 사람은 당장의 결과에 연연하지 않는다. 세상 탓, 운 없음 탓, 내가 처한 환경 탓, 남 탓을 하기보다는 좀더 중장기적 관점에서 현실에 몰입하도록 만든다. 그가 자신의 길을 묵묵히 걸어갈 수 있었던 이유도 사안을 입체적으로 볼 줄 아는 사고가 바탕에 깔렸기 때문이라는 생각이 든다. 그는 스피드스케이팅의 간판스타 이상화 선수의 인터뷰를 인용하면서 최선을 다하는 태도를 거듭 강조했다.

"이상화 선수가 첫 번째 세계신기록을 수립한 후 '슬럼프의 극복'에 대해 답한 게 있어요. 그 선수는 슬럼프를 '내면의 꾀병'에 비유하더라고요. 슬럼프라고 핑계대면서 훈련을 회피하고 싶어한다는 거죠. 그런데 이 선수는 그런 경우에도 계속 도전했다고 합니다. 성적이 나빠도 그대로 달리고. 계속 그러다 보면 아주 조금씩 좋아지는 게 느껴졌다고 해요. 세계기록을 보유한 챔피언조차도 끝없는 훈련과 성적 저조의 좌절 속에서 지속적으로 도전해 보다 큰 성과를 이뤄내는 것입니다. 우리도 마찬가지로 계속 열심히 하다 보면 그 결실을 볼 수밖에 없다고 믿습니다."

"자기 중심의 관점에서 벗어난다"

─주인공, 조연, 투자자, 감독 입장에서 생각한다

일본에서 백화점 업계의 신화로 불리는 사례가 이세탄 백화점. 이곳을 들르면 직원이 고객을 응대할 때 받는 진심어린 서비스에 감동하게 되고, 다양한 상품 구색과 세련된 매장에 또 놀란다고 한다. 그런데 이세탄의 고객 중심주의를 잘 보여주는 말이 바로 '오카이바'다.

오카이바란 '매장'을 달리 표현한 말이다. 매장이라고 하면 판매를 우선시하는 뉘앙스가 강하지만 오카이바는 물건을 사는 곳이란 뜻이다. 고객이 주인공이 돼 상품을 고른다는 의미를 갖고 있다. 매장의 주체를 파는 사람에서 사는 사람으로 과감히 바꾼 것이다.

이 말을 사용하기 전에 이세탄 백화점의 직원들은 얼마나 팔렸느냐로 매장을 생각했다. 기업, 공급자 중심이었다. 하지만 실적 부진을 분석해 보니, 이런 생각이 가장 큰 장애 요인이라는 것을 깨닫게 됐다. 고객을 향한 마음의 문을 열지 않은 채 고객이 많이 오기만을 기다렸다는 것이다. 그러다 오카이바라는 고객 중심의 사고를 하기 시작했다.

고객이 주체가 돼야 한다는 생각을 반영하고부터 직원들의 태도도 조금씩 달라졌다. 말로만 떠들던 고객 중심 경영을 다시 한번 염두에 두고 일상을 고객 관점에서 새롭게 바라보게 됐다. 그 결과 이세탄 백화점의 매출도 살아나기 시작했다.

자기 중심의 관점을 극복하면 안 보이던 세상이 보인다. 이제 진정한 발견은 지도상에 없던 것을 찾아내는 것에 국한되지 않는다. 자신이 몰랐던 관점에 대해 인식하고 새롭게 혁신하는 것도 진정한 발견이라 할 수 있다. CEO들은 이를 위해 의도적으로 다른 사람의 관점에서 생각하기 위해 노력했다. 이건희 삼성 회장이 한 편의 영화를 봐도 주인공, 조연, 악연 등 여러 등장 인물의 관점에서 스토리를 조망해 가며 몇 번씩 봤다는 것은 잘 알려진 얘기다. 심지어 시나리오 작가, 감독, 투자자 등의 시각으로 영화를 또 다시 보았다.

김순진 전 놀부 회장은 브랜드 이름을 사람들이 못됐다고 홍보하는 놀부로 정했다. "주위에서 왜 흥부로 정하지 않았냐"고 물으면 "밥을 먹는 사람의 관점에서 보세요. 흥부의 초라한 밥상보다는 놀부의 넉넉하고 풍요로운 밥상이 좋지 않겠어요"라고 답한다. '고객 입장에서 뇌리에 박히는 브랜드의 강렬함을 고려하면 흥부보다는 놀부가 낫다'는 생각도 탁견이 아닐 수 없다.

강철왕 앤드류 카네기Andrew Carnegie가 10세 때의 일이다.

그가 기르던 토끼가 자꾸 번식하자, 먹이가 부족해졌다. 하루는 친구에게 이렇게 약속했다.

"애들아 풀을 뜯어 토끼에게 먹여 주면, 너희 이름을 토끼에게 붙여 줄게."

친구들은 앞다퉈 풀을 뜯어 토끼에게 먹여 주었고, 문제는 쉽게 해결됐다.

카네기가 어른이 돼 미국 피츠버그에 제철 공장을 세웠을 때 그는 거기에다 에드가 톰슨이라는 이름을 붙였다. 당시 에드가 톰슨은 펜실베이니아에 있던 철도회사 사장이었다. 카네기는 피츠버그 제철 공장에서 생산되는 레일을 그 철도회사에 팔려고 그랬던 것이다.

그는 침대 열차 사업을 할 때도 그랬다. 당시 조지 풀먼과 경쟁을 하고 있던 카네기는 풀먼과의 공동 투자를 성사시켰는데, 그 비결도 '아첨'이었다. "새 회사는 뭐라 부를 건가요?"라고 풀먼이 묻자, 카네기는 "그야 물론 풀먼 객차지요"라고 답했다. 풀먼의 표정은 밝아졌고 일은 순조롭게 풀렸다.

박성수 이랜드 회장도 '남 중심적 사고'를 강조한다. 기업의 입장에서가 아니라 고객의 입장에서, 파는 사람의 입장에서가 아니라 사는 사람의 입장에서 경영을 한다는 것이다. 남 중심적 사고를 실천하는 원동력이 바로 '다르게 생각하기'이다. 박 회장이 이대 앞 구멍 가게를 대기업으로 키운 비결은 시작부터 끝까지 '다르게 생

각하기'에 있었다. 박 회장의 가게는 이대 앞 여러 가게와는 다른 상품 구성을 했다

　다른 가게가 통학생들을 위한 옷을 구성한 반면 박회장은 기숙사에 있는 지방 출신 여대생들을 타깃으로 잡았다. 따지고 보면 학교 주변에서 가장 많은 시간을 보내는 이들은 통학생이 아닌 기숙사생들이고 서울 지리에 익숙하지 않아 동대문 등으로 쇼핑하러 다니지 않는 지방 학생들이 더 많은 옷을 소비했다. 박 회장의 전략이 맞아떨어진 것이다. 이처럼 다르게 생각하는 습관을 들이면 업무를 근본적으로 뜯어보게 된다.

3부

사람을
만날 때

1장

고수는
사소한
배려로
마음을
산다

먼저 악수한다

아랫사람의 생일을 챙긴다

"먼저 악수한다"
– 관심을 갖고 거리를 좁힌다

일고수 이명창이라는 말이 있다.

무대 위에서 스포트라이트를 받는 것은 명창, 즉 소리꾼이지만 소리꾼과의 호흡은 물론이요, 관중의 호응까지 살펴야 하는 고수는 그야말로 무대 위의 지휘자다. 특히 북으로 소리의 빈 곳을 메우고 '좋다', '얼씨구', '으이' 같은 추임새를 넣어 소리의 흥과 신명을 살리는 것이 압권이다. 고수가 없다면 판소리의 멋과 재미는 반감될 수밖에 없다.

CEO들은 판소리 무대의 고수와 같은 역할을 하기 위해 힘쓴다. 직원들과 함께 어울리고 그들이 제대로 능력을 발휘할 수 있는 분위기를 만든다. 가령 아쉽게 업적 평가에서 좋은 성적을 받지 못한 이들에게는 남들 앞에서 크게 칭찬해 주고, 나른한 때는 청량음료와 같은 농담으로 식곤증을 떨치게 도와준다. 직원의 이름, 그것도 가장 밑에 있는 직원의 이름을 자주 부른다. 이름을 말하는 것만큼 힘찬 응원은 없다는 사실을 잘 알고 있는 것이다.

김상성 MG새마을금고손해보험 대표는 "조금은 일찍 일터로 나가 먼저 출근한 동료에게 인사하고 커피를 한 잔 타서 권해 보라"고 말한다. 그도 그런 생활을 통해 동료들과의 관계가 더 매끄러워지고, 업무에도 알게 모르게 시너지가 많았다고 한다.

"커피를 손에 받아 든 상대의 표정에서 즐거움을 읽고는 가슴이 벅차오름을 느낄 수 있을 겁니다. 사랑하는 사람에게 안부를 묻듯 먼저 말을 걸고 선의를 표하면 자연스럽게 인맥 관리라는 것도 따라옵니다. 창의적인 생각이라는 것도 조직의 분위기가 좋고 본인 스스로로 즐거워야 가능합니다. 동료들에게 먼저 손을 내밀면 기분이 좋아져 창의적 생각도 많아지고 더 나아가 성공의 로드맵을 그릴 수 있을 겁니다."

그는 "열심히 사랑하다 보면 연애의 최고봉, 결혼이라는 환희를 맛볼 수 있듯, 일도 서로 힘을 합쳐 계획을 세우고 추진하고 점검하며 노력하는 게 중요하다"며 "그러다 보면 직장에서 나의 위치도 확고해지고 결과적으로 많은 이들이 나를 원하게 된다"고 말했다.

뭐든지 능동적인 업무 자세를 갖는 게 중요하다. 주위와 말만 터봐도 새롭고 가슴 떨리는 경험을 할 수 있다. 그런 계기가 생긴다는 뜻이다. 연애 상대를 감동시키는 것은 거창한 게 아니라 사소한 것에서 비롯된다. 조직 내 인간관계도 크게 다르지 않다.

"성공하는 사람은 작은 것 하나도 특별하게 대하며 사소한 것도 놓치지 않는 자세로 큰 가능성을 따내곤 합니다. 단순 호기심에서 시작된 관계가 사랑으로 발전하듯 평소 회사 곳곳에 심어둔 작은 관심과 습관이 나의 앞날과 발전에 큰 도움이 되는 거예요."

송용덕 롯데호텔 대표는 악수로 유명하다. 그는 직원과의 '악수'로 하루 일과를 시작한다. 출근과 함께 직원들 사무실에 들러 악수하면서 "오늘 하루도 열심히 하자"고 격려한다. 악수는 직원과의 거리를 좁히는 송 대표만의 방법으로, 직원들의 사기를 북돋우는 데도 그만이다. 송 대표의 악수 습관은 해외 판촉 과장이던 30여 년 전으로 거슬러 올라간다. 새로 맡은 업무는 낯설었고, 함께 일하게 된 직원들도 서먹했다. 짧은 인사말이라도 주고받으며 얼굴부터 익혀야겠다는 생각에 아침마다 악수를 하기 시작했다. 비록 짧은 시간이지만 서로 손을 잡고 눈을 바라보면서 신뢰를 쌓았다고 한다.

송 대표의 악수는 특히 롯데호텔 모스크바 대표로 일할 당시 현지 직원들과의 거리를 빠르게 좁히는 데 마법과 같은 힘을 발휘했다. 처음엔 먼저 손을 내밀어도 쭈뼛거리기만 하던 직원들은 거듭 악수를 청하자 엷은 미소를 띠며 송 대표의 손을 잡았다. 그는 "말은 잘 통하지 않았지만 CEO가 직원 모두에게 관심을 갖고 있다는 진심을 전하려 애썼다"고 말했다. 러시아인들에게 동양인 CEO가 악수를 청하는 모습은 신선한 충격에 가까웠을 터. 실제 한 직원은 스카이다이빙을 하며 '러시아 1등 롯데호텔'이라고 적은 현수막을 펼쳐 보였을 정도로 달라졌다고 한다. 악수가 벽안의 직원에게 깊은 애사심을 불러일으키는 기폭제가 됐다고 할 만하다.

박인규 대구은행장은 맹호와 같은 인상을 갖고 있다. 처음 만났을 때 그의 인상이 너무 부리부리해 속으로 꽤 놀랐을 정도다.

그는 ROTC 장교 출신으로, 은행원으로 전향한 케이스다.

박 회장은 소대장으로서 거꾸로 놔둬도 흘러간다던 국방부 시계에 아랑곳없이 모든 일에 최선을 다했다. '명예는 상사에게, 영광은 부하에게, 책임은 내가 진다'는 표어를 금지옥엽으로 여겼다고 한다.

"모든 사람이 책임에서 발을 빼기 바쁩니다. 그런 세태 속에서 공은 상사에게 돌리고 책임은 자기가 지겠다고 해 보세요. 상사는 그런 부하를 모른 척할 수 없습니다. 좋아할 수밖에 없어요. 상사된 입장에서 챙겨 줍니다. 그리고 책임은 당연히 나누자고 합니다. 그걸 바래서 그런 것은 아니고요. 그런 마음으로 적극적으로 일했어요."

대대장은 이런 박 소대장을 정말 좋아했다. 당시 구보, 사격 등으로 구성된 소대 체력 훈련을 했는데 통상 1등 소대를 맡은 소대장에게는 고가 점수에서 최상위 등급을 매긴다. 그래서 ROTC 출신이 아닌 육사 출신 소대장이 항상 1등을 가져가는 게 관례였다. 하지만 대대장은 그간의 관례를 깨고 장교 출신인 박 소대장이 이끄는 소대에 1등을 줘 버린다. 박 소대장의 소대원이 점수가 더 높았기 때문이다.

"원칙대로 하되 인정이 있는 사람이 되는 게 중요합니다. 따뜻함을 잃지 말아야 마음을 움직일 수 있어요. 군이라고 해서, 사회라고 해서 다른 게 아닙니다. 육사 출신들은 모든 일을 원칙대로만 해서 주위에서 힘들어하는 경우가 많았어요."

그가 군 장교로 일할 당시 일화다. 소대원 43명 중에는 초등학교만 나온 이도 2명 있었다. 군에 안 와도 되는 조건이었지만, 워낙 국가 정비 시스템이 미비하고 당사자도 못 배우다 보니 어처구니없는 일이 많이 발생하던 때였다.

"그때만 해도 군 생활이 워낙 힘들다 보니 자살하는 소대원이 적지 않았습니다. 당시에는 '어떻게 소대원들을 따뜻하게 해 줄까' 고민했어요. 그래서 메모지 나눠 주면서 '엄마가 니 미역국 끓여 주는 날을 적어서 달라'고 했어요. 호적, 생일이란 말의 뜻도 모르는 애들도 있었거든요. 소대원의 날짜를 다 받아서 날짜별로 다이어리를 만들었습니다. 생일날 저녁에 피엑스에 앉아서 막걸리 한통과 웨하스를 놓고, 생일을 맞은 김 일병에게 오라고 해서 앉혀요. 그리고는 막걸리를 따라주죠. 그러면 어리둥절할 수밖에 없어요. 영문을 모르니. 그런데 생일 축하한다고 하면 깜짝 놀라며 눈물을 흘립니다. 계급이 낮을수록 펑펑 웁니다. '나는 장교로 왔지만 처음에는 힘들었어. 걱정하지마 세월 지나면 다 해결돼. 소대장인 내가 있잖아. 힘들면 얘기해. 한잔 마셔'라고 하면 정말 펑펑 웁니다."

막걸리 한 통의 효과는 무시무시하다고 했다. 당시 맹호 2소대를 맡았었는데, 맹호 2소대하면 정으로 똘똘 뭉쳤다고 대대 내에서도 알아줬다고 말했다.

"정情이 군인하고 안 맞다고요? 맞습니다. 사실 총 들고 죽이는데, 정이 어딨습니까. 그런데 역으로 보면 군대가 그렇기 때문에 평상시에 따뜻하게 대해 줘야 사고가 안 납니다. 온정적으로 하니까 따라 주더라고요. 군대뿐만이 아니에요. 기업의 조직 관리도 일맥상통합니다."

은행에서도 그를 따르는 이가 많다. 박 행장의 남다른 약속 철학 때문이다. 그는 약속 대상의 지위에 목을 매지 않고, 선약을 우선시 한다. 권위주의가 만연했던 당시부터 민주적 사고, 원칙주의적 사고가 몸에 밴 것이다.

"저는 약속도 순서, 즉 선약을 가장 중시했습니다. 제가 차장일 때 상사가 '오늘 저녁에 술 한잔 하자'고 하면 '저, 죄송한데 오늘 김 대리랑 밑에 직원들하고 선약이 있습니다'라고 거절했어요. 상사는 황당해하고, 김대리는 무안해합니다. 그런데 상사에게 '약속을 깨면 밑에 직원이 다섯 명이라 너무 미안합니다. 선배는 한 분 이시니 한 번 봐주세요. 제가 다음에 모실게요'라고 말하면 상사도 '그래라'고 합니다. 그러다 보니 의도한 게 아닌데 인기도 좋아지더라고요."

권점주 전 신한생명 사장은 직원의 마음을 얻는 제1원칙은 바로 가족을 감동시키는 것이라고 말한다. 그는 은행 지점장 시절, 직원 생일이 오면 와인과 케이크를 예쁘게 포장해서 집으로 보냈다고 한다.

"생일 선물에는 댁의 가장이 우리 지점에서 얼마나 보배 같은 사람인지, 얼마나 중요한 일을 하는 사람인지를 적은 정성 가득한 편지를 꼭 넣었어요. 다음날이 되면 직원들의 표정이 달라집니다. 편지를 본 부인이 얼마나 떠받들어 줬겠어요. 저절로 업무에 최선을 다하게 됩니다."

그가 특별한 날에 직원들의 선물을 챙겨줄 때도 배분 원칙이 있다. 가장 먼저 청소하는 아주머니, 청경, 식당 아주머니부터 챙긴다. 그 다음 제일 밑에서 고생하는 직원들과 특별히 보상이 필요한 직원을 살핀다.

"용역직 사원을 가족처럼 챙기면 반드시 그 이상을 돌려줍니다. 지점을 찾는 고객을 직원처럼 친절하게 안내하고 어디 고장 나거나 뜯어진 데가 있으면 누가 말하지 않아도 먼저 나서서 못질을 하고 깔끔하게 수리를 해놓습니다. 평소 소외되기 쉬운 사람들을 더 위하면 그만큼 더 고마워하게 됩니다."

윗사람에게는 누구나 잘한다. 진짜 인품은 자기보다 밑에 있는 사람을 공정하게 대우하고 그들을 위해주는 판단과 결정을 할 수 있느냐에 달렸다. 업무적으로는 완벽을 꾀하더라도 인간적으로는 고민을 함께 할 수 있고 따뜻한 조언을 해줄 수 있는 사람이 리더로 성장하게 된다.

2장

고수는
자신을
위한
시간을
마련한다

쉴 때는 완전히 쉰다

시간과 월급의 30퍼센트를 남긴다

휴대 전화를 끄지 않는다

1등이 아닌 1호가 된다

"쉴 때는 완전히 쉰다"

-재충전의 시간을 확보한다

인디언들은 말을 타고 빠르게 초원을 달리다가도 중간에 잠시 말을 멈추고 뒤를 돌아본다고 한다. 너무 서둘러서 혹시 내 영혼이 미처 따라오지 못하고 있지 않은지, 함께 달리던 동료가 뒤처지지는 않았는지 확인하기 위해서다.

사업을 하든, 직장에 다니든 돈을 벌어들이고 성취하는 능력이나 수완과는 별개로 모든 사람이 갖고 있는 개성적이며 본질적인 것, 가령 자신이 갖고 있는 성향이나 자질, 인생관이나 가치관 등에 대한 지속적인 관리가 필요하다. 그러려면 조직에만 매여서는 안 된다. 조직과 일정 거리를 유지하며 순수한 한 개인으로서의 시간을 확보할 수 있어야 한다.

미국 대통령으로서 바쁜 일정을 소화하고 있는 버락 오바마가 어떻게든 짬을 내 농구를 즐기는 것은 바로 그가 농구를 통해 자신과 소통의 시간을 마련할 수 있기 때문이다. 농구를 통해 자신의 삶을 위로하고 내면을 치유하며 더 나은 미래를 만들기 위한 전열을 가다듬는 것이다. 이는 칸트가 매일 산책을 통해 자신의 생각을 숙성시키는 것에 비견된다.

특히 고도화, 저성장 사회로 갈수록 우리 인생에서 균형과 안배는 더욱 중요한 문제가 될 수밖에 없다. 바로 일과 자아, 가족 사이에서 황금분할을 찾아야 한다.

저성장 사회는 부富로 향했던 안테나를 삶에 대한 여유로 옮겨야 하는 시대를 의미한다. 이는 사촌이 땅을 사서 배가 아프고, 상대방과 비교하면서 박탈감 혹은 쾌감을 느끼는 개발 시대 사고 관념을 벗어야 한다는 뜻과 상통한다. 총체적으로 보면, 시간을 스스로 안배하는 능력, 어떤 하나의 잣대로 인생의 성공 여부를 재단하는 게 아니라 스스로의 삶에 의미를 부여할 줄 아는 능력이 중요해진다. 또 복잡하고 소외감이 큰 시대인 만큼 앞으로는 남들과의 소통, 그리고 자신과의 대화가 더 절실해진다.

CEO들 중에는 젊은 시절부터 전체 시간의 20~30퍼센트는 자신을 위해 썼다는 사람이 많다. 업무도 물론 자신을 위한 것이지만, 취미생활이나 휴식 등을 통해 패턴화된 일상에서 물러나 생활을 둘러보고 또 에너지를 충전하는 습관이 있었다는 뜻이다.

한동우 신한금융지주 회장은 퇴근 후에는 최대한 회사 일을 생각하지 않는다. 의도적으로 업무 스위치를 끈다. 이런 습관을 갖게 된 것은 너무 업무에 몰두하다 보니 자신의 고유한 생체 리듬을 잃게 되고 결국 업무 효율성마저 떨어뜨리게 된다는 점을 체득했기 때문이다. 특히 휴식을 가져야 다른 관점을 수혈할 수 있어 창의력도 생긴다는 게 그의 지론이다.

"일을 잠시 잊는 동안에는 다양한 분야의 책을 읽고 가벼운 운동을 하며 스트레스를 해소하고 정서적인 안정을 꾀합니다. 이렇게 업무와 분리된 시간을 가진 후에 다시 일을 접하게 되면 중요한 의사결정이나 어려운 문제에 대해 새로운 아이디어가 잘 떠올라요. 생각지 못했던 시각도 생기고요."

조직 혁신가로 이름이 높은 박성칠 동원F&B 대표도 저녁 7시 이후 칼퇴근을 장려한다. 그 역시도 별 일이 없으면 집으로 가 재충전의 시간을 확보하는 삶을 살아왔다. 눈치보지 말고 자유롭게 일하고, 자기 계발도 해야 조직도 발전할 수 있다는 것을 일찍부터 깨달았다.

"호떡집에 불 난 것처럼 해서는 창의적인 무언가를 만들 수 없어요. 충분히 자기 시간을 갖고 여유를 느껴야 그런 것도 가능해집니다."

박 대표가 '뭐든지 빨라야 이긴다'는 '속도' 신봉자라는 점을 알고 있다면 그의 이런 조언이 색다르게 들린다. 미루지 않는 과단성 있는 업무 처리를 위해서라도 휴식이 필요하다는 뜻이리라. 박 대표는 "등산을 즐기고, 특히 새벽마다 한 시간 정도 단전호흡을 한다"며 "잡념을 버리면 창의력이 배가되는 경험을 많이 했다"고 말했다.

"시간과 월급의 30퍼센트를 남긴다"

—자기 계발은 조직 계발로 이어진다

자기 계발 전문가인 고 구본형씨는 직장에서 일할 때 하루 두 시간은 절대로 양보할 수 없는 시간으로 떼어 두었다고 한다. 투자가 없으면 미래도 없다고 생각하고 시대에 뒤떨어지지 않기 위해, 스스로 끊임없이 진화하기 위해 자신의 미래에 투자했던 것이다.

구 씨는 돈을 모으기 위해서는 일단 저축부터 하고 소비해야 하듯, 시간도 마찬가지 식으로 관리해야 한다고 말한다. 예컨대 '자기 계발 계좌'로 두 시간을 자동이체를 해놓고 나머지 22시간으로 생활하는 식이다. 구 씨의 경우 어떤 식으로든 '하루 두 시간을 자기 계발을 위해 사용하겠다'는 자기와의 약속을 혹독하리만큼 지켜 나갔다. 그랬기 때문인지 그는 습관이 단순히 의지의 문제만은 아니라고 본다. 끊임없는 반복을 통해 얻게 되는 노력의 결과이기도 하다는 것이다. 일종의 근육 키우기와 흡사하다고 할 수 있다. 하나의 목표를 달성할 때까지 끈기 있게 밀고 나가야 하고, 집중해야 한다. 그러면 점점 이런 것들이 습관이 되고, 습관이 되면 의지력이 작용할 여지가 줄어든다. 구 씨가 말한 것처럼 오랫동안 하나의 일에 집중하다 보면 그 분야의 문리를 터득하게 된다. 그건 마치 눈꺼풀이 하나 벗겨지면서 전에는 보지 못했던 것을 보는 것과 같다. 차원이 달라지면서 뭘 알게 되는 것이다.

정통 재무관료 출신으로 손해보험협회장을 거친 문재우 법무법인 율촌 고문. 그는 업무적으로는 여느 CEO와 마찬가지로 꼼꼼하고 완벽을 추구하지만 일 외적으로는 스스럼없이 직원들과 어울리는 스타일이다. 그가 손보협회장으로 일할 당시에는 협회 내 글 쓰는 동아리인 '보글보글'의 멤버로 참여하기도 했다. 이 때문인지, 문 고문은 평소 '30퍼센트의 여유'에 대해 자주 말한다.

"자신의 업무에 100퍼센트 투자하는 것보다 30퍼센트 정도는 업무 외적인 일을 하는 게 낫습니다. 시간에 쫓길수록 여백의 삶이 중요하다고 할까요. 그런 여유가 있어야 외부에서 자신의 일을 바라보고 개선할 점을 찾을 수 있습니다. 저는 그래서 시간의 30퍼센트 정도는 주변을 위해 봉사도 하고 기부도 하고 자기 계발을 하는 데 쓰라고 권유합니다. 그래야 자신도 보람을 느껴 성숙한 삶을 살 수 있다고 봐요."

문 고문은 보람 있는 삶을 추구하라고 강조한다.

"오직 돈을 벌겠다는 목표, 높은 자리에 오르고 말겠다는 목표는 항상 갈증을 낳아요. 목표를 달성해도 더 목마른 삶이 되기 쉽습니다. 물질, 권력 같은 것들은 궁극적 목표가 될 수 없습니다. 해내면 내 자신이 뿌듯한 것, 그래서 내가 기쁘고 덩달아 남들의 시선도 달라지는 것, 그런 것을 목표로 삼으라고 말해 줍니다. 그런 인생이 보람차기 때문이에요."

오화경 아주저축은행 대표도 '30퍼센트' 철학을 강조한다. 월급의 30퍼센트는 자기 계발 및 주변 사람들에게 투자하라는 얘기다.

"금융회사도 결국은 사람과 사람 사이의 관계로 이뤄진 조직입니다. 직원들과 마음이 통하고 신뢰를 쌓아야 조직도 제대로 된 방향으로 흘러갑니다. 제 아무리 뛰어난 능력이 있어도 독불장군이라면 조직에서는 성공할 수 없어요. 직장 동료와 고객을 살뜰히 돌볼 줄 아는 따뜻한 마음가짐이 가장 중요한 리더의 자질이라고 생각합니다."

최인호의 소설 〈상도〉에는 '계영배戒盈杯'가 나온다. 계영배는 잔에 술이 7할 이상 차면 모두 밑으로 흘러내리게 만든 술잔이다. 한마디로 가득참을 경계한다. 자신의 일에 몰두하는 것은 좋은 일이다. 하지만 여기에 자신의 모든 것을 거는 것은 위험하다. 주위를 둘러보고 자신의 시간을 갖는 것은 이보 진전을 위한 일보 후퇴라는 점을 알아야 한다.

윤동한 한국콜마 회장이 주도적으로 만든 경영자 독서 모임인 계영회는 경영 관련 서적만을 읽지는 않는다. 역사, 철학, 문학, 과학, 오락 등 다양한 분야를 접한다. 경영인이 좋은 경영을 하기 위해서도 메마르고 딱딱해지기 쉬운 경영학만 봐서는 안 된다. 같은 맥락에서 자기 자신을 위해 쓰는 시간이란 근본적으로 조직을 위한 것이고, 자기 계발은 근원적으로 조직 계발을 의미한다.

"휴대 전화를 끄지 않는다"

-관계망을 항상 열어 둔다

　진정한 행운은 어떻게 오는 것일까. 성공한 CEO들은 콜럼버스가 아메리카 대륙을 발견하는 방식처럼 온다고 말한다. 콜럼버스의 항해는 애초의 목표 달성이라는 관점에서 엄밀히 보면 실패였다. 인도를 향해 가는 것이 항해의 목표였기 때문이다. 그러나 그의 여정은 그 이상의 것을 얻었다. 아메리카 대륙을 발견하는 행운을 거머쥐었기 때문이다.

　이런 성공은 콜럼버스가 행동력이 있는 실천가 타입이었기에 가능했다. 행동을 하기 앞서 너무 재거나 완벽을 추구하다 보면 비즈니스 타이밍을 놓치거나 영영 시도조차 못하는 수가 많다. 우리는 흔히 처녀작부터 높은 인기를 누리며 화려한 스타덤에 오르길 꿈꾸는 경향이 있다. 하지만 현실은 그렇지 않다. 결점이 적지 않은 작품부터 시작해 배우면서 노하우를 축적해 나가고, 그 초라한 시작을 계기로 잔가지를 뻗어가야 한다. 그런 과정의 연속, 그러니까 이전 커리어가 또 다른 작은 기회를 잡는 도화선으로 작용하고 시행착오를 거듭한 끝에 많은 이들이 공감하는 작품을 내놓게 되는 것이다.

인생에서 성공은 대개 그런 식으로 찾아 온다. 일을 시작하기 앞서 계획은 분명 필요하지만, 계획의 여백을 남겨 둬야 하는 이유다. 어떤 사안에 작용하는 모든 변수를 고려할 수 없는 것이 현실이라면 조금 미진해도 일단 닻을 올려야 한다. 그러면서 시시각각 변하는 바람이나 파도의 방향에 맞춰 배를 조정해야 한다.

실제로 비즈니스와 우리 인생에서도 이런 전략은 유효하다. 이전 계획에 모든 것을 다 거는 경영은 100퍼센트 나락으로 빠진다. 이런 몰빵 경영은 뜻밖의 암초를 만나면 이를 극복하기 위한 전략을 짜낼 수 있는 여지를 없애버리기 때문이다.

하버드대 클레이튼 크리스텐슨Clayton M. Christensen 교수도 벤처 기업의 흥망성쇠 분석을 통해 처음부터 올바른 계획을 세워 두는 것은 여력을 남겨 두는 것, 즉 후원자나 투자자와의 원만한 관계를 유지하는 것보다 중요하지 않다고 했다.

대체로 창업 기업들은 두 번째 세 번째 시도를 한 후에나 정상 궤도에 올라서기 때문이라는 것. 그래서 새로운 전략을 시작하기도 전에 열정이나 여력이 바닥난 기업들은 실패를 벗어날 수 없다고 했다. 현실에 매진하면서도 난관에 봉착했을 때 다양한 가능성을 열어 놓고 궤도를 수정할 수 있는 유연성과 개방성이 중요하다는 얘기다.

완벽주의자에게는 어떤 목표를 달성하기 위한 과정에서 열정적 우연의 소산인 세렌디피티가 나타나도, 이를 활용할 육체적 정신적 여력이 없을 가능성이 크다는 교훈을 얻게 된다.

한 벤처기업 CEO도 이와 비슷한 취지의 말을 했다.

"여유가 있어야 합니다. 업무에 열중하더라도 빈 곳이 있어야 되요. 비즈니스의 새로운 기회는 뜻하지 않았던 곳에서 만들어지는 경우가 제법 있거든요. 가령 누군가가 갑자기 중요한 일이 생겼다고 합석을 요구하거나, 중요 회의에 빠질 수 밖에 없는 누군가를 대신에 참석해 달라는 요구를 받거나, 중요한 사업 기회가 생겼는데 관심 있느냐는 전화를 받을 수 도 있습니다."

그래서 그는 전화기를 끄지 않는다. 관계가 만들어지는 망을 항시 열어 둔다는 뜻이다. 특히 일정상에 조금의 여유를 만들어 돌발적인 변수가 끼어들 때 거기에 융통성 있게 대응할 수 있도록 해 놓는다. 그의 얘기를 더 들어 보자.

"대강 넘기고 싶은 귀찮은 일이나 지금 당장 필요할 것 같아 보이지 않는 일들이 생길 때면, '지금 이 일에서 배운 것이 언제 또 유용하게 날 도와줄지 모르잖아'라는 생각을 합니다. 그렇게 생각하면 마음이 편하기도 하고요. 실제로 생각지도 않은 만남과 일에서 도움을 받을 때가 적잖이 있습니다. 생각해 보세요. 어떤 특정 일이 벌어지기 전과 후는 너무나 다른 경우가 많습니다. 그래서 예단하기 보다는 자신의 입장에서 최선을 다해서 임하려는 태도가 중요하다고 생각합니다."

CEO들은 직원들에게 수시로 전화를 한다. 새벽이고 아침이고 지시사항이 있으면 가리지 않는다. 생각이 나면 바로 지시해서 깜빡 잊고 지나치는 위험을 던다. 그만큼 업무에 몰입하고 있다는 의미이지만, 한편으로 이는 CEO들의 스타일이기도 하다. 지시를 하는 입장이 아니라 일반 커뮤니케이션에서도 즉각적으로 처리하는 게 몸에 배 있다. 바로 판단을 내려 버릴 것과 취할 것을 구분한다. 선택과 집중에 강하고, 앞서서 선택할 수 있는 여지를 최대한 늘려 놓기 위해 모든 것에 개방적으로 임한다.

"1등이 아닌 1호가 된다"

– 자신의 희소성을 개발한다

필자는 책을 꽤 썼다. 졸저라 부끄럽지만 해외에 출판한 것까지 치면 여덟 권이다. 이번 책까지 치면 아홉 권째다. 평소 시간을 낭비하지 않기 위해 애쓰는 편인데, 그런 것들이 집필을 하는 데 큰 도움을 줬다. 그런데 개인적으로 마케팅에는 젬병이다. 많은 이들이 사 봤으면 하는 마음이 있어도 이를 표현하기는 어려워한다. '좋은 책이면 독자가 알아서 사 보겠지'라는 바람만 있다. 한번은 필자와 꽤 오랜 시간 알고 지냈던 모 기업 CEO가 필자가 책을 낸 사실을 지인을 통해 우연히 알게 된 모양이다. 그는 대뜸 전화를 해서는 "왜 알리지 않았느냐"고 나에게 물었다. 필자로서는 난감했다. "뭐 대단한 일도 아니고, 팬스레 떠벌리기도 뭣해서 그랬다"고 얼버무렸는데, 그 CEO는 필자에게 이렇게 타박하듯 말했다.

"다 자기 브랜딩 작업입니다. 적극적으로 알리세요. 남이 알에서 봐줄 거라는 생각은 착각입니다. 본인이 안 알리면 알 길이 없어요. 책을 쓰는 데 공을 들인 만큼은 할 수 없겠지만, 적어도 자기가 할 수 있는 선에서 최선을 다해 봐야죠."

CEO들은 기본적으로 자기 마케팅에 뛰어나다. 부끄러움 같은 것은 자신의 일에 대한 열정과 의지, 사명감 같은 것으로 떨쳐버린 듯하다.

화장지로 유명한 모나리자의 김광호 회장은 과거 대기업에서 근무하던 시절, 자신을 해외 바이어들에게 각인시키기 위해 와이셔츠 왼쪽 소매 끝에 'David KIM'이라는 이름 이니셜을 박아서 다녔다. 그를 한번 본 사람은 좀체 그를 잊지 않았을 만큼 효과가 탁월했다고 한다. 지금도 그의 와이셔츠에는 'David KIM'이 새겨져 있다. 조직 안에서 자신만의 존재감을 뽐내기 위해서는 결국 자신만이 가능한 포지셔닝을 설정해 자신의 필살기를 예리하게 다듬을 수 있어야 한다. 남들이 보기에 당신만이 갖고 있다고 인정하는 장점을 살려 나가야 한다는 뜻이다. 더욱더 특별하게, 또 더욱더 세밀하게, 그리고 더욱더 전문적으로 좁은 문을 찾아 들어가야 승산이 있다.

조현정 비트컴퓨터 대표는 자신의 기술에 대한 자신감이 있으면 자신을 알리기 위해 적극적으로 나설 수 있다고 말한다.

"성공하려면 발상의 전환과 과감한 도전만으로는 부족해요. 해당 분야에서 최고가 돼야 합니다. 강조하고 싶은 것은 남들이 하지 않는 길을 가는 게 좋습니다. 경쟁이 덜한 분야이기 때문에 성공 가능성도 그만큼 크기 때문이지요. 비트컴퓨터는 벤처 1호,

SW업체 1호, 의료정보기업 1호, 테헤란밸리 입주 1호, SW업체 병력특례 1호 등의 타이틀을 갖고 있는데, 1등은 바뀌지만 1호라는 기록은 변하지 않습니다. 1호는 곧 가장 창조적인 행위의 결과물이라고 생각해요. 저는 가정 형편 때문에 중학교도 마치지 못하고 서울 충무로에서 전파사 기술자 생활을 했지만, 기술력만큼은 누구한테도 지지 않을 자신이 있었어요. 그래서 겸손 떤다며 주저하지 않고 나의 좋은 기술을 적극 활용해 달라고 떠들 수 있었습니다."

그가 인하대 재학 시절 일이다. 1학년 때 군에 갔다가 귀가 아파 귀가 조치를 받았다. 그러고 나니 갑자기 할 일이 없어졌다. 학교를 찾아가 자주 시간이 틀리던 교탑 시계를 고쳐 보겠다고 제안해 아날로그 시계를 디지털 회로로 바꿔 고쳐 놨다. 그러자 이번에는 대학에서 먼저 방사능 측정기의 수리를 의뢰했다. 몇 년째 고장나 방치돼 있던 것이었다. 처음에는 굉장히 어려운 작업처럼 보였다. 하지만 회로를 하나씩 들여다보니 의외로 간단한 고장이었다. 콘덴서 하나가 문제였다. 갈아 끼운 콘덴서 값은 단돈 100원. 학교에서 난리가 났다. 당장 그에게 교수 방보다 더 큰 별도의 방이 제공됐다. 이후에도 학교의 모든 제품 수리를 도맡았다. 그 결과 그는 학교에서 연간 450만 원의 돈을 받았다. 당시 등록금이 학기당 60만 원 할 때였다.

자신의 희소성을 계발한다는 것은 싸워서 이기는 것이 아니라 이긴 후에 싸워야 한다는 승리의 기술을 실천하는 행위다. 나에게 절대적으로 유리한 규칙이 적용될 수 있는 곳을 찾아 공력을 키워야 한다. 어떤 일을 하든지 자신을 똑바로 응시하는 것이 우선이다. 무엇보다 자신의 본바탕을 제대로 인지하고 있다면, 누군가의 강요나 의무에 따른 것이 아닌 내적인 만족이나 필요에 의해 자신을 움직이게 만드는 분야를 수월하게 찾을 수 있다. 거기에서 승부를 봐야 한다. 그렇게 되면 더 노력하게 되고 자신을 알리는 데도 더 적극적인 사람이 될 수 있다.

상사의 입장에서 본다

스스로를 브랜드화한다

"상사의 입장에서 본다"

-총체적이고 거시적인 안목을 기른다

연극 연출가 오태석씨는 업계에서 가장 영향력 있는 실력파로 꼽히는 인물이다. 특히 그는 연극 연습 때 두터운 메모지를 들고 배우들의 일거수일투족을 꼼꼼히 체크하는 것으로 유명하다. 대부분의 사람들은 오씨의 명성 때문에 그가 한두 마디의 촌철살인과 같은 지적을 할 것이라 지레짐작을 하지만, 이는 틀린 예측이다.

그는 연극 배우의 호흡, 발성, 시선 처리, 무대 장치 등 어느 하나 가벼이 여기지 않고 일일이 메모해 이를 알려준다. 눈에 띄는 대목은 오씨의 날카로운 지적 사항을 듣는 배우들의 태도다.

단역을 맡은 조연들은 대개 자신의 지적 사항에만 주의를 기울이다 이내 딴청을 피우지만, 주연 배우들은 남의 지적 사항도 하나하나 메모하는 경향이 뚜렷하다고 한다. 이런 생활의 작은 태도, 습관 하나가 중요한 시기에 승부를 가르는 관건이 되는 것이다.

한 중견기업 CEO의 얘기다.

"조직 내 부장이라면 부원을 위하는 마음이 최고로 크면 좋을까요. 그건 아닙니다. 잘못하면 큰일 납니다. 부원과 부서만 잘 되면 됐다고 생각할 것이기 때문이죠. 부장이라면 회사 전체를 고민하고 그 안에서 부서와 부원을 고민해야 합니다."

그럼 사장은 어떨까. 사장은 산업 전체 속에서 회사를 보고 회사의 앞날을 고민해야 한다. 어떤 분야라도 경쟁사 가운데 글로벌 업체가 많은 만큼 이제는 글로벌한 관점에서 기업을 바라봐야 한다. 리더가 되려면 자기가 있는, 혹은 지향하는 자리보다 한 단계 높은 수위에서 고민하고 문제를 직시할 줄 알아야 한다. CEO들은 어린 시절부터 그런 관점에 충실해 온 부류다. 그러다 보니 남들보다 빨리 성장의 기회를 잡을 수 있었다.

일류 감독일수록 선수의 사생활까지 감독한다. 음주, 흡연은 기본이고, 심지어 옷매무새, 외모, 여자 관계 등에까지 훈수를 둔다. 선수의 경기력에 영향을 주는 모든 것에 관심을 기울인다. 그런 시시콜콜한 것들이 경기력에 연결 고리를 형성할 수 있음을 알기 때문이다.

박인규 대구은행장은 "현재 직급보다 한 단계 위의 입장에서 업무를 처리하기 위해 노력해 왔다"며 "자신이 대리일 때는 내가 과장이라면, 내가 과장일 때는 만약 내가 차장이라면 이런 식으로 생각하면서 일을 해 나가다 보면 상사 입장에서는 일 처리가 유기적으로 사려 깊다는 느낌을 갖지 않겠느냐"고 말했다. 한 식품 대기업 CEO는 "조직에서 위로 올라갈수록 자신의 속한 부서의 범위가 갈수록 넓어진다"며 "부서 일만 챙기는 사람은 부서의 경계를 넘어서면 힘을 쓰지 못한다는 점에서 어릴 때부터 거시적으로, 총체적으로 보려는 노력을 해야 한다"고 조언했다.

일뿐만 아니라 공부도 마찬가지다.

뭐든 자기가 원래 하고 있는 공부에만 국한해서는 발전에 한계가 있다. 계획표 상에 의한 공부에만 머문다는 얘기기 때문이다. 이런 단계는 아직 공부의 진정한 재미를 못 느끼고 있다는 뜻과 맥이 닿아 있다. 시험 혹은 입시만을 위한 공부나 제 할 일만 챙기는 업무 스타일은 더 큰 성장의 걸림돌이 될 뿐이다. 이제는 현장을 떠난 한 CEO출신 원로가 필자에게 해준 얘기다.

"일을 하다가도 의도치 않게 나타난 변수에 대해서도 알아봐야 합니다. 이런 것을 제대로 파고들면 뜻하지 않게 배울 게 많아져요. 공부로 비유하면 애초에 공부를 통해 기대했던 것만을 얻어내는 게 아니라 조금의 주의와 수고로움으로써 더 놀라운 교훈을 얻게 되는 거죠. 이런 습관은 일종의 장인정신과 연결된 것이기도 합니다. 당연히 의식의 지평도 훨씬 더 확장됩니다. 샛길에서 굉장한 무언가를 얻을 수 있게 되는 겁니다. 자신의 직급보다 높은 사람들이 신경 쓰는 것들에 대해서도 관심을 갖는 습관을 들이면 조직과 인간에 대해 훨씬 많은 것들을 더 깊게 알게 됩니다."

"스스로를 브랜드화한다"

–대체 불가능한 희소성을 개발한다

조직 전문가로부터 들은 내용이다. 회사에는 세 가지 타입의 직원이 있다고 한다.

최고 등급A급의 직원은 수레를 끌고 가고, 중간B등급 직원은 그 옆에서 보조를 맞춰 걸어간다. 하등C등급 직원은 다른 사람들이 끌고 가는 그 수레 위에 얹혀 간다.

A급 직원은 승리와 패배를 결정짓는 탁월한 이들이다. 절대 지지 않고 이기는 이들로, 어려움을 뚫고 강슛을 날리길 주저하지 않는다. B급 직원은 평균적인 사람들이다. '나인 투 파이브'로 대변되는 이들로 보면 된다. 일을 열심히 하긴 하지만 적당히 의욕적인 수준에서 맡은 일을 완수한다. 긍정적이든 부정적이든 눈에 잘 띄지 않는다.

A급 직원이 조직 내에서 황금 알을 낳는 거위라면 B급 직원은 일반 거위로 볼 수 있다. 리더십이 있는 관리자라면 B급을 A급으

로 변모시킬 수 있지만, 반대로 B급에서 C급 나락으로 떨어지는 이들도 많다. 만약 C급 직원의 손에 금이 놓여져 있다면 어느 새 그 금은 쓰레기로 변해 있다. 그만큼 C급 직원은 회사에 누만 될 뿐 별 소용이 안 되는 부류다.

A급 직장인들은 그 능력을 어떻게 키웠을까.

그들은 회사에서 편안한 업무와 구역을 떠나길 주저하지 않는다. 자신이 몸담은 분야가 익숙해지면 자신의 능력에 비춰 과해 보이는 과제가 주어지는 새로운 분야로 이동하며 능력을 연마해 나가는 과정을 지속적으로 반복한다.

능력에 비춰 과제가 너무 낮으면 지루하고 너무 높으면 좌절과 번-아웃 속에 패닉이 되기 쉽다. 그래서 발전하고 있다는 의식의 플로우가 형성되는 적절한 과제를 설정하는 게 중요하다.

CEO들은 능력의 최대치를 끌어낼 수 있도록 익숙해진 일자리를 버리고 더 배우고 도전해야 하는 과제가 있는 분야에서 고군분투해 왔다. 개인의 성장을 유인하는 구역은 쾌적하진 않지만, 대신 지속적으로 발전할 수 있으며 일자리를 지킬 수 있는 자리다. 또 매너리즘에 타협하려는 내면을 새롭게 길들이며, 자신이 성공의 주역임을 믿고 업무를 성취해 나가야 머물 수 있는 자리다.

회사가 힘들어지면 안락한 구역에 머문 사람의 의자가 위험해지는 것은 인지상정이다. 힘든 시기가 되면, 회사에서는 성과의 차이를 구분해 내는 시선이 예리해진다.

미국에서 여성 최초의 국무장관으로 명성을 떨쳤던 매들린 올

브라이트_{Madeleine Albright}는 자신만의 감각과 특징을 살리기 위해 브로치를 활용했다. 북한 평양을 방문할 때는 미 성조기 모양의 브로치를 달아 북미 관계 변화의 상징성을 드러냈고, 이라크를 방문할 때는 뱀 모양의 브로치를 달아 은근히 사담 후세인의 기를 죽였다. 남아프리카공화국을 갈 때는 아프리카의 상징인 얼룩말 브로치를 달았다. 이런 모습에 그녀가 어떤 브로치를 다느냐가 언론에 화제가 되기도 했다. 몸에 지닌 장식을 외교의 병기로 삼을 만큼 그녀는 남달랐다.

당신의 가슴에도 어떤 브로치가 달렸고, 남들이 그 브로치에 어떤 평가를 내리는지가 중요하다. 각자 자신만의 브로치를 달 수 있어야 한다.

김광호 모나리자 회장. 그는 두산 그룹에서 해외 지사장, 현지 법인장 등을 역임한 베테랑으로 정보통신 회사를 세웠고 또 인수합병_{M&A}을 통해 티슈와 화장지, 기저귀 등을 만드는 쌍용C&B의 수장이 됐을 만큼 굴곡진 행보를 걸어왔다. 김 대표의 표현을 그대로 빌리면 '야전사령관'과 같은 인생을 살아왔다. 사람 좋아 보이는 선한 인상에 가려진 그의 진면목이다.

김 회장은 첫 직장이었던 두산 그룹에서의 생활이 자신을 단련시켰다고 평가한다.

"두산에서 13년 넘게 일하는 동안 휴가는 딱 한 번밖에 없었어요. 남들이 주당 40~50시간 일할 때 저는 주당 100시간을 일했습니다. 오전 8시30분에 출근해 헉헉거리는 사람이 7시 전에 출근해 하루 일의 절반을 끝낸 사람을 어떻게 이기겠어요."

그는 말 그대로 일벌레였다. 회사 일과 가정의 균형을 제일로 치는 요즘 신세대 직장인의 사고방식으로 보면 '너무 한다' 싶을 정도다. 해외 법인장을 할 때는 공장에 아예 간이침대를 갖다 놓고 공장에서 먹고 자고 했단다. 그렇게 3개월 정도 지나자 공장 일이 눈에 들어왔다.

"이 부서 저 부서 옮겨 다니면서 열심히 일하다 보니 자연스럽게 실력이 쌓였고 자신감도 생겼습니다. 능력이란 것은 안주하는 생활 속에서는 길러 지지 않아요. 내 안의 황무지를 개간하는 심정으로 일을 맡아 하다 보면 회사 내에서 자신의 브랜드가 형성됩니다. 희소성은 바로 그 지점에서 나오게 됩니다."

아직은 씨앗으로만 담고 있는 미완의 가능성을 절차탁마의 과정을 거쳐 외부로 싹을 틔워 하나 둘 열매를 맺는 순간, 그에게는 일종의 이름표가 붙게 된다. 사람들이 그를 연상할 때 조건반사적으로 떠올리는 그 사람만의 개성이나 특징, 경쟁력이 그런 것들이다. 유능한 사람치고 그만의 이미지가 형성되지 않은 사람은 없다. 그만큼 몰입을 통해 자신만의 영역을 개척했다는 얘기다.

김 회장은 돌발 변수가 발생하는 위기의 순간에는 규정대로 일을 하는 것만으로는 충분하지 않다고 말한다. 신속하고도 상황에 맞는 행동을 해야 한다는 것이다.

"진정으로 일을 잘하는 직원들은 현재의 요구에 빠르고 융통성 있게 반응합니다. 가령 동료가 갑자기 집안 일로 결근하게 됐다면,

모른척하지 말고 그의 업무를 완벽하게 대신해 냅니다. 뜻밖의 대량 주문이 쏟아진 날이라면 누가 시키지 않아도 밤 늦게라도 남아 일을 끝내죠. 기계가 가진 단점은 프로그래밍돼 있는 대로만 움직인다는 점입니다. 기계는 언젠가 때가 되면 새로운 기계로 바뀌지만, 탁월한 직원은 대체 불가능합니다."

김 회장은 평소 직원들에게 '최선을 다하자', '항상 배우자', '긍정적인 사고방식을 갖자'는 말을 자주 한다고 전했다. 자기 실력을 키우고 상대방의 입장을 생각하고 양보·배려하는 마음이 중요하다는 취지에서다. 그는 "세상에 공짜는 없다"며 "공부를 잘 하려면 공부를 많이 해야 하듯이, 회사 생활에 잘 적응하려면 스스로 노력해야 한다"고 강조했다.

"외국인과 놀아주는 것"이라는 그의 취미도 눈에 띤다. 김 회장의 수첩을 잠시 훑어봤다. 일정표에는 '오만 리셉션', '라오스 리셉션', '그리스 대사 초청 저녁' 등이 빼곡했다. 모임이 많을 때는 한 달에 열 번을 넘을 때가 있다고 했다. 이런 취미를 갖게 된 것은 이웃에 대한 호기심에서 비롯됐다.

"이웃집에 네덜란드 대사가 살았죠. 우연히 그와 인사를 나누게 되고 그를 통해 외국인 기업인을 알게 되고 또 기업인들을 통해 외교관을 알게 되고. 이런 식으로 사람을 만나다 보니 제가 어느새 외교가의 유명인이 돼 있더라고요."

그는 국내에 있는 거의 모든 국가의 대사와 막역할 정도다. '더 클럽 아미시티아The Club Amicitia'라는 모임의 회장도 맡고 있다. 아미

시티아는 라틴어로 '우정'이라는 뜻으로, 각 나라의 다양한 문화를 상호 교류하자는 취지의 모임이다.

봉사활동에도 적극적이다. 김 회장은 주말에 동사무소 등에 들러 소외된 이웃에게 도시락을 날라주는 봉사활동을 한다.

"독거노인에게 도시락을 주고 바로 오기는 힘들어요. 이런저런 일을 봐주고 말벗도 돼 주고 하다 보면 하루에 다섯 집을 들르기도 어렵죠. 1960년대 말에는 우리가 베트남에서, 1970년대는 중동에서 일했는데 이제는 상황이 변해 국내에 200만 명이 코리아 드림을 품고 일하고 있습니다. 이들을 좀 더 따뜻한 시선으로 바라봐야 합니다."

시간 약속에 철저하다

술을 마실 때는 119 원칙

시인이자 작가인 칼 샌드버그Carl Sandburg는 시간에 대해 이런 명 언을 남겼다.

"인생에서 시간이란 곧 돈이다. 당신이 가진 돈은 그것뿐이다. 당신만이 그 돈을 어떻게 쓸지 결정할 수 있다. 다른 사람이 그 돈 을 쓰지 않도록 조심하라."

장영신 애경그룹 회장은 자신의 저서 『스틱 투 잇stick to it』을 통해 자신의 시간관념을 소개한 적이 있다.

"내가 1시간 게으름을 피우면 내게는 1시간일 뿐이지만, 그 사 이 업무가 지연된 부서들의 시간을 모두 합치면 그게 10시간이 될 수도 있고, 20시간이 될 수도 있어요. 그러므로 책임 있는 자리에 있는 사람일수록 누구보다 부지런해야 합니다."

특히 그녀는 내 시간이 온전히 나만의 것이 아니라 상대의 것이 기도 하기 때문에 약속 장소에 적어도 10분 일찍 도착한다고 했다. 어떨 때는 행여 늦을까 지나치게 서두르는 바람에 30분 일찍 약속 장소에 나가기도 한단다. 경험상으로 봐도, 약속 시간에 빠듯하게 움직여 마음 졸이며 가기 보단 일찌감치 나가 약속 장소에 서둘러 도착하는 게 낫다는 게 그의 생각이다. 그렇게 하면 시간이 아깝지 않느냐고 말한다면 그건 오해다. 그녀는 보통 꼭 챙겨 봐야 하는 문서나 책을 들고 가 일찍 당도한 약속 장소에서 본다. 시간도 아끼고 상대방을 만나기 전에 마음의 준비도 할 수 있어 일석이조라는 게 장 회장의 설명이다.

"내가 이런 탓에 가족들과 약속 시간 엄수가 철칙처럼 돼 있어요. 한번은 가족 모임이 저녁 6시에 잡혀 있었는데, 내가 도착해서 보니 막내아들을 뺀 다른 가족이 모두 도착해 있더군요. 그래서 곧바로 식사를 시작했는데, 저녁을 마칠 무렵 막내아들이 도착했죠. 그런데 재미있는 것은 그때 시간이 저녁 6시였어요. 6시 모임이 6시에 끝난 거예요."

약속을 잘 지키는 것의 이점은 바로 상대방에게 신뢰와 좋은 인상을 심어준다는 데 있다. '차가 밀려서', '여기 위치가 헷갈려서'라는 핑계는 말 그대로 핑계일 뿐이다. 그런 변수를 감안해 대비해야 하는 게 상식이다. 약속에 늦고 나면 정작 만남을 갖는 이유, 즉 처리해야 될 일부터 꼬이는 경우가 많다. 심리적으로 위축되고 죄송한 마음에 수세적인 입장이 되기 쉽다. 또 땀 식힐 여유도 갖지 못했기에 외관상 문제가 나타날 수도 있다. 사소하지만 약속을 제대로 지키지 못하면 큰일을 그르치게 된다. CEO들이 입버릇처럼 기본에 충실해야 한다고 말하는 이유다.

손병옥 푸르덴셜생명 사장도 타고난 시간 관리자로 손색이 없다. 그는 인터뷰에서 부친과의 일화를 들려줬다.

"제지 공장을 운영하시던 아버지는 항상 시간 엄수에 철저하셨고 준비성이 대단하셨어요. 기차라도 타고 가면 항상 1시간 전에 기차역에 도착해야 했습니다. 학창 시절 시험공부 하다가 졸릴 때면 책상 위에 '아빠, ○시에 깨워줘'라고 쪽지를 남기고 잠을 잤는데, 그게 2시든 3시든, 4시든 아버지는 꼭 그 시간에 절 깨워주셨죠."

그리고 보면 주위에 시간을 아껴 쓰고 잘 관리하는 롤 모델이 있다는 사실만으로도 큰 축복이다. 정통 경제 관료 출신의 박병원 전 은행연합회장에게는 어릴 적 항시 시간에 대해 예민하게 반응하고 시간을 돈같이 쓰라고 일러주신 중학교 교장 선생님이 계셨는데, 손 사장에게는 부친이 그런 역할을 했다. 손 사장도 약속이 있으면 꼭 20분 전에는 도착해야 맘이 편하고 주말도 쪼개 쓸 정도로 시간을 아낀다. 부전여전인 셈이다.

특히 여성에 대한 사회의 편견, 그리고 워킹맘으로서 아이들에게 시간을 맘껏 내주기 힘든 현실적 제한 탓에 손 사장은 시간 관리에 더 철저하지 않으면 안됐다. 더구나 그녀는 매년 집안에 제사가 일곱 번이나 있는 종부 역할까지 맡았다.

"첫 직장이 체이스맨해튼 은행이었죠. 여성이 일한다는 것에 상당한 편견이 있는 데다가 전공영문학과는 다른 금융회사에 취직하다 보니 생소한 것이 너무 많았어요. 상사들을 보니 대부분이 경영학을 배운 남자들이었어요. 남들보다 2~3배 더 노력하지 않으면 그냥 그런 여직원으로 남겠다는 생각이 들더군요. 이런 생각을 하고부터는 15분 단위로 스케줄을 관리하기 시작했어요. 특히 아이가 있다 보니 직장인들이 그냥 허투루 쓰는 자투리 시간이 저에게는 더없이 소중했죠. 15분은 무언가를 하기에 괜찮은 시간대입니다."

다만 가족에 관한 일만큼은 '시간 쪼개기'만 갖고는 힘들다고 말했다. 좀 더 배려를 해야 한다는 것이다.

"일을 그만두어야 하나, 학교를 그만두어야 하나 심각하게 고민했던 적이 있어요. '내가 도와줄게 계속 일해'라는 남편의 따뜻한 말에 '성공의 반대는 실패가 아니라 포기'라는 생각으로 두 가지를 어떻게 잘 관리할까를 고민했어요. 특히 아이와의 시간은 짧더라도 그 시간만큼은 아이에게만 집중하는 '퀄리티 타임quality time'으로 보내 보기로 했죠. 우선 퇴근을 하면 아이들에게 오늘 하루는 어땠는지 물어보고 충분한 대화를 나누고, 주말 여행을 다니며 추억을 가급적 많이 쌓으려고도 했습니다."

손 대표는 "엄마가 일은 하지만 언제나 너희가 가장 먼저"라는 말을 수시로 아이들에게 해 줬다고 했다. 그는 지금도 자투리 시간에 영어 공부에 힘쓴다고 했다. 영문과를 나왔고, 미국에서도 생활하고, 외국계 회사에서 오랫동안 근무했지만 원어민이 아닌지라 늘 한계에 부딪히는 탓이다. 손 대표는 "꾸준히 쓰지 않으면 표가 금방 나는 것이 영어"라며 "그래서 요즘도 15분 단위로 나눈 자투리 시간에 CNN을 보고 주말에는 두 시간씩 원어민 교사를 만나 영어로 대화를 나눈다"고 말했다. 그는 "남들이 그렇게 빡빡하게 살면 힘들지 않느냐고 물어보는데, 저는 이런 시간 관리 덕분에 더 열심히 살게 돼 좋다"며 "15분 단위로 쪼개 쓰는 시간 관리법이 게으름을 떨어내고 움직이게 만드는 원동력"이라고 전했다.

구본무 LG 회장도 집안 곳곳에 시계를 걸어두는 것으로도 유명하다. 이런 사정을 모른 채 구 회장의 집을 처음 방문한 이들은 한 방에 두어 개씩 시계가 달려 있는 것을 보고 의아해한다는 후문이다.

"술을 마실 때는 119 원칙"

-1차로 1가지 술을 9시까지 마신다

박병원 전 은행연합회장은 공무원 시절 자타가 공인하는 '천재 관료'였다. 경제 관료로서 재경부 차관까지 올랐고, 우리금융회장과 청와대 경제수석도 지냈다. 그가 돋보이는 것은 한시도 틈이 없을 것 같은 이력 속에서 자신만의 성채를 쌓아 올려 왔다는 점이다. 그림을 비롯해 문화, 심지어 꽃과 와인, 우표와 LP판 수집에 이르기까지, 그가 갖고 있는 상식의 힘은 한계가 없다. 심지어 그가 구사하는 언어도 8개국어에 이른다. 영어와 일본어로는 대화를 할 수 있고, 독어, 불어, 스페인어, 이태리어, 러시아어, 중국어는 사전을 들고 책을 읽는 수준이다. 그의 하루는 48시간이라도 되는지 의문이 들었다. 남다른 시간관리 비법이 궁금하지 않을 수 없다.

"개인이 갖고 있는 리소스는 크게 시간과 돈이에요. 저는 '남들 위해 시간을 더 쓰라'고 와이프가 충고할 정도로 시간 쓰기에 대해

의식적이었어요. 중학교 시절 교장 선생님이 전교생을 불러 놓고 시간 활용법에 대해 강조한 적이 있는데, 그게 평생을 가더라고요. 고등학교 다닐 때부터 친구들에 비해 시간에 예민했던 기억이 납니다. 또래들이 많이 한 것 중에 제가 안 한 게 세 개 있는데요. 그게 장기바둑, 박사 학위, 술 2차예요. 이 세 가지를 안 한 이유는 시간이 아까워서였어요."

장기바둑는 그렇다 치고, 박사 학위부터 보자. 박 회장은 석사 학위가 3개나 된다. 서울대 법학 석사, 한국과학기술원 산업공학 석사, 미국 워싱턴대 경제학 석사다. 박사 학위는 석사 학위의 몇 배나 힘이 드는 탓에 안 하기로 했단다. 그 대신 그의 관심 분야인 공학 등에서 석사 학위를 따는 쪽으로 선회했다는 것이다. 지금도 그는 저녁에 서울대에서 공학 석사 관련 수업을 듣는다. 그 정도로 학구파다.

술 2차 안 하기도 이목을 끈다. 매일 저녁 약속이 있는 그이지만, 술 때문에 밤 10시 이후 귀가하는 날은 없다시피 한다. 그만큼 시간 관리에 철저했다.

"습관이라면 습관이죠. 저는 타의에 의해서도 2차를 거의 가지 않아요. 2차가 평생에 손가락 꼽을 정도니까. 9시에 헤어진다고 그 사람 모질다 할 사람 아무도 없어요. 2차부터는 개인의 자유고, 난 자유의지대로 내 할 일을 하기 위해 일어선 거죠."

그는 밤 시간을 온전히 그만을 위해 투자했다. 또 과음하지 않았기에 다음날 업무에도 전혀 지장이 없었다. 박 회장은 "시간을 돈으로 살 수 있다면 사고 싶다"며 "나이가 들수록 시간의 가격이 비싸진다는 것을 명심하고 젊었을 때부터 시간 관리에 힘써야 한다"고 말했다.

"내가 많은 것을 이뤘다고 하는데, 이건 알아야 돼요. 남이 보기에 별난 취미도 있고, 별난 공부도 한 듯 하지만 반대급부로 그 때문에 하지 못한 것도 많다는 것을. 어차피 인생을 살면서 모든 것을 다 할 수는 없어요. 꼭 얘기해 주고 싶은 것은 세상에 공짜가 없다는 점이죠. 시간을 아끼는 데 가장 비용이 적게 드는 방법이 잠을 줄이는 건데, 그것도 너무 무리하면 지속 가능성이 없어요. 저도 6시간보다 덜 자면 힘들더라고요. 자신에게 가장 잘 맞는 방법을 찾아야죠."

그는 그러면서 자신이 저녁 장소로 이태리 식당을 즐겨 찾는 이유도 소개했다.

"이태리 식당에서는 술을 먹어도 포도주 반병이면 돼요. 이태리 식당에서는 술을 섞어 마시거나 양을 너무 과하게 하는 일이 없어요. 그것도 시간을 아끼는 비결이라면 비결이죠."

그러고 보면 CEO중에는 '119'를 원칙으로 갖고 있는 사람이 많다. 1차로, 1가지 술을, 9시까지 먹는다는 게 바로 119원칙이다. 필자가 알고 있는 중소기업 사장 중에도 이런 원칙을 갖고 있는 이가 제법 된다.

CEO중에는 은근히 와인 신봉자가 많은데, 와인이 비즈니스에 큰 도움을 주기 때문이다. 박치만 전 한국레노버 사장은 만화 '신의 물방울' 17편을 독파했다. 그만큼 와인에 대한 상식도 수준급이다. 그는 와인의 장점으로 대화를 나누기 좋다는 점을 꼽는다.

"소주나 양주를 마시면 빨리 취하기 때문에 그 이후엔 대화가 안 되요. 하지만 와인은 골프처럼 똑같은 패턴으로 이야기를 나눌 수 있죠. 또 와인을 마시는 곳은 항상 조용하고 대화를 할 수 있는 분위기가 갖춰져 있어 2차 비즈니스 장소로 유용하죠."

5장

고수는 시간을 잘게 쪼개 쓴다

이메일 답장은 분 단위로 보낸다

멀티태스킹에 능하다

아침에 시간을 몰아 쓴다

피드백이 빠르다

"이메일 답장은 분 단위로 보낸다"

-중요한 일일수록 일정 시간을 넘기지 않는다

김상헌 NHN사장이 제일 싫어하는 게 바로 시간 낭비다. 그는 분 단위로 일정을 짠다. 따로 퇴근 시간도 없다. 수사가 아니다. 그는 잠자리에서도 일한다. 꿈결에 사업 전략이 떠올라 눈을 뜨면 그 내용을 베갯머리에 둔 스마트폰에 재빨리 입력한다. 물론 그가 쓰는 메모 애플리케이션은 '네이버 메모'다. 메모에 찍힌 시간을 보면 오전 1시, 4시 등 새벽 시간대가 수두룩하다. 그는 운동 시간도 아까워 저녁을 최대한 가볍게 먹는 것으로 건강을 관리한다.

김 사장은 최근 전략 회의를 앞두고 메시지를 어떻게 전달할까 고민하고 있던 참에 학창 시절 농구했던 기억이 꿈속에서 떠올라 이를 활용했다.

"대학 시절서울대 법학과 학과 내에서는 농구를 잘하는 축에 속했지만 어느 날 경영대 학생들과의 경기에서는 영 기량을 발휘하지 못한 기억이 있어요. 상대를 과소평가했기 때문이죠. 공을 선수가 있는 쪽이 아니라 선수가 움직이는 방향으로 던져야 하듯이 뻔하지 않으면서도 신속한 전략이 필요합니다."

김 사장은 회의나 미팅이 없을 때면 스마트폰을 이용해 분 단위로 이메일에 답장을 보낸다. 직원들이 그의 회신 속도에 혀를 내두를 정도다. 그렇다고 성격이 급하진 않다. 오히려 꼼꼼한 편이다. 이메일에 적힌 주요 내용만 확인해도 되지만 첨부된 문서까지 전부 정독한다.

이런 성격은 그가 국내 대표적 정보기술IT 기업인 NHN을 이끄는 동력 중 하나다. 김 사장은 국내 포털 업체 수장으로는 보기 드문 법조인 출신이다. 1986년 사법고시에 합격해 서울형사지방법원과 서울지법 지적소유권 전담부에서 판사로 근무했다. 이 시절에도 그는 사건 기록을 한 자도 빼놓지 않고 봤다고 한다. 생소한 IT업계에서 짧은 시간에 적응할 수 있었던 것도 이런 성실함 때문이다. NHN으로 이직하고 관련 분야의 책, 논문, 신문 기사 등을 섭렵하며 'IT근육'을 키웠다. 여기에는 놀라울 정도의 속독 능력도 큰 도움이 됐다. 최근에 나온 고故 스티브 잡스의 자서전 분량이 920여 페이지나 되지만, 영어 원서를 바탕으로 한글 번역본을 대조해 가며 15시간 정도 만에 독파했다고 한다.

CEO들은 생산성을 중시한다. 무슨 일이 됐든 시간이 투입됐다면 그만큼의 값어치가 있어야 된다.

그런 관점에서 회의는 독이 되기 쉽다. 온전해야 할 하루의 업무를 어그러뜨려 업무의 흐름을 깰 가능성이 크기 때문이다. 일반적으로 우리가 최선을 다해서 일할 수 있는 상태는 하나의 이어진 흐름 속에 있을 때다. 그 흐름을 얻기 위해서는 오랜 시간 집중이 필요하다. 이 흐름이 방해를 받으면 매번 집중을 다시 해야 한다. 그래서 CEO들은 할 테면 정신을 차리고 생산성 있는 회의가 되도록 준비하는 습관을 들일 것을 주문한다. 김상헌 사장은 특히 회의나 현장 지도를 하기 전 관련 자료를 받아서 반드시 모두 읽고 가야 직성이 풀린다. 보고를 현장에서 처음 들으면 이해하느라 시간이 걸리게 되고 심도 있는 토의를 유도하기 어렵다는 판단에서다.

김 사장은 "서류를 꼼꼼히 읽는 건 사실 판사 시절부터 몸에 밴 습관이다. 판결에 오류가 없게 하려면 매주 수천 페이지가 넘는 기록을 빠짐없이 읽어야만 했다. 모르긴 몰라도 자료 읽기는 스티브 발머보다 내가 더 꼼꼼할 것"이라며 자신했다

그가 이토록 철저한 이유는 무엇보다 주변 사람들의 시간이 새지 않도록 하기 위해서다. 회의를 답을 내는 과정이라기보다는 확인하는 자리로 여기는 것도 한 요인이다. 이 때문에 그는 회의 참석자들에게 회의 내용을 충분히 숙지하고 참석하라고 요구한다. 회의 전에 주제에 대해 제대로 파악하지 못하고 참석하는 사람은 남의 시간을 빼앗는 시간 뱀파이어로 여긴다. 안건의 핵심이 숙지가 덜된 사람은 회의에 들어오면 회의 밀도를 떨어뜨리게 된다. 그가 주재하는 회의 시간은 길어도 40분을 넘기지 않는데, 그만큼 회의의 핵심 주제에 대해 곧바로 토론이 가능한 환경을 구축하라

는 뜻이 담겼다. 회의가 일정 시간을 넘기면 중언부언되기 쉽다고 김 사장은 생각한다.

"저는 회의 전에 보고 자료를 세 번 정도 보고 회의 시간에는 속사포처럼 대화를 이어갑니다. 회의는 답만 주는 자리는 아닙니다. 각 부서장들이 사장과 똑같은 결론을 내릴 수 있는 능력을 기르는 곳이죠. 제가 회사를 떠나도 회의에 참석한 임원들 그 누구도 사장을 맡을 수 있을 정도의 판단력을 갖게 해 주는 겁니다. 이를 위해 리더에 대한 확고한 믿음이 요구되죠. 그래서 리더는 주제에서 벗어난 이야기를 하거나 의사결정을 미뤄선 안 됩니다. 책임질 순간을 아는 리더가 존경받을 수 있어요."

꼼꼼하게 자료를 탐색하고 회의장에 들어가는 일은 스티브 발머Steve Ballmer 전 마이크로소프트 CEO도 꼭 지킨 습관이라고 한다. 그는 회의 시간에 이미 파악한 내용과 관련한 돌직구를 날리곤 했다. 발머는 "자료를 읽고 들어가야 회의에 집중하고 적극적으로 참여할 수 있다. 핵심 의제도 제대로 파악하지 못한 상태에서 뭘 할 수 있나"며 회의 준비의 중요성을 항상 강조했다.

아마존의 제프 베조스Jeff Bezos는 파워포인트 사용을 아예 금지시킨 인물로 유명하다. 대신 자신의 주장을 약술 형태로 기술하라고 말했다. 파워포인트를 사용하면 자신의 뜻을 요약 목록 사이에 숨기게 된다는 게 그의 생각이다. 말하고자 하는 바가 애매모호할 때 파워포인트가 면죄부가 되는 경향이 강하다는 것이다.

"멀티태스킹에 능하다"

-24시간을 밀도 있게 활용한다

CEO들은 시간관념이 플러스 단위가 아니고 마이너스다.

일반적으로 사람들의 시간관념은 플러스다. 가령 어떤 시제품을 만들어 시장 반응을 체크한다고 가정하자. 그러면 일단 시장 조사에 한 달, 상품 기획에 한 달, 제품 개발과 제작에 한 달, 제품 확인 및 시장 테스트에 한 달 식으로 기한을 정하게 된다. 그런데 시장에는 다양한 변수가 생기기 마련이다. 이를테면 노조 파업으로 공장 가동이 힘들어 제품 개발과 제작에 한 달이 아니라 두 달이 걸릴 수 있다. 또 시장 조사 결과가 애매하게 나왔다며 한번 더 시장 조사에 들어가 시간이 더 지체될 수 있다. 이렇게 되면 제품 개발과 제작에 한 달, 시장조사에 소요되는 추가 시간까지 적어도 두 달 가까이 기한이 연기된다. 이게 바로 플러스 시간 개념이다. 자꾸 시간이 더해지고 더해져 애초 설정했던 기한이 점점 밀리게 된다.

하지만 이런 식의 시간 개념을 가진 CEO는 없다. 적어도 성공하는 CEO 중에는 단언컨대 없다.

그들은 기본적으로 목표 지향적이다. 그리고 생산성 지향적이다. 그래서 CEO의 시간관념은 마이너스, 즉 빼기에 가깝다. 시장 조사에 당초 한 달이 걸릴 것으로 예견됐다면 3주 만에 마무리하고, 상품 기획도 20여 일 정도 만에 끝낸다. 단계마다 기한으로 설정된 날보다 조금씩 당겨서 임무를 끝낸다는 얘기다. 이런 식의 일 처리로 혹여 돌발 변수가 생겨도 미리미리 날짜를 당겨 놓았기에 당초 기한에 맞출 수 있다. 마이너스 시간 개념에는 목표에 대한 강한 의지, 이니셔티브를 쥐겠다는 각오가 응축돼 있음을 알 수 있다. 한 벤처 기업가는 자신의 시간관념을 이런 식으로 설명했다.

"만약 프로젝트에 걸리는 마감이 7일이라면 이틀 전, 그러니까 5일 안에 끝냅니다. 만약 프로젝트가 한 달짜리면 3주째 거의 마무리합니다. 이는 실제 통계로도 효과가 검증됐는데요. 전체 시간을 안배에 일을 균형적으로 처리하는 사람보다는 초반과 중반에 일을 40퍼센트씩 몰아서 완성하고 후반에는 20퍼센트만 진행하면서 완성도를 높이는 쪽이 업무 성과도 훨씬 높은 것으로 나왔어요."

몸이 달았을 때, 아이디어가 반짝반짝 빛날 때, 업무 집중도가 높을 때 바짝 스피드를 올리는 습관은 그래서 중요하다. 머뭇거려 봐야 뒤로는 점점 더 많은 업무 부하만 걸릴 뿐이다.

조현정 비트컴퓨터 대표도 시간을 잡기 위한 특별한 노하우를 알려줬다. 소프트웨어라는 말이 낯선 1980년대, 회사를 차리고 지금껏 꾸려오기까지 얼마나 난관이 많았을까. 남다른 시간 관념을 갖고 노력했을 터다.

그는 "한 번 사는 인생이 억울하다고 생각될 정도로 시간이 아깝다고 느낀다"며 "한 번에 여러 일을 처리하는 식으로 일한다"고 말했다. 시쳇말로 멀티태스킹한다는 것이다.

조 대표는 업무를 볼 때 스크린과 직원을 동시에 본다고 전했다. 눈이 키보드와 직원 사이를 왔다 갔다 한다는 것. 집에서도 TV 두 대를 동시에 켜는 것도 모자라 오디오도 틀어놓고 '복잡하게' 여흥을 즐기는 별난 습관을 갖고 있다. 이런 습관들은 그가 청년 시절부터 전공 공부에 매진하면서도 별도로 창업 준비에 나설 수 있도록 하는 토양이 돼 줬다. 여러 일을 동시에 추진할 수 있는 능력을 일찌감치부터 개발해 왔다고 보면 될 듯싶다. 한번은 이쪽 회로에 불이 들어오고, 또 한번은 저쪽 회로에 불이 들어오도록 하는 능력은 후천적 노력과 경험 축적으로 가능하다는 게 그의 지론이다.

"젊은이들을 보면 스펙 관리만 합니다. 자신에게 창업가로서 DNA가 있다는 것을 생각조차 하지 않아요. 그런 고정관념 때문에 자신의 재능을 찾는데도 제한이 많아지는 거예요. 자신이 잘하는 것에 집중하면서도 남들이 잘 하지 않는 것을 찾으려는 노력이 중요합니다."

조 회장은 자신의 창업 과정도 시간을 살리기 위한 분투였다고 말했다.

"인하대 3학년에 다닐 때 비트컴퓨터를 만들었는데, 처음에는 서울 변두리에 사무실을 마련했어요. 그런데 보증금과 월세가 저렴한 것까지는 좋았는데, 건물 주인이 밤만 되면 사무실을 열쇠로 걸어 잠그는 거예요. 그래서 호텔이라면 밤새워 일할 수 있겠다고 생각했죠. 청소 걱정도 없고. 호텔 총지배인을 설득해 스위트룸을 장기 임대했고, 하루 15~17시간씩 PC와 씨름했어요."

그는 "시간은 누구에게나 24시간이지만 어떻게 활용하느냐에 따라 달라진다"고 강조했다.

권선주 기업은행장도 '저글링juggling하는 삶'에 있어서 둘째가라면 서러울 정도다. 국내 최초의 여성행장, 가정주부이자 행원으로서 살아온 만큼 부지런한 이상으로 전략적인 습관이 필요했다.

"늘 우선순위를 정해서 일을 했어요. 짬 활용도 필수고요. 한 번에 두 가지 일도 해내지 않으면 안 될 때가 많아요. 제가 취미가 요리인데요. 요리를 할 때는 한 손에는 조리 도구, 한 손에는 책을 들었어요. 요리가 될 때까지 기다리는 동안 보는 거죠. 미장원에 퍼머 하러 갈 때는 1주일치 밥에 넣을 밤을 들고 가서 기다리는 시간 동안 밤을 까곤 했어요."

그의 얘기를 듣다 보면, '슈퍼우먼'이 따로 없다. 밖에서 일하면서도 살림살이는 전업주부 뺨칠 정도로 잘한다. 실제로 아이들 건강을 위해 밤을 넣은 잡곡밥을 짓는 일과 탄산음료 대신 보리차를 끓여 먹이는 일 두 가지는 꼭 했다고 한다. 권 행장은 "남자 동기들과 '똑같이 시험 보고 들어왔다'는 생각에 외환, 여신과 같은 업무를 요구했는데, 그러기 위해서 항상 공부하는 습관을 들였다"고 말했다.

"아침에 시간을 몰아 쓴다"

-초반에 경기를 주도한다

CEO들은 거의 어김없이 아침 시간을 좋아한다. 하루 중에서 가장 업무 집중도가 높기 때문이다. 젊었을 때부터 허겁지겁 출근 시간에 맞춰 회사에 당도하는 사람과 새벽 4~5시에 일어나 핵심 업무를 미리 파악하고 준비한 사람과는 하늘과 땅만큼의 차이가 나게 된다.

일본 전산 사장인 나가모리 시게노부는 "저녁에 세 시간 야근하는 사람보다 아침에 삼십 분 일찍 출근하는 사람을 더 높이 평가한다"고 했다. 아침에 일찍 출근하면 같은 한 시간, 삼십 분을 일하더라도 더 효율적으로 일할 수 있기 때문이다. 사실 시간이 돈만큼 중요한 자산이라는 점을 안다면 아침 일찍 나와 러시아워를 피하는 것이 지극히 합리적이다. 번잡한 출근 시간에 많은 사람들과 엉켜 있으면 일을 시작하기도 전에 지쳐 버리게 된다.

일의 성과를 통해 희열을 느끼는 재미를 알아야 한다고 말하는 박상호 매그나칩반도체 회장은 알아주는 아침형 인간이다. 그가 아침형 인간으로 탈바꿈한 계기도 일을 적극적으로 해내다 보니 자연스럽게 습관으로 자리잡았기 때문이다.

"IBM에서 근무할 때 상관이 한밤중에 메일로 업무 문의를 해 와 저녁에 준비하는 일이 잦았어요. 아침에 출근하자마자 곧바로 보고를 하는 게 습관이 됐죠. 그래서 이제는 새벽 4시에 일어나자마자 업무를 파악하고 직원들에게도 이메일로 업무를 지시합니다."

박 회장은 기존 규칙을 준수하고 스스로 규칙을 만드는 습관은 실행력을 높이는 데 도움이 될 것이라고 말했다. 그는 "직장생활을 시작한 후 매일 새벽 4시에 일어나 하루의 업무를 계획하고 주요 현안을 점검하는 것으로 하루 일과를 시작한다"며 "또 하루 일과 가운데 가장 중요한 일에서부터 순서를 정해 일 처리의 시간과 노력을 배분해 하루를 효율적으로 사용해야 한다"고 조언했다. 대기업 계열 엔터테인먼트 업계 이 모 사장 역시 아침 예찬론자다. 그는 새벽 6시만 되면 회사에 출근한다.

"아침을 좋아한다는 얘기는 경기 초반에 경기를 주도한다는 의미와 같습니다. 예부터 시작이 반이라고 했죠. 아침에 주요 업무를 개괄하고 가장 핵심이 되는 일을 따로 빼 준비하면 이미 하루를 이긴 것이나 다름없어요. 이긴 게임을 하게 된다는 얘기입니다."

그렇다고 아침 이외의 시간을 허비해도 된다는 뜻은 아니다. 시간을 허비하지 않으려면, 시간의 값어치를 나름대로 정의하고 활용해야 한다는 게 그의 생각이다.

"일이라고 같은 일이 아니에요. 어떤 일은 다차원 방정식을 풀듯 고도의 집중력을 요구하고, 신경 쓸 것이 많습니다. 하지만 일과 중 단순 정리나 간단한 업무도 적지 않은 비중을 차지하고 있습니다. 그래서 머리가 맑을 때 핵심 업무를 볼 수 있도록 정신과 태도, 주위 환경을 최적화 하는 게 중요해요. 저에게는 아침이 그렇습니다. 시간 쓰임새를 나름대로 구분해서 사용하면 업무 스킬도 늘어나게 됩니다."

시간에 값을 매기면, 아침, 저녁, 오후 순이라고 그는 말했다. 아침에 제일 업무 집중도가 높고, 오후가 가장 떨어진다는 것. 그래서 그는 오후에는 창의적인 아이디어를 요구하는 일보다는 각종 보고를 받고 현장을 둘러보는 식으로 일을 처리한다. 그리고 중요한 아이디어가 생기면 그걸 메모해 뒀다가 새벽에 그런 아이디어 조각들을 이어붙여 하나의 작품을 구상하기도 한다.

"저는 사원 시절부터 그랬어요. 같은 시간을 일해도 남들보다 일의 진척이 빨랐습니다. 집중력이 높은 시간에 이에 합당한 업무를 처리하는 식으로 일을 하다 보면 그럴 수밖에 없어요. 머리 회전이 안 될 때는 뭔가를 짜내기 위해 고민하지 않습니다. 그 대신 특정 주제와 관련되는 여러 팩트와 정보를 모으는 데 주력합니다. 이런 일들은 머리가 맑지 않아도 가능하거든요. 그런데 많은 사람들은 시간의 값어치를 잘못 매기고 일을 처리합니다."

그의 아침 사랑은 주 초반 사랑, 월 초반 사랑 등으로 이어지는 듯하다.

이 사장은 일주일 목표가 있다면 주 초반에 핵심적인 업무를 끝내는 경향이 강하다. 월간으로 따지면 2주가 가기 전에 업무의 전반적인 기획과 골격이 되는 업무를 마무리한다. 그래서 항상 애초에 주어진 기간보다 일찍 목표를 완수한다. 마감 시한이 남아 있기에 다시 검토하고 미비점을 보완하는 등 완벽을 기하는 시간도 따로 확보할 수 있다. 이게 바로 CEO가 일하는 방식이다.

"피드백이 빠르다"

—네트워크를 만들고 공유할 줄 안다

금융업계에서 잔뼈가 굵은 조재홍 KDB생명 사장은 언젠가 성공한 사람들의 특징을 들려준 적이 있다. 그는 다음 네 가지를 꼽았다. 첫째, 어떤 모임이든 일찍 오는 경향이 강하다. 그만큼 시간관념이 철저하다는 뜻이기도 하거니와 먼저 장소에 도착하면 앞자리와 같은 전략적으로 중요한 위치를 차지할 수 있어 좋다. 그래서 나중에 입장하는 경쟁자들을 두루 살펴볼 수 있다. 둘째, 성공한 사람들은 걸음걸이가 빠르다. 이는 일을 미루지 않는다는 얘기다. 세 번째로는 집중한다. 관찰력을 갖고 남의 말을 경청한다. 마지막으로 웃는 습관을 갖고 있다. 미소로 남들에게 화답하니, 주위에 사람이 모인다.

이 특징들을 하나로 꿰뚫는 키워드는 바로 몰입이 아닐까 싶다.

몰입이란 거창한 게 아니다. 현실에 충실하고 자신의 일에 몰두하는 것이다. 몰입하려면 목표 의식이 있어야 한다. 목표가 있으면 남들보다 부지런할 수밖에 없다. 그러다 보니 약속 장소에도 남들보다 조금 더 일찍 가게 되고, 모든 일을 목표 중심으로 관리하다 보니 딴전을 피울 새도 거의 없다. 자신만의 계획이 있는 사람은 타인의 평가나 시선을 의식하지 않는다. 일희일비하지 않고 자신만의 길을 묵묵히 가기에 남들에게도 좋은 인상을 줄 가능성이 높다.

네 가지 특징 가운데 필자가 가장 공감하는 것은 바로 걸음걸이가 빠르다는 점이다. 걸음걸이가 빠르다는 것은 실제 걸음걸이 속도를 뜻하는 게 아니라 추진력이 뛰어나다는 의미를 갖는다. 주어진 일을 뒤로 미루지 않고 문제가 생기면 그 즉시 해결하는 힘 말이다. 기자로서 정말로 많은 CEO들을 만나봤지만, 성격이 느린 사람은 단언컨대 한 명도 없었다고 생각한다. 물론 기질적으로 유순하고 인품이 넉넉해 일 처리 스타일도 여유로울 것 같은 분들도 적지 않았지만 이들도 업무적으로는 예외 없이 터보 엔진을 단듯한 추진력의 소유자들이었다. 그런 정력적인 업무 처리 습관 때문에 일찍부터 상사의 총애를 받았고 요직을 맡아 일을 통해 성장하는 궤도를 밟을 수 있었다.

CEO들은 시쳇말로 밥 먹는 속도도 일반인보다 훨씬 빠르다. 워낙 성취 지향적이다 보니 식사 시간마저도 아깝다고 느끼는 이들이 많다. 이런 마인드 세팅은 남이 시켜서 할 수 있는 게 아니다. 자신이 지금 하고 있는 일에 보람을 느끼고 일을 통해 자신이 살아 있다는 성취감 같은 것을 느껴야 가능하다. 인생의 주도권을 매사 자신이 쥐겠다는 강한 의지가 뒷받침되지 못하면 해내기가 어렵다. 이승한 전 홈플러스 회장도 대단한 근성의 소유자였다.

그가 대학을 나와 들어간 첫 직장은 삼성, 그 중에서도 패션 사업을 하던 제일모직이었다. 이 전 회장은 햇병아리 시절부터 상사가 맡긴 일에 하루를 넘기는 법이 없었다고 한다.

"상사가 어떤 업무 지시를 내려도 곧바로 해결했습니다. 해내야 될 일이 생겼는데 딴 생각을 할 새가 있나요. 밤을 새워서라도 일을 처리했습니다."

이 회장은 알아주는 운동 매니아다. 고교 시절부터 유도, 씨름, 배구, 농구 등 웬만한 운동은 다 잘했다. 밥보다 운동이 더 좋았다고 할 정도니 말 다했다. 권투까지 섭렵했을 정도다. 지금도 기분 전환이 필요하면 짬짬이 샌드백을 두들긴다. 이처럼 와일드하고 화끈한 기질의 그는 인생을 무술 수련에 빗댄다. 고된 기초 훈련을 견딜 수 있는 강한 정신력과 의지력을 가져야 전문인의 길을 갈 수 있다고 강조한다.

"직장 생활을 하려면 기본적으로 고생을 각오해야 돼요. 잔잔한 파도가 능란한 뱃사공을 만들지 못하는 원리를 깨달아야 합니다. 세상에 공짜가 없어요."

이 전 회장은 제일모직에서 그룹 비서실 감사팀으로, 또 신세계 관리부장으로, 삼성물산 런던지점장, 삼성그룹 회장비서실 신경영추진팀장을 거쳐 1997년 홈플러스의 전신인 삼성물산 유통부문 대표이사로 취임했다. 이후 1999년 테스코와 삼성그룹의 합작

회사인 홈플러스를 창립한 이래 무려 16년간 회사를 이끌었다. 그 결과 유통업계 최장수 CEO라는 거목으로 자리잡을 수 있었다.

여기서 생각해 볼 게 있다. 상사의 지시에 피드백이 빠르다는 것은 단순히 업무 처리 속도에만 포커스를 맞추는 것은 아니다. 드러난 것의 이면을 볼 필요가 있다.

빠른 보고서는 날림이 될 수도 있고, 설익은 결론을 도출할 위험성도 내포돼 있다. 하룻밤 사이 만든 보고서가 충분히 만족스럽기는 쉽지 않다. 하지만 어떤 과제가 주어졌을 때 빠른 시일 내에 결론을 냈다는 것은 문제 해결에 필요한 프로세스를 가능한 신속하게 섭렵했음을 의미한다.

이렇게 되면 주어진 시간보다 빨리 문제 도출과 해법을 구한 만큼 조금 미흡한 부분이 있어도 개선을 위한 시간과 여지가 확보되기 쉽다. 또 다시 보완하는 과정에서 노하우와 역량이 쌓이게 된다. 어느 분야에서건 대가들이 많은 연습을 통해 완벽을 추구하듯 일단 질보다는 무언가를 처음부터 끝까지 해 보는 그 자체에도 의미를 부여할 수 있다는 생각이다.

물론 매사 최선을 다해야 하는 것은 기본이다. 다만 속도 그 자체에만 초점을 맞추다 보면 속도가 의미하는 내면의 열정과 의지, 업무 숙련도 등이 잘 드러나지 않을 수 있기에 이 부분을 짚고 싶다. CEO들은 성장하는 과정에서 많은 양의 일을 주어진 시간보다 빨리 해내기 위해 최선을 다했고 그 과정에서 훈장처럼 업무 숙련도와 전문성을 배가할 수 있었다. 더구나 빨리 해내면 기회를 잡을 가능성도 커진다. 사업이나 인생의 기회나 타이밍이 중요하다.

평소 내공을 길러 놨다가 기회가 왔을 때 제대로 신속하게 처리하는 능력이 바로 인생을 도약시키는 발판이 돼 주는 것이다. 피드백이 빠르다는 것은 모든 자극에 대응이 신속하다는 의미로 확장되고, 이는 결국 적극적이고 주도적인 인생관과 철학에서 기인하는 행동 방식이 된다.

최계경 다하누 사장도 '피드백을 잘하는 사람'이 성공할 확률이 높다고 말한다.

"피드백을 잘한다는 것은 공유할 줄 아는 능력이 있다는 뜻이에요. 네트워크의 힘을 아는 사람이죠. 주어진 일이 어떻게 진행되고 있는지, 상사나 선배가 귀찮아할 정도로 보고하세요. 소통하고 공유하는 노력을 하라는 겁니다. 끊임없는 피드백은 자연스레 네트워크를 만들고, 언젠가는 큰 힘을 발휘하는 성공의 발판이 될 겁니다."

6장

고수는
지혜롭게
스트레스를
푼다

영화는 조조할인으로 본다

주변에 즐길 만한 것을 둔다

산책을 즐긴다

"영화는 조조할인으로 본다"

-스트레스를 풀 때도 지혜롭게 푼다

CEO들을 만나면 일단 악수부터 하게 된다. 촌음이 아까운 사람들인데 귀한 시간을 나에게 내준 셈이니 고마울 수밖에 없다. 그런데 통상 상대방의 손을 잡으면서 그들의 얼굴, 특히 눈을 보게 되고 그런 과정에서 그들의 몸에서 발산되는 기와 분위기를 느끼게 된다.

하나같이 그들의 기는 남다르다. 일단 기 자체가 세다. 인상도 부리부리한 사람이 많거니와 눈매도 예사롭지 않은 경우가 많다. 김정태 하나금융그룹 회장도 강한 에너지가 감지된다. 그 원천을 안다면 나도 뽑아 쓰고 싶을 정도다.

"현실에 안주하기 보다는 위기를 안고 사는 습관을 들여야 합니다. 그것을 두려워해서는 안됩니다. 운명이라 생각하고 이를 헤쳐 나가는 방법을 찾는 데 집중하죠. 지혜가 고갈될 때에는 책을 읽으면서 보충하고, 관련이 있는 강의를 듣기도 합니다. 저는 젊었을 때부터 영화를 보면서 스트레스를 풀고 문제 해결의 힌트를 얻었어요."

스트레스를 풀 때도 지혜롭게 푼다. 영화는 주말을 활용한 조조할인 영화만 본다. 붐비는 시간을 의도적으로 피한다.

"조조할인의 특징이 뭔지 아시죠? 값이 싸고 극장이 깨끗하고 붐비지 않아 좋습니다. 아침의 첫 프로를 보는 것은 의미가 있습니다. 시간도 절약할 수 있고 메마른 정서에 영양분을 공급하는 이점이 있습니다."

보통 부잣집 아들들이 구김살이 없고 활달한 경우가 많다. 정신적 결핍을 많이 말하는 시대이지만, 정신적 결핍도 따지고 보면 물질적 궁핍에서 연유하는 경우가 대부분이다. 인정하기 싫지만 현실은 동화가 아니다. 김 회장은 얼핏 자신의 유년 시절을 내보인 적이 있다. 그도 역시나 부잣집 자제였다. 그가 그룹 모임에서 꽹과리를 치며 상쇠 역할을 한 적이 있다. 그래서 "잘 어울린다"고 했더니, 얼마 후 행사 때는 색소폰을 들고 나타났다.

그는 노사연의 '만남'을 멋들어지게 연주했다. 나중에 "아니 언제 색소폰을 배웠냐"고 물었더니, "고등학교 때 잠시 배웠다"는 답이 돌아왔다. 그가 고교를 다니던 70년대 언저리에 색소폰을 배웠을 정도로, 유년 시절 집은 부유했다. 부친의 사업은 잘나갔다. 스스로도 망나니처럼 지냈다고 할 정도였다. 하지만 사업은 부침이 있기 마련이다. 그의 부친 사업도 고등학교를 졸업하기 전에 부도가 났다. 김 회장은 하루아침에 추락한 삶을 통해 배운 게 많았다고 한다.

"부드러워지는 방법도 터득하게 되고, 아픔이 컸으니 웬만한 것은 참을 줄 아는 인내심도 생겼습니다. 돈이 없어 야전잠바 물들여 몇 년씩 입고 다니면서 가난한 사람 배려하는 마음도 갖게 됐어요. 그 시절 고뇌가 어떻게 보면 경쟁력이 된 셈입니다. 어려워도 부모님 사랑을 받으며 성장했기에 모든 것을 긍정적으로 보는 습관을 키울 수 있었고, 어떤 위기가 와도 헤쳐 나갈 수 있는 자신감이 생기지 않았나 하는 생각을 합니다."

"주변에 즐길 만한 것을 둔다"
- 시간 가는 줄 모르는 무언가가 있다

박병원 전 은행연합회장이 이탈리아어를 익히게 된 이유를 들으면 기가 죽는다.

"대학 때 이탈리아의 산레모 가요제가 끝나면 '빽판'불법 복제 음반이 쫙 나돌았는데, 가사를 못 읽는 게 싫어서 이탈리아어를 익혔어요."

하지만 그를 막상 만나면 천재보다는 편안한 이웃집 아저씨 같다. 운전기사가 딸린 차량을 지급받는 자리에 있을 때도 직접 운전을 즐기고, 바쁜 경제 수석 시절에도 종종 산에 올라 꽃 사진을 찍곤 했던 소탈한 성품이 배어 나와서다.

박 전 회장은 사람을 만날 때 자그마한 선물을 준다. USB다. 그 안에 2,400여 장의 사진이 들어 있다. 그가 미국과 우리나라에서 직접 찍은 꽃 사진이다. 함박꽃, 오렌지꽃, 얼레지꽃, 능소화 등 온갖 꽃이 그 안에 들어 있다. 기술보다는 찍는 이의 애정이 담뿍 담겼다.

그의 집은 작은 화원을 방불케 한다. 곳곳에서 나무의 씨앗을 받아다 집에서 싹을 틔워 묘목으로 키워내는 그의 솜씨 때문이다.

"소나무 씨앗을 본 적 없지요? 아주 작은 1.5밀리미터 정도의 잣이라고 보면 됩니다. 그게 딱딱한 껍질을 모자처럼 쓰고 싹이 올라와서 어느 순간 좌라락 솔잎이 펼쳐지는 모습을 보면 감동입니다."

은행연합회장으로서 금융 노조와 만나던 때도 산행을 택했다. 산행을 하면서 자연스레 이런저런 꽃이며 나무 사진을 찍는다. 그러다 보니 노조 측에서 꽃이 많은 길을 먼저 제안하기도 했단다. 사진기는 오래된 소니 카메라를 애용한다.

"렌즈 통 돌아가는 것이 마음에 들어 계속 쓰고 있는데, 하도 오래돼 고장이 난 뒤 남대문에 가 고치면서 예비 용도로 똑같은 중고 카메라를 하나 더 샀어요."

그는 "삶을 즐기는 법도 교육을 통해 '가르쳐야' 한다"고 말한다.

"내가 꽃과 나무를 좋아하는 것은 사진을 찍던 아버님 영향으로 국민학교 5학년 때부터 꽃 사진을 찍었던 이유도 있지만, 중학교 때 식물반을 한 것도 작용했거든요. 주변의 즐길 만한 것들에 눈을 뜨게 하는 교육을 해야죠."

박 회장은 삶을 즐기는 사람이 늘어 그림 한 장, 공연 한 편이라도 더 즐기게 돼야 서비스업이 활성화한다는 얘기도 했다. 그는 "뮤지컬 캣츠를 할 줄 알아야 캣츠를 즐기는 것이 아니다"며 "인생을 풍요롭게 하는 것이 예술인데, '직접 하는 것'에 자꾸 방점을 두지 말고 듣는 것, 보는 것, 즐기는 것으로 무게중심을 옮겨야 된다"고 말했다.

그는 특히 "폼 잡으면 시간은 많아도 돈이 없어 아무 것도 못한다"는 설명도 곁들였다.

"폼을 너무 낼 생각도 하지 말고, 주위의 시선도 너무 의식할 필요 없어요. 그러면 돈을 그렇게 많이 벌지 않아도돼요. 에쿠스 타고 다니고 호텔에서 밥 먹고, 비행기 타고 다니려니까 돈이 많이 들지. 저는 배낭에 노트북이랑 사진기랑 들고 버스 타고 다니면서 들로 산으로 갑니다. 책 보고 싶으면 그대로 도서관에 그냥 가요. 요즘은 너무 도서관이 많아졌어. 동네마다 다 있거든. 거기서 시간을 보내면 돈이 들 것도 없어요. 전 개인적으로 자청해서 호텔에서 밥을 먹어본 적이 없어요. 동네 아주머니가 해주는 오륙천 원짜리 밥이 제일 맛있더라고요. 우리가 너무 돈, 돈 하면 진정 즐길 수 있는 많은 것을 놓치게 됩니다."

그는 "중장년층이 될수록 이제 더 아까운 것은 돈이 아니라 시간"이라며 "시간을 좀더 알차게 보내기 위해 준비할 필요가 있다. 시간가는 줄 모르게 만드는 뭔가를 만들어 가라"고 말했다.

"산책을 즐긴다"
–몸의 운율을 바탕으로 영혼과 육체의 균형을 찾는다

CEO들 가운데는 산책 매니아가 의외로 많다. 시간을 정해 놓고 정기적으로 걷는 칸트류의 사람들이 적지 않은 것이다.

교원그룹의 장평순 회장은 오후 5시에서 6시까지 회사 인근의 을지로입구역부터 동대문역사문화공간역까지 지하도를 왕복으로 걷는다. 빠른 걸음으로 하면 한 시간 내외 거리다. 아예 운동화로 갈아 신고 제대로 걷는다. 점심 약속이 없고 날이 좋을 때에는 청계천도 걷는다. 보통은 혼자 걷지만, 꼭 필요한 중요 현안이 있을 때는 실무자를 불러 함께 걷기도 한다. 걸으면서 논의를 이어가곤 한다.

"날씨 영향을 받지 않기에 두 손이 자유로워 불편하지 않아서 좋아요. 또 매일 할 수 있고, 골프와 달리 시간을 크게 잡아먹지 않는다는 점도 맘에 들고요. 운동 효과를 높일 수 있다는 점도 장점이에요. 특히 걷다 보면 일상을 성찰하게 됩니다. '아! 오늘 그런 일이 있었지. 그때는 이렇게 하는 게 좋았을 걸. 앞으로는 고쳐야지' 하는 식이에요."

촌음을 다투는 경영자일수록 이런 시간이 필요한 법이다. 몸을 추스르고 경영의 생각도 가다듬는 방해받지 않는 진공의 시간이랄까. 바쁜 사람일수록 그런 시간이 필요하다. 자신과 일상을 둘러보고, 생각을 정리하는 시간이 말이다.

생각을 더 잘하기 위해 걷기까지 하는 사람은 진정한 고수라 할 만하다. 몸의 운율을 바탕으로 영혼과 육체의 균형을 이룰 줄 알기 때문이다.

반도체부품업체를 경영하는 김 모 사장도 산보가 취미다.

산보의 효험을 톡톡히 보고 있다며 산보를 남에게 권할 정도다. 그의 산보 예찬을 들어보자.

"저는 틈틈이 시간을 내 걷는데, 걷다 보면 생각이 활성화되는 것을 느껴요. 앉아서 아무리 고민해도 안 풀리는 일들이 해결되기도 하죠. 아이디어가 잘 튀어나와요. 머리에서 맴돌기는 하는데 실체가 잘 잡히지 않던 것들이 땀을 흘리는 육체 활동을 거치면서 자신의 몸통과 속살을 보여주는 느낌이 듭니다. 그래서 이제는 실타래가 꼬일 때마다 걷는 버릇이 생겼어요. 나만의 문제 해결 비법인 셈이죠."

산책은 두발을 움직이는 물리적 행동을 통해 자신을 돌아보는 정신적 행위라는 정의가 그럴 듯하다. 육체와 정신의 밸런스를 추구하는 행위고, 일상성을 유지하면서 생각을 정리하는 의식으로 볼 수 있다.

이른 아침 걷기로 하루를 시작하는 CEO도 많다.

최치훈 삼성물산 대표는 새벽녘 남산을 한 바퀴 도는 걸로 하루 일과를 시작한다. 해외 생활을 오래 한 그는 남산은 물론 남산에서 내려다보는 서울 시내 전경의 아름다움에 빠져들어 3년 전부터 남산 걷기를 시작했다. 이 습관은 카드 수수료 인하, 민원 등 삼성카드 사장 시절 각종 어려운 상황에 놓였을 때도 마음을 추스르며 신사업 구상을 하는 데 큰 도움이 됐다고 말한다.

독일 프리미엄 가전기업 밀레의 한국법인 밀레 코리아의 안규문 사장의 집무실 책상 아래에는 운동화 한 켤레가 놓여 있다. 그는 퇴근 길에 약속이 없으면, 양복에 운동화 차림으로 역삼동 사무실에서 서초동 우면산 근처의 집까지 걸어간다.

"걷기보다는 어슬렁거리기에 더 가까운데요. 건강에 좋을 뿐만 아니라 일상적인 주변을 관찰하고 사색하는 데 도움을 줍니다. 특히 혼자 걸으면서 고민하던 회사 일을 쉽게 푸는 방법을 찾기도 하고 창의적인 아이디어를 얻기도 해요."

박상진 삼성SDI 대표는 20대 때부터 조깅을 빼먹지 않고 해 왔다. 군 복무 시절 내무반 선임병이 아침 점호가 끝나면 항상 먼 거리를 달려갔다 오는 걸 보고 따라 하기 시작한 게 40년째 이어 온 습관이 됐다. 그는 "아침 풀밭 사이를 달리는 데서 묘한 쾌감이 오더라. 조깅은 지금까지 정신력과 건강을 유지하고 있는 비결"이라며 "덕분에 아직도 체력은 젊은이들 못지않다"고 자랑했다.

4부

낡은 나를
버릴 때

끊임없이 기준의 근거를 묻는다

독하게 파고든다

목표가 생기면 열정을 쏟는다

뜯어 보고 다시 조립한다

"끊임없이 기준의 근거를 묻는다"
-기성품은 모두 잘못됐다고 생각한다

『히스토리 오브 더 월드History of the world』를 쓴 존 로버츠John Morris Roberts는 인간은 변화를 만들어가는 동물이라고 했다. 이 변화를 이끌어 가는 능력이 다른 동물과 인간을 구분시켜 주는 유일한 특징이라는 것이다. 애플의 스티브 잡스, 월마트의 샘 월튼Samuel Moore Walton도 모두 마찬가지였다. 잡스는 음악을 듣는 방식, 휴대폰을 쓰는 방식, 컴퓨터를 사용하는 방식에 일대 변혁을 이끌었고, 월튼은 우리가 물건을 사는 방식, 소비 방식에 변화를 일으켰기에 위대한 인간으로 평가받는다. 비즈니스를 잘한 게 아니라 비즈니스 자체를 아예 바꾼 것이다.

월튼은 『메이드 인 아메리카Made in American』라는 자서전을 통해 CEO가 어떤 특징을 가진 사람인지를 보여줬다. 월튼은 변화에 대한 일종의 강박증이 있었다.

생전에 그는 직접 경비행기를 몰고 도시 외곽에 있는 자기 매장을 방문하는 것을 즐겼다. 한번은 비상등이 켜질 만큼 엄청나게 빠른 속도로 비행기를 몰았다. 이에 동승자가 "왜 이렇게 빨리 비행기를 모십니까? 이미 제한 속도를 넘어섰습니다"라고 경고하자, 그는 "제한 속도라니, 그거 누가 정해 놓은 거지? 나는 예전부터 이 속도 이상으로 비행하면 어떤 문제가 생기는지 알고 싶었거든"이라고 답했다. 그리곤 비행기의 속도를 더 높였다고 한다. 그 결과, 그 일대 지역의 비행 제한 속도가 이전보다 시간당 10마일약 16 킬로미터 이상 올랐다.

월튼은 늘 이런 식이었다. 어떤 한계나 규칙, 제한을 아랑곳하지 않았다. 다른 사람들이 그 경계 안에서 어떻게 살지를 고민할 때 그는 "왜 그런 한계를 정했지? 누가 만든 거야? 이를 어기면 어떤 일이 생길까?"라고 끊임없이 고민했다.

CEO들은 이런 부류다. 이미 만들어진 기준이 있다면 그 기준의 근거를 묻는다. 그리고 납득하기 어렵다면, 기준을 새로 만든다. 스스로 조직의 새로운 준거 기준을 만드는 것이다.

이런 사고 습관은 완전 무결한 것은 없다는 인식을 기초로 한다.

더 나아질 수 있는데 왜 기준에 집착하는가. 그 기준은 정말 합당한 것인가. 세상의 모든 것은 개선될 여지가 있다고 보는 것이다. 아웃도어 업체 트렉스타의 권동칠 대표는 "이미 세상에 나온 모든 것이 다 잘못됐다는 가정 아래 조금만 다르게 생각해 보라"고 강조한다.

"단지 원가관리를 잘 한다고, 생산성을 높인다고 세계적인 회사가 된 경우는 없습니다. '퍼플 카우Purple Cow'를 만들어 낸 기업이 세계적인 기업이 되는 겁니다. 똑같아서는 아무런 의미가 없어요."

조금 다른 것이 아닌 보랏빛 소여야 사람의 눈을 끌 수 있다. 권대표도 평소 기성품의 권위를 인정하지 않고 달리 생각하는 습관을 갖고 있다. 이런 습관이 많은 부분을 개선, 발전시키는 것은 물론 기존과는 전혀 다른 개념의 제품을 만들 수 있게끔 유인한다고 믿기 때문이다.

"BMW나 벤츠 등 흔히 사람들이 세계 최고의 명차로 불리는 차를 10여 년 넘게 타고 있지만, 이런 명차도 여전히 개선할 여지가 많이 남아 있습니다. 이 작은 신발 밑창도 이렇게 컬러풀하고 예쁘게 디자인하는데 자동차 타이어라고 왜 안되겠습니까. 검게만 만들지 말고 더 다양한 색상과 디자인으로 만들면 거리가 환해지지 않을까요. 여름철 땀이 많이 나는 사람을 위해 각이 많이 지면서도 돌아가는데 문제가 없는 핸들도 괜찮을 듯합니다. '뭐가 잘못 됐을까?'로부터 시작된 질문은 우리 삶의 많은 부분을 바꿀 수 있습니다."

등산화는 무겁다는 통념을 깬 경등산화, 발 모양의 신발이 가장 인체공학적이라는 점에 착안해 만든 발을 닮은 신발 네스핏, 손을 쓰지 않고 뒤축에 장착된 장치를 툭 치면 신발 끈이 자동으로 풀리는 핸즈프리 신발 등은 모두 기존 제품을 기준으로 삼지 않았기에 나올 수 있었다.

복숭아뼈 밑에 자리한 경혈에 자극을 줘 치매 예방에 좋은 기능성 신발, 진흙탕이나 페인트 등 오물이 닿아도 묻지 않는 신소재를 활용한 신발 등 곧 나올 제품도 기존 신발에 대해 갖고 있던 선입견을 깨는 것들이다. 다들 신발이 사양산업이라고 할 때, 새로움에 대한 도전의 끈을 놓지 않았기에 개발이 가능했다고 볼 수 있다. 지금 대세인 것이 정답이란 생각을 버리면 사고가 유연해진다. 그 결과, 발상이 탁월한 상품을 개발할 수 있게 된다. 기존 시장의 파이를 더 늘리는 수준이 아니라 아예 새로운 시장을 창출하게 되는 것이다.

IT업계의 한 사장은 기자에게 이렇게 말했다.

"모든 게 변합니다. 국가 경제 재건에만 초점이 맞춰졌던 시절에는 재벌을 지원하고 키우는 것이 1순위였지만, 이제는 중소기업과 동반 성장하는 대기업을 제일로 치죠. 어떤 때는 노력이란 가치를 중히 여기고, 또 다른 시기에는 노력보다는 결과 자체, 판단의 가치를 중시 여깁니다. 불로소득을 바라보는 시각도 왔다 갔다 합니다. 예전에는 제조업을 더 쳐주었지만 요즘에는 제조업보다 서비스업이 하등하다고 여기는 사람은 없어요. 게임의 룰이란 패러다임이고 고정관념입니다. 그런데 이런 게임의 룰은 일정한 시기를 거치면서 바뀌게 돼 있어요. 그 시기를 잘 파악해야 기회를 잡을 수 있습니다. 뛰어난 사람은 물길을 따라 가는 게 아니라 물꼬를 자신이 원하는 방향으로 틔워 버립니다. 평소 주류적 제품, 권위 등을 추종하는 데만 혈안이 되지 말고 달리 보는 습관을 들여 보세요. 생각보다 많은 것을 얻을 수 있을 겁니다."

"독하게 파고든다"

- 기준을 높여 악바리처럼 덤빈다

비즈니스란 착하기만 하면 다 되는 게 아니다. 남들과 협상을 하면서 해야 하는 것이어서 그 사람의 심성과 별 상관이 없다. 남들과의 관계를 정립하고 비전을 세우고 일을 추진해 나가는 험난한 과정이다. 게다가 내 의도와는 상관없는 어쩔 수 없는 마찰과 오해들이 빚어진다. 그 과정을 포기하지 않고 끝까지 풀어 가야 뭔가를 이뤄낸다.

스티브 잡스는 "우리는 어쨌든 득공로과 덕인격 양쪽 모두를 갖고 싶어한다. 그러나 그것은 바람일 뿐이다. 공로를 세우지 못한 호인은 도움이 되지 않는다"고 말했다. 비즈니스에서는 공로가 최우선이다. 냉정한 것 같지만 눈부시고 화려한 공로만이 세상 사람들의 평가 기준이다. 이게 팩트다. 훌륭한 일을 하면 그 사람은 '좋은 사람'이 되고 나머지는 세상 사람들이 만들어 준다.

처음에 누가 생각했는지 따위는 중요하지 않다. 누가 그 아이디어를 실현 가능하게 만들었는가가 관건이다.

그래서 역량 있는 CEO들은 일에 대해 엄격하다. 좋은 게 좋다는 식으로 일하는 이는 아예 없다. 호랑이 같은 이들이 대부분이다. 직원들에게 철저함을 요구하고, 이에 못 미치면 혹독하게 질책하기도 한다. 일을 이끌어 갈 때는 물불 가리지 않고 온몸으로 헤쳐 나가는 게 몸에 배 있다. 자신의 생각이 맞다고 확신하면, 어려움이 있어도 동료에게 강요하는 독함도 갖고 있다. 마냥 착해서는 술 먹기에는 좋지만 함께 일하기에는 불안한 탓이다.

이는 단순히 업무에만 통용되는 얘기가 아니다. 흐지부지하는 것을 죽기보다 싫어하기에 무엇을 하든 필이 꽂히면 끝까지 간다. 중간에 발길을 돌리는 일은 거의 없다. 마음에 회로가 있다면 그런 식으로 이미 길이 나 있다고 할까.

특정 분야에서 재능을 닦아 일가를 이룬 경험을 한 사람들을 취재하면서 느낀 것 중 하나는 이들의 취미에 대한 태도다. 이들은 업무와 마찬가지 방식으로 취미 생활을 한다. 남이 보면 '왜 저러나, 뭐 저렇게 독하게 하나' 저절로 묻게 된다. 하지만 이들은 이런 시선을 개의치 않는다. 취미 활동도 어중간한 수준으로는 만족하지 못한다. 다른 곳에 필이 꽂히면 속칭 아예 빠져 버린다. 그래서 그 분야에서도 전문가 수준에 달하는 역량을 습득한다. 재미있는 것은 그런 식으로 몰입하는 경험이 늘어나게 되면 세상을 보는 폭과 깊이도 점점 넓고 깊어진다는 점이다. 얕은 구멍 여러 개를 수시로 자리를 옮겨 가며 파는 사람과 몇 개 구멍을 팔 수 있을 때까지 제대로 파는 사람이 어찌 느끼고 체득하는 게 같은 수준일 수 있을까. 이는 생각보다 큰 차이가 난다.

장평순 교원그룹 회장은 바둑을 즐긴다. 제대로 심취하는 스타일이라 바둑 입문 1년 만에 1급 수준에 올랐다. 지금은 아마 5단 실력이다.

과거에는 낚시에 미쳐 살았다. 낚시 입문 당시에는 운전기사를 낚시광으로 직접 뽑고, 숙식이 가능한 밴을 구입해 전국 낚시터를 섭렵했을 정도였다. 골프에는 시큰둥한데, 들인 시간에 비해 별로 재미도 없고, 꼭 만나야 할 사람은 가끔씩 술로 회포를 푸는 게 더 낫다는 생각이기 때문이다.

특히 장 회장에게 바둑은 취미 그 이상이다. 고등학교 때부터 두기 시작해 지금은 바둑이 평생 벗이 됐다. 바둑 스타일은 싸움 바둑에 가깝다. 두텁게 집을 짓고 상대 공세를 막아내기보다는 상대의 허점을 집요하게 파고든다. 대국 스타일조차 승부욕이 강한 성격을 그대로 닮았다.

"집 짓기 바둑은 별로 안 좋아합니다. 그러다 보니 승패가 확실합니다. 100집 이상 차이가 나는 경우가 많고, 불계승이나 불계패하는 때도 많습니다."

장 회장은 요즘도 짬이 나면 케이블 TV 바둑 전문 방송을 보면서 프로 기사들이 내놓는 새로운 수를 연구하곤 한다. 예전엔 혼자서 새로운 수를 연구하기도 했지만, 이제는 그럴 여유는 없다고 한다. 그래도 휴일이면 기원에 가는 등 시간을 낸다. 좋아하는 기사는 조훈현 9단이다. 후천적으로 학습할 수 없는 예술적 기질을 타고나듯 조 9단은 바둑을 두는 기재를 타고났다고 생각하기 때문이다. 장 회장은 "뭐든지 빠지면 끝을 보는 성격 때문도 영업도 악바리처럼 했던 거 같다"며 "반상에서 싸우다 보면 경영의 수에 대해서도 느끼는 게 생긴다"고 말했다.

CEO들은 대부분 솔직한 감성을 지녔다. 이들을 만나다 보면 역경을 온몸으로 헤쳐 온 자들이 갖는 깨끗하고 맑은 기운이 있다. 노력하는 삶은 그런 식으로 스스로 흔적을 남기는 것 같다는 생각을 한 적도 있다. 보쌈 브랜드 놀부의 김순진 전 대표도 그런 기억이 뚜렷이 남는 이 중 하나다. 이제는 경영 일선에서 물러나 있는 김 전 대표는 사업에서 단점을 보완해 나가는 그런 집요함으로 배움을 구했다. 초등학교만 마치고 생활 전선에 뛰어든 김 전 대표는 "회사가 커지면서 배움이 부족하다는 생각을 하게 됐다"며 "살면서 자신이 부족한 부분을 채워 넣으려는 노력 그 자체가 소중한 거 같다"고 말했다. 한자와 영어로 쓰인 보고서 읽기가 까다로웠는데, 다부지게 마음을 먹고 공부에 들어갔다고 한다. 공부가 인생을 살아가는 데 필요하다는 생각이 들자, 더 절실하게 공부에 매달릴 수 있었다.

"밤낮 영어 단어를 외우고 한자를 익혔습니다. 집에서나 직장에서나 또는 출장을 갈 때도 그랬어요. 심지어 세무사찰을 받았을 때도 그랬지요. 화장실 벽이나 화장대에 영어 단어와 수학 공식을 적은 메모지를 덕지덕지 붙이고 외웠고, 주머니에도 메모지가 많았어요."

무려 중고등학교 검정고시를 6년 동안 시험을 봤다. 당시 1년에 두 번 시험을 봤는데, 6년 동안 그렇게 힘겹게 도전을 할 수 있는 사람은 흔치 않다. 공부도 나이 40이 넘어 시작했으니 절박함이 없으면 쉽지 않았을 터다. 그리고 6년 만에 성공을 해서 대학을 들어가 졸업도 했다.

꿈을 높게 잡는 것의 중요성도 말했다. 김 전 대표는 "대학을 목표로 설정하면 고등학교만 끝내면 못할 거 같아 애초부터 석사를 목표로 했다"며 "이제는 박사도 했으니 초과 달성한 셈"이라고 말했다. 그는 "뭐든지 스스로 느껴서 하면 열심히 하게 돼 있다"며 "꼭 학위가 아니더라도 지식을 쌓고 견문을 넓히려는 노력을 기울여야 더 클 수 있다"고 강조했다.

성공은 에스컬레이터 근처가 아니라 계단 근처에 있다고 했다. 계단을 차곡차곡 밟아 올라가는 성실함과 끈기, 독기가 없으면 굽이굽이 도사린 난관을 이겨내기 어렵다.

배움이 중요한 것 중 하나는 우리 인생이 근본적으로 불공평하다는 데 있다. 스스로 조건을 선택할 수 없는 인생에서 희망을 쏘아 올리려면 인생의 난폭함에 끊임없이 응수해 새 길을 여는 수밖에 없다. 성공한 이들은 일찍부터 인생이 배움의 과정이라는 점을 알았고, 배우고자 하면 어떠한 장애도 이긴다는 진실을 알았다. 타고난 조건이 좋았든 나빴든 무한 배움을 통해 자신의 인생 각본을 승자의 각본으로 만들었다. 자기 안에 궁핍 선생을 일찍 스승으로 모시고, 이 궁핍을 채우기 위해 노력했던 것이다. 굴하지 않는다면 시련은 성공의 자질을 키울 수 있는 환경, 그 이상도 이하도 아니다. 역경에 가까운 초기 조건을 갖고 세상에 났더라도 평생 배우려는 열정으로 일하면서 배우고 배우면서 일하면 초기 조건을 극복해 나갈 수 있다.

학교는 간판을 달아야 학교인 것은 아니다. 모든 일터가 학교가 될 수도 있고, 자신만의 자그마한 몇 평 공간이 세상을 움직이는 도서관이 될 수도 있다. 현재 자리에서 인생을 싹 틔울 씨앗을 뿌리는 지혜로운 자가 돼야 한다.

"목표가 생기면 열정을 쏟는다"
- 행운과 우연은 그냥 찾아오지 않는다

사람이 성공하기 위해 갖춰야 할 것 중에 쌍기역으로 시작하는 1음절 단어 여섯 가지가 있다고 한다. 그것은 바로 끼, 꿈, 깡, 끈, 꼴, 꾀다.

인생을 살아가는 데는 이 여섯 가지 기능 모두를 기본으로 갖추고 있어야 할 것이다. 한 가지라도 부족할 경우 운용 과정에서 문제가 생길 수 있다. 특히 다른 사람과 차별화된 경쟁력을 갖기 위해서는 기본적으로 모든 요소를 골고루 갖추되 특별히 뛰어난 부분 몇 가지는 더 있어야 한다. 이게 안 되면 그저 평범하기 쉽다. 평범하면 안타깝게도 현상 유지되는 게 아니라 도태된다.

여섯 가지를 갖추려면 기본적으로 집요해야 한다. 남승우 풀무원 대표는 여섯 가지를 두루 갖춘 전천후 CEO에 견줄 만하지 않을까 싶다. 그는 정말 공사다망하다. 그리고 의외의 면이 너무 많아 신기할 정도다. 그와는 생활산업부에서 일하던 시절, 공식 기자

간담회에서 만난 적이 있긴 하지만 개인적으로 제대로 된 대화를 나누지는 못했다. 하지만 우연한 기회에 한국경제신문 등에서 그의 인터뷰를 접했는데 참 재미있게 읽었다. 기자 생활을 하다 보면 나중에야 '그 사람이 그런 배경을 갖고 있는 사람이었나'하고 눈을 씻고 다시 보는 경우가 적잖이 생긴다. 나름 정신을 바짝 차리고 눈앞에서 어른거리는 숱한 기회와 현상 등을 낚아채기 위해 노력한다. 그래도 빈틈을 피하기는 어렵다. 그런 인물을 좀 더 쉽게 만날 수 있는 기회를 날려 버린 마음에 스스로 머리를 쥐어박지만 안타까움이 쉬 사그라지지 않는다. 남 대표는 그런 기분이 들게 한 사람이다. 그처럼 '별나다'는 수식어가 어울리는 사람은 드물다.

그는 휴일이면 슬리퍼를 끌고 동네 만화방에서 하루를 보내기도 하는 만화광이면서 미드미국 드라마광이기도 하다. 이뿐만 아니다. 콜레스테롤 수치를 줄이겠다는 일념으로 50세 늦깎이로 입문한 마라톤은 이제 연간 풀 코스 한 번, 하프 코스 네 번 정도 완주하는 베테랑이 됐다.

그는 또 현대 경영학의 영원한 구루라는 피터 드러커Peter Ferdinand Drucker의 책을 섭렵한 드러커 전문가이기도 하다. 특히 '프로페셔널의 조건'은 열 번 이상 탐독했다고 한다. 그가 드러커에 꽂힌 계기도 범상치 않다. 남 대표는 1990년대 초 알코올성 췌장염으로 40여 일간 병원 신세를 질 때 비서가 사다 준 드러커의 '새로운 현실New Reality'을 읽게 되면서 드러커에 빠졌다.

그는 서울대 법대를 나온 소위 엘리트 출신이지만 눈여겨볼 것은 그의 석사, 박사 학위다.

네 번의 고시 낙방 끝에 현대건설에서 5년간 일하다 친구인 원혜영 의원의 권유로 풀무원에 합류한 것이 1981년. 이후 그는 1994년 연세대에서 식품공학 석사 학위를, 여세를 몰아 1999년에는 같은 대학원에서 치아 우식균충치 원인균의 DNA 염기 서열에 관한 연구로 식품생물공학 박사 학위까지 받았다. 만학도인 데다 비전공자라는 핸디캡까지 안고 식품공학을 고집한 이유는 이랬다. "내가 모르는 제품을 팔 수는 없지 않습니까?"

그의 인터뷰를 통해서 눈에 들어온 것은 열심히 하면 우연이 선물로 주는 것들이 많다는 점이다.

'세런디피티serendipity'라는 말이 있다. 뜻밖의 행운을 지칭하는 용어인데, 우연히 기적과 같은 일이 이뤄지는 것을 말한다. 비즈니스에서 보면 우연과 행운이 깃든 성공 스토리가 적지 않다. 3M의 효자상품인 포스트잇Post-it은 강력한 접착제를 만들려다가 실패해서 나온 작품이고, 발기부전 치료제인 화이자의 비아그라도 심장병 치료제를 겨냥해 만들다가 우연히 개발됐다. 그러나 이런 모든 우연은 열정적인 평소 태도에서 비롯된 것이다. 하늘에서 뚝 떨어지는 우연은 없다.

남 대표는 드러커의 말 중에 '모든 성공한 CEO들에게는 단 하나의 공통점이 있을 뿐이다. 분명한 목표가 있고, 이를 이루기 위해 부단히 노력했다는 것 외에는 다른 공통점은 없다'는 구절을 제일 좋아한다고 한다. 드러커의 말대로 그는 사시에 실패했던 쓰라린 과거를 잊기 위해서라도 일에 몰두했다. 그가 가진 한번 빠지면 끝장을 보는 기질 덕분에 식품 전공을 통해 자신의 업에 대해 전문성을 강화할 수 있었다. 당시 수도요리학원을 3개월간 다녔는데, 주부들의 요리 세계에 눈을 뜨게 된 것은 후일 식품 사업을 키우는 데 큰 도움을 줬다. 또 박사 학위는 '업자'를 한 수 아래로 보는 식품의약품안전청 전문가들에게 실제로든 심리적으로든 꿀리지 않게 만들어 줬다. 남 사장이 유기 농산물의 농약 잔류치 기준, 생수의 미생물 기준 등과 같은 식품 안전에 관한 규정을 국내에 도입하는 데 앞장설 수 있었던 데도 생물학 공부가 한몫 했다고 한다. 지식 욕구는 여전히 대단해 한 달에 4~5권의 신간을 읽고 임원들에게도 책을 직접 사서 선물하는 것으로 잘 알려져 있다.

대학교 다닐 때만 해도 새벽 4시가 돼서야 잠에 드는 야행성 체질이었지만 지금은 전형적인 아침형 인간이 됐다. 오전 5시30분에 일어나 7시면 회사에 도착한다. 첫 직장이었던 현대건설이 그를 개조시켰다. 그는 뭐든지 철저하게 일하는 습관이 천성처럼 배여 있다.

과거 1990년대 중반 두부, 콩나물 등 일본 공장을 벤치마킹 할 때는 한 달에 한 번꼴로 주말을 이용해 일본 출장을 다녀왔다. 그렇게 다닌 일본 출장 횟수가 140여 회. 방문한 공장만도 200곳이 넘는다고 한다. 그는 새옹지마란 고사성어를 좋아한다. 사시에 떨어졌기에 분발했고 그래서 CEO로 성공할 수 있었다고 여긴다.

직원들에게도 항상 "세상을 낙관적으로 바라보라"고 강조한다. 실패를 하더라도 그 속에서 교훈을 얻고 무언가 얻어내는 삶을 살아야 한다는 것이다.

국민 볼펜 'monami 153'을 만드는 문구회사 모나미 송하경 대표는 애견가로 유명하다.

"동물을 좋아해서 개를 기르기 시작했는데, 한 가지에 빠지면 끝을 보는 성격이라 개 훈련도 시키고 외국의 세미나, 대회에도 나갔지요. 점점 욕심이 생기더라고요. 외국에서 직접 좋은 개들을 들여와 새끼를 낳다 보니 지금은 한 50마리가 됐습니다. 사옥 옥상과 물류 창고에 견사가 있고 집에는 푸들도 있어요."

송 대표는 1년에 한 번 유럽에서 열리는 세계 최대 규모의 셰퍼드 훈련 경기대회에 참가하기도 한다. 기르던 셰퍼드를 데리고 직접 참가한 적도 두 번이나 된다. 좋은 품종의 개가 있는 곳이라면 스페인이든 독일이든 가리지 않고 찾아간다.

한 20여 년 전 눈이 펑펑 오던 어느 날, 키우던 고양이가 집 앞마당에 배를 깔고 누워 있었다. 가까이 가보니 집에서 함께 기르던 개가 다리에 경련을 일으키며 쓰러져 고양이가 몸으로 보듬고 있었던 것. 그 이후로 점점 더 많은 수의 개를 키우게 됐다.

"고양이 녀석이 개를 지켜주고 있었던 겁니다. 그때부터 짐승들이 말은 못해도 참 충직하고 따뜻한 존재라는 걸 느꼈습니다."

송 대표도 남 대표와 비슷한 데가 있다. 뭔가에 관심을 갖게 되고 그 대상에 대해 꾸준히 애정을 쏟았고, 그 덕분에 경영과 관련한 통찰도 얻고 이런 저런 도움도 받고 있다는 점이다.

"개를 기르다 보면 필요한 용품 등이 적지 않아요. 그런 것을 구하려고 노력하게 되는데, 잘 없더군요. 그래서 아예 애견용품 시장에 들어갔죠. 카탈로그를 통해 문구를 파는 노하우를 애견용품 파는 쪽에 접목해 온라인 사이트를 열었습니다. 시장은 크지 않지만 거기서 우리가 1등이에요."

사실 이건 작은 부분이다. 개를 기르면서 최고의 품종은 교배에 의해 만들어진다는 것을 안 점이 더 크다. 기존의 문구제품도 다양한 시도를 하면 고객에게 사랑받는 제품으로 거듭날 수 있다는 점을 체득했다. 모나미는 중고교생들 사이에서 '3초 펜'으로 잘 알려져 있다. '슈퍼겔Q'라는 제품인데 필기한 지 3초 만에 잉크가 말라 쉽게 번지지 않는다고 해서 생긴 별명이 바로 3초 펜이다.

학생들 사이에서 부드럽고 매끈해서 교과서나 노트에 필기하기 좋다고 입소문이 났다. 이 제품은 일일이 중고교생을 찾아 다니며 소비자 조사를 한 끝에 나와 그만큼 애착이 강하다.

"세계적인 견사犬舍는 다양한 개들을 교배시켜 새로운 품종을 만들어냅니다. 셰퍼드가 좋다고 계속 셰퍼드만 키우지 않습니다. 앞서 가는 견사는 변화를 통해 애견가들의 트렌드를 이끕니다. 미술품은 가만히 둬도 시간이 흐르면서 값어치가 오를 수 있지만, 개는 끊임없이 공부를 하며 키워야만 좋은 개가 되는 것과 마찬가지이치예요."

가만히 서 있는 게으른 소가 결코 쥐를 잡을 수 없다. 축구에 비유하자면 프리킥 상황에서 세밀하게 계획된 플레이로 골을 넣는 것보다는 열심히 뛰다 보니 수비수 사이에 빈 공간이 나서 득점 기회를 잡는 것과 비슷하다고 할까. 뭐든 열정적 노력을 기울여야 파랑새를 잡을 수 있다. 취미도 꾸준히 제대로 하면 다 도움이 된다.

"뜯어 보고 다시 조립한다"

–반복, 또 반복해 통달한다

CEO에게 있어 업무 장악력은 매우 중요하다.

여기에서 말하는 업무란 매일매일 반복되는 단순 일과만을 말하는 게 아니다. 자신이 영위하는 사업을 손금 보듯 할 수 있어야한다. 이는 기술의 트렌드, 발전 방향, 시장의 상황과 전망 등을 훤히 꿰고서 번득이는 통찰력을 발휘할 수 있는 수준의 탁월한 전문성을 의미한다. 그렇지 않으면 너무나도 빨리 변화하고 있는 기술흐름을 놓치고 도태되기 십상이다.

CEO라면 머리를 빌릴 수 있으니 조직 관리에 특별한 노하우가 있으면 되는 일 아니냐는 반론도 나올 수 있다. 안될 것은 없겠지만, 최근의 비즈니스 동향을 보면 확실히 엔지니어 분야에 날카로운 식견이 없는 CEO는 경쟁력을 갖기 어려워졌다. 기술을 탑재한 디자인, 기술의 소비자 반응 등 제품의 경쟁력을 가르는 요소들을 제대로 평가할 수 있으려면 모든 것의 원천이라 할 기술에 대한 철저한 이해가 전제돼야 한다. 경쟁이 점점 치열해진다는 말은 그만큼 조직의 명운을 걸고 경영 판단을 해야 하는 때가 예전과는 비할 수 없을 정도로 잦다는 뜻과 같다. 과거만 해도 상대적으로 소수였던 이공계 엔지니어 출신의 CEO가 이제는 대세가 되고 있는 것도 이와 무관하지 않다. 최첨단 분야에서 기술을 이해하지 못하는 CEO는 생존할 수 없다.

이와 관련해 이건희 삼성그룹 회장의 습관은 시사하는 바가 적지 않다. 그는 친구가 별로 없는 어린 시절을 보냈지만 유복한 집안 형편 때문에 당시로선 구경조차 힘든 값비싸고 신기한 장난감에 묻혀 살았다. 천장에 매달린 끈을 물고 빙빙 돌아가는 비행기, 철길 위를 달리는 모형 기차 등이 그런 것들이었다. 이 회장은 오래지 않아 그것을 뜯어 보고 다시 조립하는 데까지 나아갔다.

복잡한 기계 속으로 들어가 나름대로 무언가를 찾아보고 생각하는 탐구놀이로까지 발전한 것이다.

그의 형들도 그랬지만, 이 회장은 유독 더 탐구 놀이에 흠뻑 빠졌다. 나중에는 그 방면에 누구도 따라올 수 없는 어떤 경지에 올랐다. 카메라며 VTR부터 몽땅 해체했다가 다시금 조립할 수 있게 된 것이다. 그러면서 기계의 원리를 자연스럽게 깨치게 됐고, 이런 경험은 후일 전자 분야에서 탁월한 식견을 내놓을 수 있는 힘의 원천이 됐다.

미국 유학 시절, 그는 자동차에 대한 호기심과 열정으로 1년 반동안 자가용을 무려 여섯 번이나 바꾸기도 했다. 무엇인가에 몰입하고 집중력을 쏟는 데 일가견이 있음을 보여준다. 삼성그룹의 회장이 된 이후에도 자기 집 지하실에서 휴대폰을 분리하면서 고개를 갸웃하고 있는 이 회장의 모습을 연상하는 것은 어렵지 않았다. 어린 시절에 형성된 기계와의 친숙함 때문이다. 영화와 다큐멘터리에 광적으로 집착했다는 점도 특이하다. 일본에서 초등학교 2년과 중학교 1년을 유학하는 사이 그는 무려 1,300여 편 이상의 영화를 봤다고 한다. 3년 동안 거의 매일같이 영화를 빼먹지 않고 봤다는 얘기다.

이후 그는 평생 영화와 다큐멘터리의 광이 된다. 한때 그를 소개하는 프로필 기사에서 빠지지 않는 대목이 영화 및 다큐멘터리 비디오를 1만 개 넘게 소장하고 있다는 것이었다.

특히 이 회장은 도쿠가와 이에야스와 같은 혼란스럽던 전국시대 영웅을 다룬 비디오를 수십 번이나 본 것으로도 유명하다. 삼성 임원들에게 일본 역사에 대해 자신보다 잘 아는 사람이 있으면 나와보라고 자신 있게 말할 정도다. 영화나 다큐멘터리에 매료된 경험은 그로 하여금 사람과 조직, 사회에 대한 이해와 식견을 높여 줘 경영 아이디어를 얻는데 도움을 줬을 것이다. 또 전자제품을 분해하고 조립하며 보냈던 습관은 애니콜 신화로 이어졌으며, 미 유학 시절 생긴 자동차에 대한 지식은 자동차 산업에 대한 열정으로 귀결됐을 터다.

성공하는 사람들은 자신의 유전적인 성격, 기질적 약점 등에 대해 질책하지 않는다. 그보다는 발전적 경험을 통해 진정한 자신다

움에 대해 깨닫고 이를 더욱 좋은 방향으로 꽃피우도록 노력한다. 이 회장은 이른 유학생활 등을 통해 어쩔 수 없이 받아들여야 했던 고독 속에서 몰입이란 통로를 활용해 출구를 찾았다. 그의 취미는 경영이라는 출구와 연결됐다.

2장

고수는
단순한
생활을
즐긴다

우직하게 파고든다

핵심에 매진한다

꿈에서도 해법을 갈구한다

"우직하게 파고든다"

- 단순함에서 파워가 생긴다

단순한 생활이란 무엇일까. 바로 핵심에 집중하는 습관이다. 골수, 정수가 되는 일에 모든 신경을 집중하고 군더더기와 같은 다른 일은 잔가지 치듯이 없애 버린다. 에너지를 한곳에 모으는 생활이 바로 심플한 생활이다. 선택과 집중의 미학이 발휘된 생활 패턴이라고나 할까. 성공하는 사람들은 에너지를 효율적으로 배분하는 삶을 지향한다. 한정적인 역량을 어느 곳에 집중할 것인지를 고민하고 생활의 초점을 특정 영역에 맞춰 로드맵을 짜고 이를 실천한다. 권점주 전 신한생명 사장도 그런 부류다.

행원으로 사회생활을 시작해 신한은행 부행장을 거쳐 신한생명 사장, 부회장 등을 거친 그는 우직하고 신실한 사람이다. 권 전 사장과는 점심을 몇 차례 하면서 이런 저런 얘기를 많이 나눴는데, 항상 남을 배려하는 태도가 몸에 배인 분이란 것을 여러 번 느꼈다. 그의 경영 모토는 '득심(得心)'. 남의 마음을 얻기 위해 정성을 다하면 모든 일이 술술 풀린다는 철학을 갖고 있다. 그가 지난 1988년 신한은행 청량리 지점에서 영업섭외 담당으로서 일할 당시 에피소드는 권 전 사장의 열정을 잘 보여주는 사례로 꼽힌다.

모든 행원에게 그랬듯이 그에게도 고객 확보는 절체절명의 일이었다. 신한은행은 당시만 해도 전국에 점포가 20여 개 밖에 없는 신설은행에 불과했다. 오죽했으면 점포 개점을 할 때 예금이나 대출 수가 아니라 내점 고객이 몇 명이냐를 갖고 평가의 주요 지표로 삼을 정도였다. 그의 주 무대는 경동시장과 한약시장이었다. 당시 과장이었던 권 사장은 골덴 바지에 운동화 차림으로 마트 카트를 개조해 만든 동전교환 카트를 밀며 시장통을 누볐다.

깔끔한 복장에 엘리트 사무직으로 여기던 은행원이 기껏 시장통에서 동전 카트나 밀어야 되겠냐는 반응이 대부분이었다. 하지만 그는 달랐다. 고객에게 좋은 서비스를 제공해 기쁨을 주고 진정한 나의 고객으로 만들겠다는 마음이 있었기에 그랬다.

"동전교환 카트는 당시 청량리 지점장님의 아이디어로 만들어졌었는데, 이 업무를 맡은 신입 행원들에게는 카트에 담긴 동전을 교환해 주고 파출 수납 업무도 하면서 신규 고객 유치는 물론 자연스레 고객과 현장에 대해 배울 수 있어서 좋았어요. 동료들 중에 많은 친구들이 허드렛일을 시킨다며 견디다 못해 사표를 쓰기도 했죠. 하지만 저는 하기 싫어하기보다는 어떻게 차별화해서 더 많은 상인에게 도움을 줄까를 궁리했어요. 그래서 '동전 사세요. 동전! 싱싱한 동전이 왔습니다!'라고 목청껏 외치고 다녔고, 시장

통에서 인기를 누렸습니다."

이런 정신으로 일했던 그였기에 조직의 수장으로까지 성장할 수 있었을 테다.

그런 권 전 사장이 성공의 비결로 꼽은 것이 단순한 생활이다.

"대부분의 사람들은 목표를 이루는 과정에서 많은 고민을 합니다. 목표를 이루는 과정이 어렵기 때문에 목표 자체를 회의하게 되고 이것을 계속 해야 되나 말아야 되나 하는 고민에 휩싸이게 되죠. 그러다 보면 목표를 이루려고 노력하는 시간보다 고민하고 방황하는 시간이 훨씬 더 많아집니다. 그런데 저는 단순한 사람입니다. 한번 목표를 정하면 한눈 팔지 않고 앞으로 진격하는 스타일입니다. 특히 목표를 정하면 내 생활을 목표 달성을 위한 체제로 재편하고 불필요한 군더더기를 제거해 하루 일과를 단순화시켜 왔습니다."

모든 것을 연소시키며 하루하루를 보내면 회의와 잡념이 끼여들 자리가 없다. 치열한 하루가 저물면 곧바로 자리에 들어 숙면을 취하게 된다. 단순함에서 파워가 나온다. 새로운 위기 상황에 봉착했을 때 복잡하게 생각하는 것은 문제를 더 꼬이게 할 뿐이다. 문제를 정면으로 직시하고 그 핵심을 파고 들어야 한다. 단순함에서 파워가 생긴다는 게 권 전 사장의 소신이다.

일본 비즈니스계의 거두 손정의는 '잉어잡이 마샨'을 통해 대가는 엄청난 준비를 하는 사람이라는 것을 배웠다고 말한다. 잉어잡이 마샨은 일찍이 손정의의 고향인 사가현 도스시에서 가까운 지역에 살았던 잉어잡이 명인이다. 마샨은 규슈 최대의 강인 치쿠고 강에서 잉어를 잡을 때 '잉어 안기'라는 독특한 기술을 구사해 유명세를 떨쳤다. 마샨은 잉어의 속성을 역이용해 잉어잡기의 달인으로 군림할 수 있었다. 잉어는 강물의 온도가 내려가면 물밑 웅덩이 같은 곳에 들어가 꼼짝도 하지 않는데, 물속 깊은 곳에 있는 웅덩이는 다른 곳보다 온도가 높기 때문이다.

그런 잉어의 특징을 잘 아는 마샨은 잉어 안기를 하기 며칠 전부터 영양가가 높은 음식으로 배를 채운 다음 몸 상태를 조절한다. 이는 물속에서 체온이 내려가는 것을 막기 위해서다. 그리고 고기를 잡는 당일에는 먼저 모래밭에 모닥불을 피우고 천천히 몸을 덥

히는데, 몸이 따뜻해지면 물고기를 잡을 준비를 마친 것이다. 이제 따뜻해진 몸으로 물속에 들어가 웅덩이에 가만히 드러눕는다. 물속에서 몇 분 이상 버티면서 조용히 잉어가 다가오길 기다리는 것이다. 차가운 물속에서 잉어는 사람의 체온에 이끌려 다가온다. 그러면 마샨은 이 때를 놓치지 않고 팔로 부드럽게 껴안은 다음 단숨에 잉어를 들어올려 강기슭에 있는 사람에게 던진다.

입신의 경지에 오른다는 것은 어느 날 갑자기 흉내 낼 수 있는 것이 아니다. 마샨의 사례처럼 철저한 준비와 노력을 바탕으로 이뤄진다. 어떤 일에 매진한다는 것은 모든 일상이 그 일을 축으로 돌아감을 의미한다. 다른 것들이 모두 그 축의 자기장 안에서 움직이는 것이다. 이런 상황에서는 통상적인 관점에서 보면 문제 해결과 아무런 상관이 없어 보이는 일들도 문제의 암호를 푸는 실마리가 될 수 있다. 온 정신이 특정 대상을 향해 집중하고 있어 이런 일이 가능해지는 것이다.

기자 생활을 15년 이상 하고 보니 이제는 나름대로 양질의 CEO를 분류하는 기준도 갖게 됐다. 잘 되는 기업의 CEO일수록 꾸밈이 덜하다. 이름만 들으면 누구나 알 만한 대기업이 아닌 곳의 CEO들은 자신의 기업을 좀 더 그럴 듯하게 포장하기를 바란다. 더 유망하고 더 각광받는 기업으로 보이고 싶어한다. 그런데 나중에 잘 되는 회사의 CEO들은 태도가 상대적으로 사무적인 편이었다는 것을 나중에 깨닫게 됐다. 이는 사람이 좀 딱딱하다는 것과는 좀 다른 차원의 얘기다. 어쩌면 자신과 기업 역량에 대한 자신감의 표현일 수도 있고, 현재는 이 정도밖에 안 되는 회사라는 솔직한 자기 평가에서 나온 것일 수도 있다. 아니면 언론을 기피하는 개인적 특징에서 나온 분위기일 수도 있다. 어쨌든 그런 경향을 띤다. 실제로 그들은 굉장히 예의 바르고 깍듯하다. 말투도 상대를 배려하는 게 느껴질 정도로 상냥하다. 다만 그들은 자신의 기업 실상에 대해 덜 분식하고 있는 그대로를 알리는 데 치중한다. 하지만 자신의 소신과 사업 전망을 말할 때는 진중하면서도 거리낌이 없다. 인터뷰를 끝내고 나서도 자신의 기업에 대해 있는 그대로를 알려 달라고 하지, 없는 것을 좋게 나가게끔 해 달라는 식으로 분위기를 잡지 않는다. 그래서 그들의 태도는 담담하다. "당신은 직업이 기자이니 우리 회사에 대해 제대로 취재를 해 가라. 어설프게 실상을 호도하지 말라"는 지극히 객관적인 태도를 시종일관 유지한다. 이 때문에 일부 기자는 이런 스타일의 CEO를 좋아하지 않는다. 건방지다는 둥, 빈말이라도 멀리서 취재하러 와 줘서 고맙다는 둥의 인사치레가 없다며 불평하기도 한다. 하지만 내가 볼 때 그런 CEO 중에 진국이 많다. 그런 CEO를 가진 기업이 잘나가는 경우를 아주 많이 봤다.

반대로 기자에게 지나치게 호의를 베풀거나 은근히 스스로를 과시하는 CEO는 말로가 별로인 경우가 많았다. 그들이 기자에게 저자세로 나올 이유가 없는데 그럴 때는 오히려 구린 데가 있다는 반증이다. 오랜 경험을 통해 체득한 것이다. 이런 게 직감이라면 직감일 거다.

마샨의 잉어잡기와 뛰어난 CEO의 기질을 설명하는 이유는 서로 간에 맥이 닿아 있기 때문이다. 마샨이 잉어잡기라는 목표에 집중하듯 최고의 CEO들도 업의 본질에 입각해 행동한다. 제대로 된 CEO들은 자신이 회사를 더 잘 알려 가치를 띄우려고 하지 않고, 회사를 더 내실 있게 키워 자연히 기업의 내재 가치가 커지도록 한다. 잔꾀를 부리지 않기에 때론 답답해 보이고 너무 우직해 손해 보는 거 같다. 그러나 길게 보면 이들만이 경쟁에서 살아남는다.

처음에 인터뷰를 하도 고사해 애를 먹었고 조금 오해도 했던 한 반도체 기업 사장이 있다. 처음 봤을 때 기업 매출이 천억 원이 될까 말까 했는데 당시 그는 이렇게 말했다.

"이제 매출이 천억 원인데 우량 기업이라뇨? 가당치도 않습니다. 우리 기업의 매출이 조 단위가 되면 그때 인터뷰를 한번 제대로 하겠습니다."

그런데 그 회사는 10년 남짓이 지난 지금 조 단위 매출을 올리고 있다. 그를 다시 만나지는 않았다. 하지만 첫 만남 때 필자에게 이렇게 말한 기억이 또렷하다. 그만큼 그 CEO는 기존에 만나왔던 CEO와는 언론을 대하는 자세와 철학이 좀 달랐다.

"저는 생활 자체가 단순합니다. 불가피한 가욋일로 바빠지는 오류를 차단한다고 할까요. 주위를 보면 작은 성공에 취해 외도에 가까운 다른 일로 부산을 떠는 사람들이 있는데요. 저는 그렇게 살 생각이 없습니다. 집중해서 제 사업에서 의미 있는 성과를 만들고 싶습니다."

　뛰어난 CEO들은 본질을 제대로 짚어낸다면 타의 추종을 불허하는 경쟁력을 갖출 수 있다고 생각한다. 본질을 짚어내는 능력은 다른 말로 표현하면 통찰력, 혹은 직관이 탁월하다는 뜻이다. 그런데 이 직관이란 그냥 얻을 수 있는 것이 아니다. 자기 분야에서 최고가 되겠다는 일념으로 혹독한 수련을 해 온 사람에게만 훈장처럼 주어지는 것이다. 최고의 투자 전문가들은 위기가 닥치기 직전에 온몸이 미리 반응한다고 한다. 몸이 무겁고 거북하거나 하는 식으로 말이다. 그래서 증시 폭락의 소나기를 피할 수 있다. 오랜 경험과 공부를 통해 시장을 보는 눈이 생겼고, 이런 직관은 다양한 방식으로 그 사람에게 신호를 보낸다. 마찬가지로 경영자들도 이런 직관을 갖추기 위해 엄청난 노력을 기울인다. 그런 과정을 이겨내야만 시장의 큰 흐름이 보이고 어떻게 사업을 꾸려나가야 할지 판단이 서게 된다. 작가로 치면 문리가 터지는 셈인데, 이런 경지에 오르지 못하면 대성하기 어렵다고 봐야 할 것이다. 집중이 흐트러지면 승산이 없다.

"꿈에서도 해법을 갈구한다"

─때로는 무의식이 문제 해결의 실마리를 준다

일본에서 세일즈의 신이라고 불리는 하라이치 헤이에 관한 이야기다. 그가 은퇴 후 기자회견을 가졌다. 한 기자가 영업을 잘하는 비결을 묻자, 그는 이렇게 답했다.

"그저 남보다 많이 걷고 뛰었을 뿐입니다."

그러고는 양말을 벗었다. 그의 발톱은 뭉개지고, 불은 굳은살이 두껍게 붙어 있었다.

그는 계속 말을 이어갔다.

"세일즈를 하고 있지 않을 때는 세일즈에 대해 계속 이야기를 했습니다. 그리고 세일즈에 대해 말을 하지 않을 때는 계속 세일즈에 대한 생각을 했습니다."

이 같은 업무 몰입도는 난관을 헤쳐 나가는 동안 의외의 기적을 선물하기도 한다.

교세라그룹의 창업자이자 일본 항공 수장인 이나모리 가즈오 회장도 그랬다. 그는 모든 일은 마음에 새긴 대로 이뤄진다고 말한다. '꼭 목표를 달성하고 싶다'는 소원을 얼마나 강하게 가질 수 있는가 하는 것이 성공의 열쇠라는 것이다.

그가 지난 2012년 하나금융그룹 임원들을 대상으로 강연한 적이 있다. 하나금융그룹 드림소사이어티라는 프로그램으로 매월 개최되는 강연회였다. 당시 기자 신분으로 이 강연장에 갔다. 이나모리 회장은 그 자리에서 '매출 최대, 경비 최소'를 경영의 대원칙으로 삼았다고 소개했다. 그는 "일반적인 경영 상식으로는 매출이 증대하면 경비도 함께 늘어난다"면서 "하지만 고수익을 내기 위해서는 이런 선입견을 버리고 매출을 최대한으로 늘리고 경비를 최소한으로 줄이기 위한 창의적 노력을 계속해야 한다"고 말했다.

"가령 어떤 기업의 매출이 100이고 여기에 필요한 인재와 제조 설비를 갖추고 있다고 가정해 봅시다. 보통 기업은 수주가 150으로 증가했다면 일반적으로 50퍼센트의 인원과 설비를 추가해 150을 생산하려 합니다. 하지만 이런 단순 덧셈 방식의 경영으로는 결코 고수익을 낼 수 없어요. 수주가 150으로 증가해도 생산성 향상을 통해 인원과 설비는 20~30퍼센트 정도만 증가시켜야 합니다."

수주가 늘고 매출이 확대돼 기업이 발전하는 시기야말로 합리화를 도모하고 고수익의 기업 체질을 갖출 수 있는 천재일우의 기회다. 하지만 대부분의 경영자가 호황기에 방만 경영의 유혹에 빠진다고 이나모리 회장은 지적했다.

강연회에서 기자가 특히 주목한 부분은 그가 잠재의식을 활용하는 방법에 관한 것이었다.

　　"잠재의식을 자유자재로 활용하려면, 자동차 운전처럼 반복해서 경험하는 것이 중요합니다. 되풀이되는 경험을 함으로써 잠재의식을 쓸 수 있게 되는 겁니다. '매출을 얼마 올리고 싶다'는 목표를 자나깨나 하루 종일 생각하는 식의 강하고 지속적인 소원이 잠재의식에 저장되면, 그 소원에 뿌리내린 의식은 의도하지 않아도 현재 의식 속에 나타납니다. 결국 소원이 실현되도록 도와주죠. 만약 새로운 사업에 진출하고자 고민 중인데, 해당 사업에 적합한 인재가 사내에 없다고 칩시다. 이때 경영자가 '꼭 사업을 해내고 싶고, 적합한 인재를 만나야겠다'고 매일 계속해서 강렬하게 생각한다면 뜻하지 않는 장소에서 적합한 인재를 만나 단번에 신규 비즈니스가 전개되는 일이 일어나기도 합니다. 강한 소원이 잠재의식 속에 각인되었기 때문에 사소한 만남을 놓치지 않고 좋은 기회로 전환할 수 있었던 겁니다."

　　유능한 사람들이 '뜬금없이 좋은 기회, 아이디어가 나에게 다가왔다'는 식으로 운이 좋았다고 말하는 때가 많은데, 그 이면을 파헤쳐 보면 이처럼 강한 문제 해결 의지가 도화선이 됐음을 알 수 있다. 잠재의식이란 의식 저편에 숨어서 표면적으로 드러나지 않고 자기 마음대로 통제할 수 없는 감춰진 의식이다. 심리학자에 따르면 잠재의식은 현재 의식보다 훨씬 큰 용량을 갖고 있으며 우리들이 태어나서 죽을 때까지 체험하며 보고 듣고 느낀 것들이 모두 축적돼 있다고 한다. 실제로 CEO들에게 "어디서 그런 아이디어를 얻었냐"고 물어보면, "꿈에서 알려줬다"거나 "무의식 중에 번쩍 하고 아이디어가 떠올랐다"고 말하는 경우가 적지 않다. 너무 고민하고 갈구하다 보니 갑자기 실마리의 일단을 발견했다는 것이다.

조운호 전 웅진식품 사장의 대표적 성공작으로 꼽히는 음료인 가을대추가 나오는 과정에서도 무의식의 도움이 컸다. 그는 음료 사업을 시작할 당시 도서관에서 국내에서 판매되는 음료의 90퍼센트가 해외에서 들여온 해외산임을 알고 충격을 받았다고 했다. 국내 대기업이 한 일이라고는 해외에서 검증받은 음료를 수입해서 판 것뿐이라는 사실을 알고 못내 아쉬웠던 것이었다. 그런 문제의식이 그의 뇌리에 들어와 박혔다. 그런 차에 한국적 음료 가을대추를 개발했고, '남자의 가슴을 적시는 음료'라는 광고 카피도 만들었다. 가을대추를 개발했던 것도 사실은 그가 국내 음료 산업에 대해 가졌던 문제의식이 싹을 틔운 것이지만, 놀라운 것은 광고 카피와 관련해 그가 기이한 체험을 했다는 점. '남자의 가슴을 적시는 음료'라는 카피도 충분히 어필할 만한 것이었지만 2퍼센트 부족하다는 생각이 계속 머릿속을 맴돌았다고 한다. 그러던 어느 날, 광고가 나가기 전날이었다. 꿈에서 어떤 문장이 선명하게 떠올랐다고 한다. 그는 너무도 놀라 깨자마자 혹여 잊을까 메모지에 옮겨 적었다. 꿈에서 떠오른 구절은 이랬다.

"우리는 해방 이후 50년간 외국 브랜드 음료를 마실 수밖에 없었다. 이 땅의 진정한 음료의 세계화는 우리 음료를 수출하기에 앞서 외국 음료가 판치는 우리 음료 시장에 우리 브랜드를 먼저 자리잡게 만드는 데서 출발한다."

집행하기 직전의 광고를 바로 멈춰 이런 문구로 바꿔 끼웠다. 광고회사는 한술 더 떠 3·1 독립 만세를 부르는 사진을 깔고 "이 땅의 자존심으로 태어났다. 가을대추!"라고 문구로 조정했다. 그야말로 대박이 났다. 그가 음료 시장에 뛰어들면서 다짐했던 국내 기술로 한국적 음료를 만들겠다는 의지가 결정적 순간에 꿈이란 형태를 빌어 도움을 준 셈이다. 평소 열정 어린 업무 태도, 흡족한 답을 구할 때까지 매사 고민하는 습관이 아니었다면 이런 행운을 잡았을 리 만무하다. CEO들은 끝까지 물고 늘어지는 근성을 갖고 있다. 단 1초가 남아 있어도 개선할 것이 있다면 손을 봐야 직성이 풀린다. 대충 하는 법이 없다.

흔히 성공하는 사람들이 운이 좋았다고 말하는 이면에는 장인에 가까운 철저한 업무 습관이 자리해 있다. 일상을 최대한 단순화하고 자신의 목표에 집중한 결과로 무의식이 구원의 손길을 보내는 것이다. 여기에서 말하는 일상의 단순화는 '일정이 없다'는 뜻이 아니다. 어떤 일정을 소화하더라도 일에 링크돼 있는 열정, 의식화된 몰입이 계속된다는 의미다.

벤처산업 창업 1세대로 꼽히는 정문술 미래산업 전 대표가 신상품 개발에 몰두할 당시 얘기다. 그는 아예 연구실에 야전침대를 갖다 놓았다. 연구원들과 동고동락하면서 밤낮없이 업무에 골몰

했다고 한다. 그중 한 제품 개발은 너무 어려워서 연구원들이 결국 손을 들어 버렸다.

"사장님, 아무래도 이건 포기해야겠습니다."

연구원들로부터 최후통첩을 받았으나, 그래도 실망한 기색은 보일 수 없어서 소주 몇 병을 사서 쫑파티를 했다. 그러고는 오랜만에 다리나 뻗고 잠 한번 자 보자고 집으로 철수했다. 그런데 비몽사몽간에 꿈 속에서 불현듯 문제 해결의 아이디어가 떠올랐다.

파자마 위에 점퍼를 걸치고 연구실로 달려가서 술 취해 자고 있던 연구원들을 두들겨 깨워서 꿈에 본 아이디어를 적용해 보니, 바로 그게 해결책이었다고 한다. 집중과 헌신이 창의력과 연결되는 놀라운 파워를 경험한 것이다.

자기 계발 전문가 공병호씨도 "충분히 고민해서 결정을 내리고 그에 따라 성실히 노력하면 누군가 나를 도와주고 있다는 느낌이 든다. 비록 확실한 것이 아무 것도 없어도 잘될 거라는 굳은 믿음을 갖고 구체적인 목표를 갖고 치열하게 노력하는 게 중요하다"고 말한다.

박성수 이랜드 회장도 묵상을 통해 고민의 해법을 찾는다. 그러면 뭔가 도움을 받을 수 있다는 게 그의 오랜 경험이다. 그가 종교인이기도 하지만 무의식과 묵상의 효험을 많이 봐 왔기에 그런 습관이 배 있다.

재미있는 부분은 평소 의식처럼 치르는 무언가를 가진 CEO가 드물지 않다는 점이다. 매일매일 새로워지기 위한 통과의례 같은 것인데, 말처럼 거창한 것은 아니다. 스스로 감각을 깨우고 분발하기 위한 준비운동과 비슷하다고나 할까. 남들이 보기엔 하찮아도 자신에게는 의미 있는 활동이다. 조운호 전 웅진식품 사장과 공병호씨에게는 매일 아침 머리를 감는 게 그런 일이다. 하루 정도 머리를 감지 않아도 별일이 없건만 머리를 감으면서 기분이 좋아지고 활력을 얻는다는 느낌이 들어 매일 머리 감는 남자가 됐다고 한다.

조 전 사장은 "머리 감기는 각오와 다짐을 되새기는 행위고, 오늘 하루도 빈둥대지 않고 내 갈 길을 열심히 가겠다는 시작점"이라고 말했다. 임영록 KB금융지주 회장은 7층 집무실까지 계단을 걸어서 출근한다. 계단을 통해 오르면서 하루 일과에 대해 큰 그림을 그린다. 또 한 계단, 한 계단을 밟으며 금융사도 눈에 바로 들어오는 덩치보다 체력이 중요하다는 것을 새삼 인식한다. 그러고 보면 일상의 작은 행동에 의미를 부여하는 것 자체가 성장하는 작은 습관으로 볼 수 있다. 일종의 의식화 작업을 통해 짧게는 하루, 길게는 삶 자체를 직조하는 능력을 키우는 것이기 때문이다.

3장

고수는
어려움을
피하지
않는다

모른다는 것을 인정한다

가지 않은 길로 레드카펫을 깐다

바닥부터 시작한다

"모른다는 것을 인정한다"

─ 질문으로 기본기를 다진다

지구에서 가장 높은 산은 에베레스트다. 높이가 8,848미터로, 백두산의 3배에 이른다. 이 산에 인류 역사상 최초로 등정한 사람은 뉴질랜드의 에드먼드 힐러리Edmund Hillary로 1953년에 정상에 오르는 데 성공했다. 한국인이 처음 등정에 성공한 것은 1977년, 고故 고상돈 대원이 세계에서 58번째로 족적을 남겼다. 힐러리보다 24년 후에 올랐는데 그 등수가 58등이라면, 매년 2.4명이 에베레스트산에 올랐다는 계산이 나온다.

그렇다면 요즘은 1년에 몇 명이나 에베레스트에 오를까.

2004년에는 330명, 2006년에는 480명, 2008년 600명이 정상을 찍었다. 어찌된 영문일까. 이렇게 등정에 성공한 사람이 많아진 까닭은 무엇일까.

비밀은 바로 베이스캠프의 높이에 있었다. 힐러리나 고상돈 대원이 등정을 시도하던 때에는 베이스캠프 높이가 예외 없이 해발

3,000미터 이하였다. 그들은 약 6,000미터를 더 올라가야 정상까지 갈 수 있었다. 하지만 요즘은 보통 5,200미터, 높게 치는 사람은 6,000미터 이상에도 친다.

예전에 비해 순 등정 거리가 절반 이하가 된 것이다. 옛날에도 베이스캠프를 높이 치면 안 된다는 법은 없었다. 또 기술력도 충분했다. 다만 그 당시 사람들은 그 정도 높이면 충분하다고 봤던 것이다.

무슨 일을 하든 운명을 바꾸고 싶다면 단 한가지는 분명하다. 베이스캠프를 다른 사람이 상상도 하지 못하는 것에 높이 쳐야 한다. 여기서 말하는 베이스캠프는 목표의 베이스 캠프고, 상상의 베이스캠프다. 그래서 무슨 일을 하든 성공하려면 높이 베이스캠프를 쳐야 한다.

개인적으로 존경하는 한 언론계 원로가 계신다. 그분은 부장을 끝으로 신문사 일을 관두고 국회의원, 공공기관 CEO로서 일하다 퇴임했는데, 그 분은 신참내기 기자 시절 질문의 달인이었다. 예리한 질문을 했다는 것이 아니라 궁금한 것은 모조리 다 질문할 정도로 질문을 많이 해서 붙여진 별명이다. 그는 자신이 물어서 알아들을 때까지 줄기차게 묻는다. 타인의 시선 때문에 뒤로 물러서지 않았다.

"시작할 때 제대로 배워야 돼요. 모르는 분야가 있으면 저는 아예 펜과 메모지를 갖고 전문가들한테 가서 적어 달라고 했죠. 그래야 이해가 빠르고 덜 놓치거든요. 당장 부끄러워서 물어보지 못하면 그게 빌미가 돼 앞으로도 계속 어설프게 이해하게 돼요. 질문하는 것을 어려워해서는 발전이 힘들어요."

등고자비登高自卑라 했다. 높이 오르려면 낮은 곳부터 시작해야 한다. 천 리 길도 한걸음부터다. 베이스캠프를 높은 곳에 치려면 기초가 튼튼해야 한다. CEO들은 항상 질문으로 기초, 기본이 되는 것들에 대해 단단히 알아두려 애썼다.

〈난타〉를 기획해 세계적으로 대 히트를 친 송승환씨.

그는 배우로서, 진행자로서도 성공했지만, 자신의 고향가도 같은 뿌리로서 연극에 대한 갈망이 있었다. 결국 그는 기획자로서 난타를 만들게 된다.

난타는 한국이라는 변방의 연극이 세상에 보다 널리 알려지기 위해 선택된 '비언어극non-verbal performance'이었다. 난타의 경쟁력은 2000년 후반 본격 점화된 K-POP처럼 바로 언어적 불통이라는 커다란 장벽을 깨기 위해 연극을 언어에서 해방시켰다는 점에 있다. 또 당시 연극계에 만연한 작가주의와 엄숙주의에서 벗어나 자유로움을 추구했다는 것도 달랐다. 그렇다고 난타는 유럽에서 나온 비언어극인 스텀프를 그대로 차용하지도 않았다.

난타는 도마 등 식기 도구를 단순히 두드리기만 하는 게 아니라 스토리를 만들었다. 하지만 그 스토리는 대단한 주제의식이나 교양을 심어주기 위한 것은 아니었다. 그냥 부엌이란 공간에서 일상으로 일어나는 잡다한 에피소드를 엮어 재미를 배가시켰다. 그게 믿기 어려운 성공으로 이어졌다.

그런데 이 난타란 파격적인 연극을 준비하면서 송승환씨는 제작자로서 끝도 없는 완벽을 추구했다. 피땀 어린 연습 끝에 배우들의 도마질이 어느 정도 수준에 이르렀다 싶으면 좀더 빠르고 격동적인 몸놀림을 보여 줄 수 없겠느냐고 다그쳤다. 만족할 만큼 속도가 붙으면 이번에는 그냥 두들기지 말고 양손을 좌우로 왔다 갔다 하면 더 멋있을 것 같다고 몰아부쳤다. 이런 사례가 이어지자, 배우들의 입에서도 볼멘소리가 터져 나왔다.

'우리가 무슨 실험용 모르모트냐'는 투정에서부터 '대본도 없는 연극을 한다고 할 때부터 알아봤다'는 등 별의별 소리가 다 나왔다. 더구나 소음 통에 밤에만 연습이 가능해 배우들이 밤을 홀딱 세우는 일이 다반사였다. 그럴 때면 송승환 씨는 "야, 이게 보통 연극이냐. 명색이 세계를 겨냥해 준비하는 작품인데, 이 정도 고생도 안 하면 말이 안 되는 거 아니냐"고 구슬렸다고 한다.

CEO들은 적정한 수준에 이르렀다고 생각될 때, 한 번 더 스스로를 다잡고 부족한 부문은 없는지 살펴본다. 그런 과정이 없으면 평범한 수준에 머물고 만다는 것을 알기 때문이다. 남들과는 다른 차원의 결과물은 모자란 부분은 끌어올리고 잘하는 부분은 더 완벽하고 색다르게 하기 위해 한 번 더 절치부심할 때서야 비로소 가능하다. 장인으로 부를 만한 정도의 전문가들은 일반 수준보다 일하는 양 자체가 훨씬 많다. 완벽에의 집착이 최고의 경지로 이끈 것이다.

"가지 않은 길로 레드카펫을 깐다"

- 성공은 굵고 길게 찾아온다

이명재 알리안츠생명 사장은 자신을 시험대에 올리는 삶을 지향했고 또 그렇게 살기 위해 노력했다고 한다. 미국 유학, 정보기술IT 회사에서 보험사로의 전업, 해외지역본부에서 임원 역할 수행 등은 그런 실례다. 이 사장은 일을 피하지 않는 습관이 중요하다고 말한다.

"남들이 보기에 무모해 보이는 일을 성취하기 위해 도전하는 사람이 갈수록 적어지는 것 같아요. 하지만 인생을 돌이켜볼 때 내자신이 성장할 때는 스스로 자극을 받을 수 있도록 힘에 부치는일을 맡고 낯선 환경에 처할 때였습니다. 저는 일을 적극적으로맡아서 하는 게 필요하다고 봅니다."

한국법인에서 부사장 역할에 익숙해질 때인 2010년 싱가포르에 소재한 알리안츠그룹 아시아태평양지역본부에서 임원으로 일해 달라는 제안이 왔다. 당시 11개 국가에 16개 계열사를 두루 관리하는 아태지역본부의 주요 포스트에서 한국인이 일한 사례는 없었다. 달리 말하면 독일에 본사를 둔 알리안츠 그룹 내에서 한국인에 대한 인식 자체가 낮았다고 할 수 있었다. 하지만 이 사장은 그 제안을 받아들인다.

그는 "한국에서 생활이 편해질 때쯤 제안이 왔는데 도전을 통해 새로운 자극이 필요한 때였다"며 "싱가포르에 가서 힘든 점도 있었지만 그 선택이 옳았다고 생각한다"고 말했다. 그런 관점의 연장선에서 젊은이들에게도 "남들이 다 가는 길보다 더 도전적으로 일할 수 있는 미개척지를 찾아야 한다"고 조언했다.

"일이 많으면 힘들기도 하죠. 하지만 조직이 일을 맡길 때는 신뢰가 있으니까 맡기는 것입니다. 상황이 어려워도 좋은 성과를 내면 그게 바로 커리어가 됩니다. 남이 깔아 주는 레드카펫은 없습니다. 스스로 방향을 정해 적극적으로 도전하면 저절로 레드카펫이 깔립니다."

2012년 한 동남아 국가에 취재차 간 적이 있다. 당시 한 보험사 법인장이 들려준 얘기다.

"여기 사람들은 한 번에 한 가지 일밖에 못해요. 가령 '저기 있는 김 차장에게 서류를 전달하고 그 옆 부서에 있는 이 부장이 갖고 있는 보고서를 받아서 나에게 가져오라'고 시켰다고 칩시다. 그러면 이 친구는 이 미션을 해내지 못합니다. 그래서 '일단 김 차장에게 서류를 전달하라'고 하고, 이 일이 끝나서 돌아오면 다시 '이 부장 보고서를 갖고 오라'고 말해야 됩니다. 이쪽 사람들은 2단계만 거치면 머리 회로도가 뒤죽박죽 돼 버리는 거 같아요."

주위를 보자. 능력 있는 사람들은 여러 개의 프로젝트를 동시에 진행시켜도 무리가 없다. 스스로 판단해 우선순위를 정하고 분 단위까지 시간을 안배해 가면서 척척 일을 완수한다.

하지만 어떤 사람들은 이런 상황에 직면하면 어쩔 줄 몰라 한다. 일에 눌려 정신이 나가 버린다. CEO들은 이런 차이가 능력이 아닌 경험에서 온다고 말한다. 복선적 사고가 가능한 친구는 어릴 때부터 적극적으로 일을 맡아 왔기에 능력이 커진 반면 그렇지 못한 친구는 일을 피해 다녔을 가능성이 농후하다고 본다. CEO들은 '인간의 능력은 무한대이지만, 이를 계발하느냐 여부는 전적으로 개인의 책임'이라는 시각을 갖고 있다.

한 유통업체 사장이 기자에게 들려준 얘기다.

"일을 떠맡으면서 업무 처리 능력을 키워야 합니다. 경험으로 볼 때 상사든 누구든 일을 시키면 일단 '예'라고 하는 친구들이 성장할 가능성이 커요. 이래저래 일을 못 맡는 핑계나 변명부터 대는 친구들은 싹수가 한마디로 노랗죠. 일을 배워야 하는 입장이라면 덮어 놓고 거절하기 보단 어떻게 하면 이 일을 처리할 수 있을까 고민하는 법부터 생각하는 습관을 들여야 합니다."

그는 "만약 너무 일이 몰려 어렵다면, '그럼 제가 내일 모레까지 하는 것은 어떨까요' 등으로 역 제안하는 것도 방법"이라며 "일을 제대로 하기 위해서는 결국 일을 많이 맡아 해내는 경험을 늘려야 한다"고 말했다. 경제 관료 출신으로 공공기관 CEO를 거친 한 법무법인 고문도 "일을 한창 배워야 할 때는 일에 대해서 만큼은 완벽에 가까운 편집증을 가진 까다로운 선배를 멘토로 삼아야 한다"며 "유감스럽게도 그런 선배가 없다면 뛰어난 선배를 삼고초려한다는 각오로 그들에게 조언을 구하는 적극적인 자세가 필요하다"고 강조했다.

일 근육을 집중적으로 키워야 하는 시절에는 선배의 지시를 묵묵히 따르고 노력하는 자세가 그만큼 중요하다. 이 단순하지만 실천은 쉽지 않은 일을 해낼 수 있으면 후일 발전을 위한 고속도로를 닦을 수 있다. 아무 쓸모없어 보이고, 의미 없는 노력 같고, 절대로 도움이 될 것 같지 않아 보이는 일이라고 해도 앞에 내가 해야 하는 일이라면, 열심히 하는 자세가 돼 있어야 한다. 현재는 미래의 연결 고리라는 점을 잊지 말고 최선의 노력을 다하는 하루를 살다 보면 자신의 실력도 일취월장하게 된다.

지금은 금융계 거물 중 하나인 최현만 미래에셋생명 부회장이 증권사 입사 1~2년차 때, 그야말로 애송이 때 얘기다. 그는 남들은 별 신경도 안 쓰던 데이터들을 일목요연하게 엑셀로 정리할 수 있는 프로그램을 만들었다. 어느 누가 시킨 사람도 없었다. 그리고는 "이 프로그램을 활용하면 데이터 값만 입력해 원하는 통계치를 손쉽게 구할 수 있어요. 그런데 왜 다들 번번히 고생하면서 이런 걸 안 만드는지 모르겠어요"라며 별 일 아니라는 식으로 자신이 직접 만든 프로그램을 보여줬다고 한다.

선배들이 그를 무척 기특하게 생각했음은 물론이다. 매일 아침 사무실에 가장 일찍 나와 일터를 정리하던 그에게 내심 놀랐다면, 엑셀 작업이 가능하도록 표준화한 프로그램을 보고서는 그를 완전히 다시 바라보게 됐다. "별날 정도로 부지런한 녀석이 보통내기가 아니다"는 말들이 사내에 퍼져 나갔다고 한다. 위에서 시키지도 않는 일을 자발적인 문제의식을 갖고 해내는 것은 이렇게 파장이 크다.

칠십을 넘긴 중졸 학력으로 갖은 고생 끝에 미국에서 가장 성공한 일본인 실업가로 꼽히는 오네다 가쓰미씨도 비슷한 취지의 말을 했다. 오네다 씨는 "무언가를 자신의 것으로 만들기 위해서는 집중해서 철저하게 해야 한다"고 강조한다. 비유하면 100미터 달리기로 마라톤을 하는 것이라고 할까. 흔히 인생을 어떻게 살 것인가를 두고 '짧고 굵게' 아니면 '가늘고 길게'라는 두 가지 선택지를 놓고 말하는 사람이 많지만, 성공은 이 두 가지 방식으로 오는 것이 아니라 '굵고 긴' 방식을 통해서 온다고 오네다씨는 말한다.

그런 만큼 자신의 목표에 도달할 때까지는 페이스를 떨어뜨리지 말 것을 조언한다. 비범한 정신력을 갖고 강인한 체력으로 매진해야 된다. 모든 일을 집중해서 철저히 할 수 있을 때 운명을 개척할 수 있다는 것이다.

"바닥부터 시작한다"

– 뜨겁게 달궈진 쇠가 강철이 된다

　CEO들은 한결같이 기본기를 강조한다.

　사람들은 대개 어려움을 피할 요량으로 지름길을 찾는다. 이게 잘못된 것은 아니지만, 결과적으로 더 늦어지는 경우가 많다. 속성으로 가다 보니 정작 꼭 알아야 할 것, 경험해야 할 것들을 놓치게 되는 탓이다. 경영에도 스마일 곡선이라고 해서 가장 밑단과 윗선을 잡으면 조직 운영이 쉽다고 한다. 중간 이상만 알아서는 소통에 문제가 생기고, 조직의 문제점을 제대로 파악하기 어렵다. 문영주 버거킹 대표는 제일기획에서 일하다 오리온(당시 동양제과)으로 자리를 옮겨 베니건스, 마켓오 등 외식 브랜드를 키웠다. 그가 외식 브랜드를 국내에 들여오기 위해 직접 미국으로 건너가 현지 조사를 할 때 얘기다.

　"예전만 해도 인터넷이 없었어요. 국내에서 잡지란 잡지는 다 뒤져 미국 유명 음식점 30군데를 찍었고 그 목록 하나만 들고 미국으로 갔죠. 리스트에 오른 레스토랑 본사 전화번호를 찾아 무작정 다이얼을 돌렸습니다. 물론 퇴짜를 맞았죠. 안 되겠다 싶어 위치만 확인한 후 레스토랑을 하나씩 찾아갔어요. 음식을 시키고 메뉴판을 훔쳐서 가져왔어요."

일단 국내로 다시 들어와 맘에 있던 베니건스에 곧바로 팩스를 보냈다. 6개월간 매일 보내다시피 했다. 지성이면 감천이다. 베니건스에서도 이전에 만났던 일이 얘기가 돼 관련 직원이 한국에 한번 와 보겠다고 연락이 왔다. 그가 왔을 때는 밤낮 붙어 다니며 '브랜드를 내자'고 설득했다.

"베니건스 직원이 미국으로 간 뒤에도 계속 팩스를 보냈는데, '생각 없다'에서 '생각해 보자'로, 나중에는 '한번 해 보자'로 바뀌더라고요. 계약이 된 후에는 미국으로 건너갔어요."

문 대표는 베니건스 본사에 들어가 6개월간 밑바닥 일부터 배웠다. 고깃덩어리와 씨름하고 레시피를 달달 외웠다. 접시 닦기도 달인 수준이 됐다. 정말 코피 터지게 공부했다고 한다. 그는 "밑바닥부터 일을 배운 덕분에 외식 산업의 기본에 대해 속속들이 알게 됐고, 경영 마인드, 리더십, 사람 대하는 법 등도 자연스럽게 터득하는 게 많아졌다"며 "무엇보다 나도 최고가 될 수 있다는 자신감이 생겼다"고 말했다.

한세실업은 3년차 직원이 되면 니카라과, 인도네시아, 베트남 등에 있는 공장으로 직원을 보낸다. 옷이 만들어지는 과정을 글이 아니라 실제로 보고 느끼게끔 만들기 위해서다. 제품을 머리로 상상하는 것이 아니라 구체적으로 그려 볼 수 있는 것은 그만큼 중요하다.

업의 본질에 대해 실감하게 되면 근무 자세부터 달라진다는 게 CEO들의 생각이다. 밑에서부터 제대로 하드트레이닝을 받으면 그만큼 경쟁력이 생긴다.

김재철 동원그룹 회장은 '대충대충', '괜찮아' 란 말을 가장 싫어한다.

"도자기에는 토기, 도기, 자기가 있어요. 토기는 불에 안 들어간 것이고, 도기는 1,000도 미만, 자기는 1,000~1,200도에서 구워진 제품이죠. 쇠도 뜨겁게 달궈진 뒤 찬물에 들어가야 강철이 돼요. 인간도 고생을 거쳐 완성되는 것입니다. 부모가 자식에게 주고 싶지 않지만 꼭 줘야 하는 것이 고생입니다. 온실 속 화초는 강해질 수 없어요."

과업이 자신에게 맡겨질 때 기꺼이 받아드는가, 아니면 자신은 능력이 모자란다며 남에게 떠미는가. CEO들은 젊은 시절 본인이 원하든 원하지 않든 자신에게 다가오는 것들을 피하거나 재지 않았다. 마음으로 받아들이고, 그 속에서 자신의 역할을 찾아 최선을 다했다.

최선을 다하면, 세상은 그들에게 조금씩 더 큰 짐을 부여했다.

분말 음료 업체 얼쑤 대표인 조운호 전 웅진식품 사장은 근성이 중요하다고 말한다.

"힘든 일이란 곧 기회의 동의어예요. 흔히 말하듯 기회란 수줍어

하는 손님 같아서 문 앞까지 왔다가 되돌아간다고요. 혹은 뒷머리가 없어서 돌아선 다음엔 낚아채기도 어렵다고요. 몸 가벼운 기회를 잡으려면 근성이 있어야 합니다."

10초 후에 해일이 몰려오더라도 일단 그 사실을 받아들이면 뭔가 해결책을 찾을 수 있다는 게 그의 지론이다. 회사가 과업을 맡길 때는 그만큼 당사자를 믿고 있다는 증표라고 말한다. 시작부터 하기 전에 겁에 질려서 입도 못 다문 채 해일을 뒤집어 쓸 필요는 없다.

조 사장은 말했다.

"어릴 때도 어머니가 동네 가게로 심부름을 보내면 동생들은 찾는 물건이 그곳에 없을 경우 그냥 돌아왔지만, 저는 먼 곳까지 가더라도 반드시 사 왔어요. 다른 동네까지 가든, 더 먼 데까지 가든, 반드시 말이죠. 그러다 보니 자연스레 시장 조사도 되고, 어디가 싼지를 알게 됐어요. 동네 가게의 물건 값을 훤히 꿰고 있는 어머니가 잔심부름을 시켜도, 내 주머니에 잔돈이 남을 수 있었던 이유입니다. 열심히 하면 다 쓸 데가 생겨요."

4장

고수는
평소
만나고
배운다

읽고 또 읽는다

빛나는 문구들을 곳곳에 붙인다

종이 신문을 읽는다

가르치면서 배운다

하루 세 명 이상을 만난다

"읽고 또 읽는다"

-생각하는 힘을 기르는 일, 독서

『갈매기의 꿈』을 쓴 리처드 바크Richard Bach의 아들인 제임스 마커스 바크James Marcus Bach는 "지식은 서로 끌어당김으로써 많이 알면 알수록 더 쉽게 배우게 된다"고 했다.

우리가 아는 지식은 머리 주변을 떠도는 쌀알처럼 서로 독립적인 사실들의 다발이 아니다. 그보다는 의미 있게 배열된 조합인데, 이를 일컬어 '스키마'라고 한다. 스키마는 우리가 주목하고 생각하며 기억하도록 돕는다. 이는 지식이 담긴 내면의 조도와 같다. 두 뇌는 이런 식으로 작동한다. 스키마의 도움으로 이미 알던 내용에서 더 많은 사실을 깨닫게 되면, 매우 폭넓은 주제를 더 깊이 공부할 수 있게 된다. 다양한 주제를 많이 알아 둘수록, 자신을 긴장시키는 상황이 오면 구체적인 사실을 더 쉽게 배우게 된다. 잡식성 공부는 그 자체로 유용한 것이다. CEO들은 자신의 부족한 부분을 채우기 위해 무언가에 탐닉하는 경향이 강하다. 책은 그중 가장 광범위하게 보편화된 탐닉 대상이다.

박성수 이랜드 회장은 대학시절 '근육무기력증'이라는 병에 걸렸다. 이 병은 근육의 힘이 점점 약화돼 결국은 전신마비가 오는 고약한 병이다. 이 때문에 그는 한참 혈기왕성한 젊은 시절, 병실에 누워 있어야만 했다. 그는 할 수 없이 책을 읽었다고 한다. 그렇게 한 권으로 시작한 독서는 시간이 갈수록 무시 못할 양이 돼 갔다. 그는 차츰 인재를 키우는 방법이나 그 밖의 생소한 분야로까지 독서 영역을 넓혔다. 2년이 지나는 동안 3,000여 권의 책을 독파했다. 독서는 그에게 든든한 사업 밑천이 됐다.

그가 독서에 매진하게 된 데는 또 다른 이유도 있다. IMF 시절, 갑작스런 부도 위기를 맞고 그 원인에 대해 고민했다. 박 회장은 경영 지식이 모자랐다는 결론에 이른다. 그래서 책에서 그것을 구했다. IMF 시기다 보니 당연히 책 읽을 시간을 내기 어려웠다. 기업의 운명이 경각에 달려 처리할 일이 산더미였던 탓이다. 그래서 고안한 방법이 밥 먹는 시간을 활용하는 것이었다. 점심 시간이 1시간이었는데, 밥을 15분 만에 먹고 45분을 독서했다고 한다. 그래서 점심 시간 활용에 적극적으로 나서 1년에 98권의 책을 독파했다. 죽느냐 사느냐가 문제였던 1998년에 말이다. 이처럼 독서는 틈이 안 나면 틈을 만들어서 하는 것이다.

김재철 동원그룹 회장도 평소 간부들에게 인문학 공부를 강조한다.

"문사철 600이란 말이 있어요. 문학책 300권, 역사책 200권, 철학책 100권을 읽어야 됩니다. 사회는 전문 지식을 필요로 하고, 한 가지가 아니라 여러 분야의 전문 지식을 요구합니다. 전문 지식과 인문학을 결합해야 창의력이 나와요."

김 회장은 "멘토를 두든 책을 읽든 폭넓게 바라보기 위해서는 되도록 많은 것을 참고 하는 게 좋다"며 "어떤 것이든 변화를 주지 않은 채 옛날 방식 그대로 이어가는 것은 긍정적이지 않다"고 강조했다. 바람의 방향을 생각하지 않고 같은 돛을 올리는 방식으로 배를 이끄는 사공은 성공할 수 없다는 것이다. 많은 데이터 위에 창의과 창조가 합해져야 한다.

김 회장은 원양어선 선장시절 배에 필요한 용품을 사기 위해 시모노세키 등의 항구에 기항하면 책방에 가서 헌책들을 무게로 달아 구입해 배 안에서 끊임없이 읽었다.

덕분에 김 회장은 문학적 표현을 자연스럽게 구사할 만큼 일본어 실력이 뛰어나다. 지난 2004년에는 일본 미쓰비시 그룹 회장·사장단으로 구성된 모임인 '금요회'에서 '나의 인생과 바람직한 한·일관계'를 주제로 일본어 특강을 했을 정도다. 요즘도 월 평균 10~20권의 책을 읽는다. 경제·경영·역사·심리 등 분야가 다양하다. 회계학도 독학으로 배워 재무제표도 꼼꼼히 본다. 직원들에게도 책을 많이 읽어야 한다고 늘 강조한다.

가족들도 이런 그를 본받아 국내 출장이나 여행 때는 KTX를 주로 탄다. 책 읽을 시간을 확보하기 위해서다. 자식들에게도 어린 시절부터 독서를 강조했다. 1주일에 적어도 한 권씩은 읽도록 했

다. 정독이 안되면 통독을 하라고 가르쳤다. 책을 주고 A4용지 4
~5장 분량의 독후감도 받았다. 내용이 부실하거나 느낀 점이 부
족하면 느껴야 될 점과 핵심 등을 꼼꼼히 설명해 줬다. 이런 노력
이면 문장도 남다른 데가 있을 것이다. 소설가 정비석씨는 '사상계
思想界'에 발표한 김 회장의 글을 보고 "이 정도 글 솜씨라면 작가로
데뷔해도 좋겠다"고 평가했다. CEO들은 눈코 뜰새 없이 바쁘다.
그나마 여유가 있는 때가 이동 시간이다. 그래서 많은 이들은 그
런 진공 포장된 듯한 시간을 잡아 독서에 투여한다.

서경배 아모레퍼시픽 회장은 거의 매달 해외 출장을 다니는데,
그런 이동하는 사이사이가 예외 없이 독서 시간이 된다. 특히 좋
은 내용이 있으면 직원들과 나누기 위해 반드시 기록한다. 서 회
장은 "지속 가능한 기업이 되기 위해서는 임직원들이 다 같이 생
각하는 힘을 키워야 하는데, 독서가 가장 좋은 방법"이라며 "독서
와 출장을 비롯한 여러 과정에서 얻은 통찰은 항상 정기 조회, 사
내 게시판 등을 통해 임직원들과 나누고 또 논의한다"고 전했다.

"빛나는 문구들을 곳곳에 붙인다"

- 영감의 원천이 되는 것들을 모아 본다

이승한 전 홈플러스 회장은 흔히 '유통업계의 롬멜'로 불린다. 그만큼 지략이 뛰어나다는 평을 받는다. 그의 지략은 허공에서 떨어진 게 아니다. 끊임없는 독서와 일에 대한 열정이 지략의 원천이다. 그의 하루 구상은 화장실에서 시작된다. 그런데 그의 집 화장실은 여느 집과 다르다. 편안한 자세로 앉아 서가에 꽂힌 책들을 쉽게 집을 수 있도록 꾸며져 있다.

출퇴근길 자동차 안도 독서 공간이다. 이 사장은 1주 1권, 연간 52권 단행본 독파가 기본이다. 집무실도 항상 국내외 잡지와 자료가 어지럽게 널려 있기 일쑤다.

"다양한 읽을거리에 스스로 노출시킵니다. 서적과 잡지 등을 손이 닿는 위치 곳곳에 두죠. 그러면 보게 되거든요. 생활 반경을 따져서 영감, 통찰에 도움이 돼 줄 수 있는 것들을 접촉하게 만드는 거죠."

개인적으로 잘 아는 유통업계 사장 출신 인사도 집무실에서 가장 아끼는 물건이 책이다. 책을 좋아하는 CEO는 많지만 그의 책꽂이는 별난 데가 있었다. 그의 집무실에 몇 번 들렀는데, 갈 때마다 책이 바뀌었다. 필자도 독서라면 남에게 뒤지지 않을 정도라 책에 유독 관심이 많다. 그러다 보니 책의 배치는 물론이고, 책 자체가 물갈이됐다는 것을 느끼곤 했다. 그는 "책은 전시나 소장하는 게 아니라 활용하기 위한 도구"라며 "책을 다 읽으면 손이 닿기 힘든 쪽으로 자리를 옮기고 신간은 바로 눈길이 가는 곳에다 놓는다"고 말했다.

그러고 보니, 그에게 중고 책을 선물로 받은 적도 있다.

그의 집무실에서 눈에 띄는 것 중에 하나는 그의 책상 주변이 알록달록한 색상의 포스트잇으로 어지러울 정도라는 점이다. 바쁜 와중에 그의 머리를 사로잡는 주제 등을 다룬 각종 잠언, 기사 문구 등이 포스트잇을 장식하는 소재가 된다.

"잡지 기사를 오려 놓기도 하고요. 통찰력이 빛나는 문구를 포스트잇에 정리해 책상 등 작업장, 서재 곳곳에 붙여 놓습니다. 이렇게 하면 자주 보게 돼 경영에 도움이 될 때도 있고요. 답답한 문제에 획기적인 발상을 유인하는 계기가 돼 주기도 합니다. 정말 신기한 경험을 많이 했어요."

정용진 신세계 부회장은 고전을 가까이 두고 읽으라고 권한다. 고전은 사람을 인내하게 만들고 인간과 삶에 대한 이해를 높여 준다는 것. 보이지 않는 것까지 보게 만들어 당사자를 한 차원 높은 삶을 살도록 이끌어 준다는 게 그의 생각이다.

"줄거리와 결말보다는 주인공의 감정과 느낌, 등장인물의 삶 등을 자신과 비교하면서 읽는 훈련을 해야 합니다. 레미제라블을 읽으면서 장발장의 기구한 운명을 말하지만, 장발장의 생각, 절망감, 느낌 등을 공감하면서 인간에 대한 이해의 폭을 넓혀 나가는 것이 중요해요."

그는 자신이 좋아하는 장석주 시인의 '대추 한 알'이란 시도 소개했다.

"저게 저절로 붉어질 리는 없다/ 저 안에 태풍 몇 개/ 저 안에 천둥 몇 개/ 저 안에 벼락 몇 개/ 저게 저 혼자 둥글어질 리는 없다/ 저 안에 무서리 내리는 몇 밤/ 저 안에 땡볕 두어 달/ 저 안에 초승달 몇 날"

시간 관리로 범위를 넓히면 한동우 신한금융지주 회장의 '온오프On/Off' 시간 관리 습관이 눈길을 끈다. '일단 퇴근한 후에는 최대한 회사 일을 생각하지 않는다'는 신념 아래 일상과 업무를 확연히 구분하는 게 핵심. 이런 습관을 갖게 된 것은 밤낮 구분 없이 일하며 지속되는 긴장이 오히려 업무 효율을 떨어뜨리고 한 가지 관점에서 벗어나기 어렵게 한다는 점을 경험으로 깨달은 후부터다. 한 회장의 얘기다.

"일을 잠시 잊는 동안에는 다양한 분야의 책을 몰입해서 읽고 가벼운 운동을 꾸준히 합니다. 스트레스를 해소하고 정서적인 안정을 도모하는 데 좋거든요. 이렇게 업무와 분리된 시간을 가진 후에 다시 일을 접하게 되면 중요한 의사결정이나 어려운 문제에 대해 새로운 아이디어를 떠올리거나 생각지 못했던 시각으로 접근할 수 있게 됩니다. 그만큼 뇌기능 등이 회복된 거지요."

본질을 살피고 통찰력을 기르는 데는 독서만 한 것이 드물다. 주위에 기존 관념, 매너리즘 등을 깨고 당신의 뇌와 창의력을 자극하는 글귀, 문구 등을 배치시켜라. 그 글귀와 문구가 당신에게 마구 말을 거는 순간, 마법 같은 일상이 펼쳐질 수 있다.

CEO를 만날 때 인터뷰 장소는 보통 집무실이다. 그런데 그들의 책상에는 어김없이 신문이 놓여져 있다. 그것도 1개 신문이 아니라 여러 개의 신문이 놓여져 있는 경우가 열에 아홉이다. 그중에 하나나 둘 정도는 경제신문인 것도 틀림없다. 이것은 해외에 나가 있는 기업들도 마찬가지다. 재미있는 것은 사장의 집무실에 단 하나의 신문만 놓여 있다면, 과거에는 종합지가 많았고 요즘에는 경제지가 더 많아지고 있다는 점이다. 비즈니스의 최전선에서 경쟁하는 이들이라 최신 동향이나 경제 흐름에 민감할 수밖에 없으리라 상식 선에서 생각할 수 있지만, CEO들은 그 이상의 신문 매니아가 많다. 직장 생활을 시작할 때부터 신문을 끼고 살았다는 한 중소기업 사장의 종이 신문 예찬이다.

"인터넷을 통해 신문을 보다 보면 일단 자신이 관심 가는 기사만 우선적으로 보게 됩니다. 균형감이 없다 보니, 편협해지기 쉽고 홍미 위주 기사만 볼 가능성이 큽니다. 온라인 신문이나 TV뉴스를 보면, 아무래도 그날 일어난 주요한 뉴스를 두루 섭취할 수 없게 되죠. 그러나 종이 신문은 그렇지 않습니다. 보다 넓은 시야를 갖게 되고 분석 기사가 주류라 맥락을 파악하는 데도 좋습니다. 전반적인 지식도 업그레이드된다는 장점이 있어요."

특히 그는 신문을 볼 때도 진보 매체, 보수 매체, 그리고 경제신문 등 세 가지를 본다.

"세 가지 신문을 읽으면 한 달에 5만원 정도 들어요. 10년 잡으면 600만 원 정도입니다. 결코 많지 않은 돈이에요. 세상을 속속들이 파악하는 대가로 10년에 600만 원이면 충분히 투자할 만한 값어치가 있는 거예요."

신문은 세상의 창이다. 편집 기능이 있다. 중요한 것을 지면에 담는다. 그것도 중요도에 따라 기사 크기가 달라진다. 그래서 신문을 통해 세상을 편집하는 기술을 배울 수 있다. 그리고 주어진 공간 안에 하고 싶은 얘기를 논리적으로 기술하는 테크닉도 배운다. 이런 것은 업무에 반드시 필요한 부분이다. 조현정 비트컴퓨터 대표도 신문을 읽는 습관을 들이라고 말한다.

"젊은이들이 평소에 습관을 바꿔야 할 것이 있어요. 뉴스를 볼 때 PC, 스마트폰을 통해서 자신이 원하는 기사만 골라서 본다는 거예요. 아직 좁은 지식을 가지고 있는 상황에서 '내가 원하는 것만 본다'라는 것은 사실 좀 웃긴 얘기예요. 종이 신문을 봐야 합니다. 어떤 기사가 중요 위치에 배치되었고, 활자 사이즈가 어느 정도인가 하는 것을 보면서 '아, 이것이 사회가 관심을 갖는 분야이구나' 하고 알게 됩니다. 하단에 있는 광고조차도 시간이 지나면 큰 정보가 될 수 있어요. 광고를 어떻게 하는 것인지 하는 방법을 배우기도 하고요. SNS나 게임을 하면서 시간을 낭비하지 말고 그 시간에 종이 신문을 읽을 것을 추천합니다. 한 가지 종류의 신문만 볼 것이 아니라 보수적 성향의 신문도 보고 진보적 성향의 신문도 봐야 하고 경제지도 봐야 해요. 비슷비슷한 기사는 적당하게 건너뛰고 배치만 보는 것도 좋은 방법이 될 수 있습니다."

고 정주영 현대그룹 회장이 지식과 사고를 체계화하는 데 큰 도움을 준 것은 다름아닌 신문이었다. 박정희 대통령이 경부고속도로 건설에 관한 의견을 듣기 위해 정주영을 청와대로 불렀을 때였다. 박 대통령이 "소학교밖에 안 나온 분이 어떻게 최고 명문을 나온 직원들을 그렇게 잘 다루느냐"고 묻자, 그는 "제가 왜 소학교밖에 안 나왔습니까? 저도 대학을 나왔습니다"라고 섭섭한 듯 말했다고 한다. 정 회장이 졸업한 대학은 다름아닌 바로 '신문대학'이다. 정 회장은 박 대통령에게 정색을 하며 말을 이어갔다.

"저는 소학교 시절부터 지금까지 신문을 누구보다 열심히 읽었습니다. 첫 페이지부터 마지막 페이지까지 글자 하나 빼놓지 않고 신문을 열심히 읽는 사람은 아마 저밖에 없을 겁니다. 정치, 사회, 문화면은 물론이고 광고까지 다 읽었지요. 신문에는 문필가, 철학자, 경제학자, 종교학자 같은 유명 인사들의 글이 매일 실리지 않습니까? 그분들이 다 나의 스승입니다. 아무리 명문대학을 나오면

뭘 합니까? 저만큼 신문 열심히 읽은 사람은 없을 테니 실력으로
따지자면 명문대학보다 신문대학 출신이 한 수 위지요."

"가르치면서 배운다"

─설명하고 증명하면서 통찰력을 키운다

CEO들은 자기 계발을 너무 어렵게 생각하지 말라고 말한다. 기회는 주위에서 얼마든지 찾을 수 있다는 것이다. 먼저 사내에서부터 물색해 보라고 조언한다. 일단 중요한 프로젝트에 적극적으로 참여하는 게 좋다. 이명재 알리안츠생명 사장의 얘기다.

"회사에 중요한 프로젝트가 있으면 대부분의 사람은 슬슬 빠져나가기 위해 애쓰는 경우가 많아요. 괜스레 힘만 들고 결과가 안좋았을 경우 책임 추궁도 부담된다는 게 그 이유죠. 하지만 성장은 일을 떠 안고 해내는 과정을 통해 옵니다. 이 점을 잊지 말아야돼요."

스터디 그룹과 같은 사내 소모임에 들어가는 것도 방법이 될 수있다.

박병원 전 은행연합회장의 일본어 마스터 과정을 보면 시사하는 게 많다. 박 회장은 경제관료 시절, 동료 공무원들을 모아 놓고 일어를 가르쳤다. 일과 시작 전 매일 아침 한 시간씩, 그것도 10년씩이나 가르쳤다. 대단한 열정이 아닐 수 없다. 하지만 그는 이런 평가에 손사래를 쳤다. 가르치는 것은 초보자보다 조금만 수준이 높으면 가능하단다. 그의 얘기를 들어보자.

"제가 일본어를 학원에서 배운 기간이 3달밖에 안돼요. 고등학교 시절, 시국 탓에 3개월 정도 휴교령이 내려졌을 때 고향 부산에서 학원에 다닌 게 다예요. 그때 운이 좋아서 일어 선생님하고 수강생 나하고 둘밖에 없었죠. 제대로 배웠다고나 할까요. 그때 배운 것을 기초로 행시 합격하고 공무원들을 가르쳤어요. 수강생이 다 초보라서 조금만 더 알아도 가르치는 게 가능했어요. 권오규 전 부총리, 윤증현 전 장관, 윤용로 전 행장 등이 다 내 제자예요. 일본어 수요가 많을 때여서 수강생이 많을 때는 스물 명 정도 됐어요. 가르치기 위해 나도 공부를 열심히 했으니 강의료를 받으면서 공부한 셈이에요."

그는 공부에는 왕도가 없다고 했다. 박 회장은 "남들도 안 해서 그렇지 10년간 매주 5일 1시간씩 강의하고, 하루 강의를 하기 위해 2~3시간씩 강의 준비를 하는 사람이 일본어를 못할 수 있나. 그 정도 하면 다 어느 정도는 한다"고 말했다.

그는 가르치려면 학생들보다 더 공부해야 되고 그래서 실력도 더 빨리 는다고 말한다.

"읽고 보고 직접 해 보는 것 말고도 배우는 방식이 하나 있는데, 그게 바로 가르치면서 배우는 거예요. 설명하고 증명하는 것은 매우 좋은 학습법입니다. 본인의 지성에 다른 차원의 영향을 주고, 친숙한 주제에서 주기적으로 심오한 의미를 발견하게 해 줍니다. 심지어 가장 무식한 사람도 선생에게 도움을 줄 수 있어요. 기본적인 지식이 없는 사람은 그런 무지의 힘 때문에 가장 본질적인, 가장 핵심적인 질문을 하기도 하거든요. 선생은 그런 질문에 설명을 하다가 자신도 모르게 중요한 통찰을 얻기도 합니다. 발상이 정리되고 꼬였던 문제에 실마리를 얻기도 하는 거죠."

벤처기업가인 박혜린 사장은 책을 통해 알게 된 CEO다. 그런데 그가 타이어 판매 사업을 하는 과정을 설명한 부분이 있는데 인상적이다.

"타이어를 수입만 해서 판 게 아니라 열심히 공부하면서 팔았습니다. 관련 책을 독파하고 연구도 해서 제가 '타이어 교본'을 직접 쓰기까지 했죠. 그 교본으로 전국의 카센터에서 직접 교육도 했습니다. '자기들에게 타이어에 대해 알려주는 선생님이 파는 타이어인데 사 주지 않을까' 생각하면서 교육을 했어요. 실제로 제자들은 제가 파는 타이어를 샀어요. 카센터 직원뿐만 아니라 수입차 딜러를 모아 놓고도 교육을 여러 번 했습니다."

타이어 교본을 집필할 수 있었던 것은 그가 독서광이었기 때문이다. 그는 무슨 일이든 부딪치면 공부부터 시작한다. 타이어 사업을 시작할 때 타이어 공부를 한 것처럼 말이다.

책을 읽는다는 것은 참고문헌처럼 응용할 수 있다는 장점이 있다. 책을 읽지 않으면 어떤 길을 가야 할지 막막해진다는 게 그의 생각이다. 그는 특히 탐구 정신을 강조한다.

대범하고 긍정적인 마인드를 갖고 자유롭게 사고하라는 것이다.

"공부는 책만 읽는 것이 전부가 아닙니다. 생각하는 것도 공부고, 집에서 설거지하는 것도 어떻게 하느냐에 따라 공부가 될 수 있어요. 설거지를 하면서 '이 세제는 무엇으로 만들었을까. 더 개선할 방법은 없을까' 궁리해야 합니다. 지하철을 타서도 멍하니 있지 말고 '이런 점은 고치는 게 나은데' 하는 식으로 고민해야 합니다. 이런 습관이 들면 똑같은 것을 보더라도 조금 다르게 더 생산적으로 더 진취적으로 접근할 수 있게 됩니다."

"하루 세 명 이상을 만난다"

-다양한 관점을 수혈받는다

미국 건국의 주역이며 위대한 업적들을 남긴 벤지민 프랭클린 Benjamin Franklin은 그 누구보다도 인생을 아꼈다. 누구보다 늦게까지 일하고 일찍 하루 일을 시작했다. 또 틈틈이 책을 읽고 글을 쓰고, 밖에 나가 식사하는 대신 도시락 먹고 남은 식사 시간에 공부할 정도로 한순간도 낭비하지 않기 위해 노력했던 위인이다. 하지만 그가 진정 인생을 아낀 증표는 자신과 다른 사람들과 정기적으로 교우하면서 유익한 일을 끊임없이 찾았다는 데 있다.

그가 젊을 때부터 주도했다는 '준토junto, 비밀결사라는 뜻'라는 모임이 대표적인 예다.

준토에서 회원들과 논제들을 놓고 함께 토론하고 직접 쓴 에세이를 발표하면서 배움을 나눴다. CEO들은 자신의 능력과 잠재력에 대해 무한 신뢰를 보내지만, 한편으로 한계도 뚜렷하게 인식한다. 인간이기에 완벽할 수 없음은 자연스러운 것이다. 그래서 이들은 남들과의 만남을 통해 자극받기를 꾀했고 이를 즐기기까지 한다.

부산대 총장과 산자부 장관 등을 거친 박재윤 전 장관은 자신의 일과는 다른 분야의 사람이나 일에 대해 애정을 갖고 관심을 기울이라고 주문한다. 그러면 남다른 사고력을 키울 수 있다는 것이다.

"문학 작품도 좋고, 음악도 좋고, 미술도 괜찮아요. 마음에 드는 작품을 만든 예술인을 선정해 그들의 모든 작품을 즐겨 보세요. 그렇게 되면 자신이 살아가고 있는 인생과는 다른 차원의 인생을 보게 됩니다. 예술을 더 깊이 있게 즐길 수 있게 되고, 예술가의 발상에서 새로움을 추구하는 방법도 배우게 되죠. 대학교에서 복수 전공을 하듯 자신의 관심 분야를 넓게 가져가는 게 좋아요. 이게 바로 세상을 보는 관점을 풍요롭게 만드는 방법입니다."

박승안 우리은행 투체어스 강남센터장은 자산관리 전문가로서 사람을 만나는 게 주요 일이다. 대부분의 PB처럼 그도 여러 모임에 참석한다. 학연, 지연 등과 관련한 모임은 기본이고, 취미 관련 모임, CEO 관련 행사 등도 챙긴다. 그런데 자신에게 가장 큰 도움을 주는 모임은 업무적인 부문에서 얽혀 있는 것이 가장 적은 모임이라고 말한다.

"최소한 하루 3명 이상은 만나겠다는 원칙으로 고객을 보는 데요. 특히 저녁 자리를 잘 활용합니다. 재미있는 것은 의외인 곳에서 도움을 받는 경우가 많다는 거예요. 굳이 모임의 성격을 말하면 이해관계가 덜한 모임입니다. 이런 쪽에서는 저와는 일하는 분야가 판이한 분들이 많습니다. 이런 분들은 세상을 보는 프레임이 달라요. PB입장에서는 당장 자금을 유치하는 것도 중요하지만 여러 사람의 시각을 접함으로써 투자 관점에 도움을 받는 것이 더 중요합니다. 그래서 다양한 분야, 다양한 시각을 가진 사람과 접촉하기 위해 이런 모임은 꼭 나갑니다. 대학교 합창단 모임, 저명인사의 강연을 편하게 듣는 포럼 모임 등이 그런 예에 속해요."

애플의 스티브 잡스의 문제 해결 방식도 참고할 만하다. 그는 집요했다. 맥 컴퓨터의 첫 버전에 사용할 적당한 플라스틱 재질을 찾느라 골머리를 앓던 잡스는 주의를 둘러볼 줄 알았다. 그는 백화점 주방용품 코너에 갔고, 거기서 원하는 것을 찾았다. 조리 도구에서 맥에 사용하면 딱 좋을 만한, 완벽한 플라스틱 소재로 마감된 도구를 발견했던 것이다. 현장에서 답을 구한다는 게 항상 자신이 몸담고 있는 분야만을 뜻하진 않는다는 것을 보여주는 사례다. 남과의 만남, 자신에게 영감을 선사하는 특별한 장소의 주기적 방문, 다양한 분야의 서적 독서, 다큐멘터리 시청 등의 습관에서 뜻하지 않은 시사점을 구하는 경우가 많다. CEO들은 경험 속에서 이를 잘 인식하고 있다.

조운호 전 웅진식품 사장은 상상력이 뛰어나다. 대추음료를 구상하면서 추석 때 친지를 반기는 고향의 모습을 떠올리고, 햅쌀에서 '아침햇살'의 모티브인 햇살을 착안해 냈을 정도다. 흡연에 대한 생각도 재미있다.

"담배를 피우면 어두운 연기가 나오고, 하얀 재가 남잖아요. 담배 연기가 내 몸 안에 있는 나쁜 생각을 밖으로 내보내고, 좋은 것들만 남겨 주는 거 같아요."

그의 상상력은 다양한 경험에서 나온다. 인문학이나 경영학 서적 탐독은 기본이고, 학창 시절부터 풍물과 연극 등 다양한 분야에 거침없이 뛰어들었다.

풍물을 처음 접한 것은 대학 졸업여행 당시 용인 민속촌을 찾았을 때였다. 민속촌에서 풍물에 빠져 신명에 젖은 어르신의 눈을 보고 전율을 느꼈다고 한다. 호기심에 집으로 돌아가자마자 장구를 배웠다. 제일은행에서 직장인 풍물패를 만들어 퇴근 후 장구를 두드렸고, 웅진으로 옮겨서도 사내 풍물패를 계속했다. '얼쑤'라는 추임새가 회사 이름이 된 배경도 여기서부터 시작됐다. 인문학, 특히 역사 분야에 대해서도 꾸준히 지식을 쌓아 왔다. 그 덕에 제품에 관한 모티브를 역사 속에서 찾는 일도 많았다. '자연한끼' 등 가루로 된 건식 음료는 신라 화랑들의 '전투식량'에서 출발했다. 신라 화랑들이 곡물 가루를 비상식량처럼 갖고 다니며 먹었다는 기록을 보고 발효, 건조를 거친 건식 음료에 대한 모티브를 얻었다.

술자리도 아이디어 수집을 위한 주요 창구다. '칼퇴근'을 엄수하는 그는 저녁 술자리를 자주 갖는다. 직장 동료가 아니라 다른 분야 전문가들과 술자리를 많이 갖는 게 특이한 점. 춤추는 사람, 그림 그리는 사람, 스님, 도예가, 디자이너 등 그의 술 친구는 다채로울 정도다.

"거래처나 업무 관계에 있는 사람들하고 어울리면 술맛이 안 나요. 그런데 예술하는 사람들하고 만나면 저절로 흥도 생기고, 아이디어 정리도 잘됩니다."

아이디어가 많다는 말을 듣는 이명재 알리안츠생명 사장은 다른 사람의 견해에 귀를 기울이는 습관을 들이라고 말한다.

"사람은 다 한계가 있어요. 저만해도 정치·경영·법학 등 나름대로 여러 학문을 배웠습니다. 태어나고 자란 곳은 한국이지만 미국에서 5년을 살았고 독일은 50회 넘게 방문했고 싱가포르에서 3년간 살았어요. 다양한 경험을 했다고 볼 수 있죠. 그래도 부족함을 느낍니다. 특정 분야마다 실력자들이 있습니다. 그들이 편하게 말을 하게 만드는 분위기를 만들 수 있다면 그들로부터 많은 것을 배울 수 있어요."

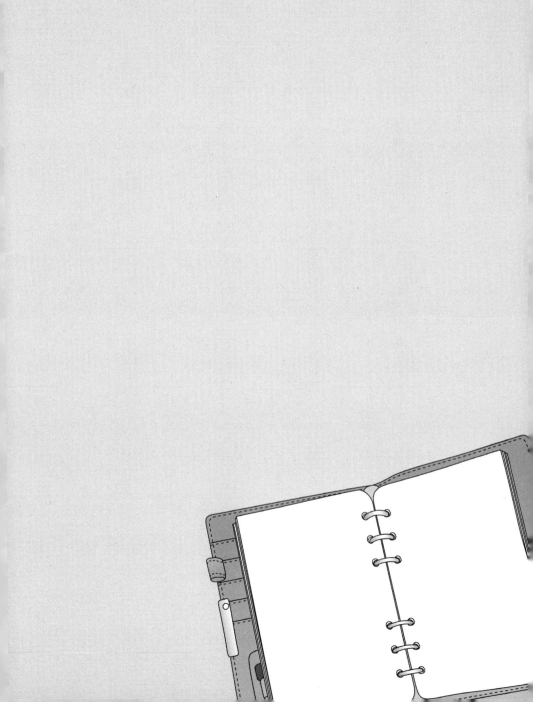

비커 속 개구리의 운명에서 벗어나기

흔히 우리는 비커 속 개구리의 아둔함을 말한다. 비커에 물을 담고 서서히 데우면 개구리는 느린 온도 변화를 감지하지 못한다. 자신의 운명을 예감하지 못한 채 태연하게 헤엄만 친다. 시간이 흘러 물이 확연히 뜨거워질 정도가 되면 개구리가 탈출을 시도하지만 때는 이미 늦다. 결국 개구리는 삶기고 마는 것이다. 소리 없이 우리의 의식을 지배하고 인생을 조종하는 것이 바로 습관이다. 개구리의 우화는 나쁜 습관이 몸에 배여 가는 줄 모르고 현실에 안주하는 우리 삶에 대한 경고일 수 있다.

사람의 뇌가 차지하는 부피와 무게는 몸 전체의 2퍼센트밖에 되지 않는다고 한다. 그런데 뇌는 우리가 먹는 음식 에너지의 무려 25퍼센트를 쓴다. 그러니까 우리가 뭔가를 생각하고 신경 쓴다는 것은 굉장히 많은 에너지를 소비하는 활동인 것이다. 그래서 인간은 되도록이면 생존을 도모한다는 미명하에 에너지를 적게 쓰는 방식으로 세상을 살아가게 되었다. 일상의 상당 부분을 습관에 내

맡기고 일일이 에너지를 쓰지 않는 데는 이런 이유가 작용하고 있다는 게 뇌 과학자들의 설명이다.

실제로 우리 삶을 되돌아보면 습관이 굉장히 많은 부분에 관여하고 있음을 알 수 있다. 관심 있는 영역에 에너지를 집중하고 그렇지 않은 일은 습관으로 대처하다 보니 우리의 삶이 뻔한 패턴으로 고착화되고 있는 것이다. 진정 삶을 바꾸고 싶다면 방치하다시피 했던 습관에 메스를 대야 한다.

일상을 관장하는 습관을 좋은 쪽으로 돌려놓지 않는 이상 삶의 혁신은 어렵다. 새로운 습관을 얻기 위해 탐색하고 그것이 습관으로 자리 잡도록 반복해야 한다. 그 방법 밖에는 없다. 불편해도 평소 새로운 사람과 만나 이야기 하고, 기존의 것과는 다른 발상을 받아들이는 것을 주저하지 말아야 한다. 그렇지 않으면 나쁜 습관이 우리 일상을 더 공고히 지배하게 된다. 한꺼번에 막판 몰아치기 해서는 어림도 없다. 벼락치기가 반짝 효과를 낼 수는 있어도 진정한 실력 향상으로는 이어질 수 없는 것과 같은 이치다.

어떻게 하면 일상의 변화를 통해 인생을 바람직한 방향으로 유턴할 수 있을까? 그 해답 역시 개구리 우화에 있다. 자신이 몸담고 있는 물이 점점 뜨거워지는 것을 인식하지 못하는 개구리처럼 될 것이 아니라, 평소 습관의 위력을 알고 지혜롭게 습관을 다스려야 할 것이다. 가랑비에 옷이 젖듯이 좋은 습관이 삶에 은은하게 녹아 자리 잡는 순간 인생에 변화가 선물처럼 찾아온다.

삼성·LG 등 한국 기업은 왜 그렇게 자주 미국 기업의 소송전에 휘말릴까?
법과 제도 그리고 101가지 사례로 본 미국식 자본주의!

코포릿 아메리카

미국 자본주의를 다룬 책은 많다. 하지만 정책 입안 경험을 토대로 미국 법에 대한 지식과 뉴욕 상무관으로서 겪은 실제 사례를 엮은 책은 이 책뿐이다. 미국 기업을 움직이는 핵심 원리와 제도를 101가지 사례로 쉽게 이해할 수 있다.

김성열 지음 | 368쪽 | 25,000원

사시가 F=ma인 이상한 회사가 50년간 연속 흑자 행진?
출간 직후 유수의 대기업들이 앞다퉈 배움을 청한 바로 그 책!

메이난 제작소 이야기

천여 건에 달하는 특허와 실용신안을 등록, 1인당 10억에 달하는 매출을 올리는 강소기업 메이난 제작소의 독특한 성공 비결을 담았다. 경영과 비즈니스에 대해 고민하는 모든 이들에게 새로운 영감을 줄 수 있는 이야기들로 가득하다.

카마다 마사루 지음 | 김욱 옮김 | 260쪽 | 14,800원

'엄청난 결과를 가져오는 사소한 습관'을 자기 것으로 만들라!
그리하여 성공의 대열에 합류하라!

CEO의 습관

CEO 인터뷰 전문 작가가 쓴 습관에 대한 책이다. 성공하는 CEO를 만든 작지만 특별한 49가지 습관이 소개되어 있다. 경영 철학, 가치가 묻어나는 다양한 습관들이 현장감 있게 사례 중심으로 잘 정리되어 있다.

김성회 지음 | 280쪽 | 12,000원

삼성에서 세 번이나 사내 출간된 직장인의 필독서!
CEO들이 가장 많이 선물한 책!

원점에 서다

이 책은 너무나 간단하지만 일의 기본과 핵심이 되는 '원점'에 대해 논하고 있는 독특하고 매혹적인 조직 계발서다. '원점에 선다'는 의미는 목적에 충실한다는 뜻이며, 최소의 비용으로 최대한 발리 목적을 달성하는 방법들이 구체적인 사례와 함께 소개되어 있다.

사토 료 지음 | 강을수 옮김 | 224쪽 | 10,000원

기업과 조직의 운명을 바꾼 위대한 참모 이야기!
JTBC 썰전의 이철희 소장이 말하는 이 시대의 진정한 참모상!

1인자를 만든 참모들

어떤 조직이든 가장 높은 자리의 한 사람을 제외하면 모두 참모다. 이 책은 참모가 리더십을 발휘해야 하는 지금을 참모의 시대라고 말한다. 리더와 조직의 흥망을 결정하는 Key Man이 바로 참모라는 것이다. 이 책에서는 정도전과 이성계, 버락 오바마와 데이비드 액설로드 등 역사를 넘나들며 1인자를 리더답게 만든 참모들의 일대기를 소개하고 있다.

이철희 지음 | 368쪽 | 15,800원

30만 독자가 선택한 한국사의 결정판!
10년 연속 한국사 부문 스테디셀러!

하룻밤에 읽는 한국사·하룻밤에 읽는 한국사 근현대편

선사시대부터 5천 년간 이어져 온 한국사의 주요 흐름을 흥미로운 주제와 다양한 사료들을 통해 파헤친다. 근현대편에서는 오욕과 고난 속에서도 '다이내믹 코리아'의 기적을 창출한 지난 백 년을 한 눈에 파악하도록 했다.

최용범·이우형 지음 | 한국사 428쪽, 근현대편 456쪽 | 한국사 13,500원, 근현대편 15,800원

서양의 역사를 바꾼 사건들을 통해 전체 흐름을 쉽고 정확하게 이해한다!
문학·철학·과학·예술이 녹아 있는 생생한 서양사 이야기

하룻밤에 읽는 서양사

이 책은 총 5부로 구성되어 있으며, 문명 발생부터 미국적 국제질서가 지배하는 현대에 이르기까지 다양한 사진과 그림을 동원해 폭넓은 주제를 다루고 있다. 특히 기존 역사서에서 찾아보기 힘들었던 쿠바, 멕시코, 엘살바도르 등 라틴아메리카 지역의 역사를 새롭게 조명한다.

이강룡 지음 | 320쪽 | 14,800원

한 명의 왕자가 공주를 구하면 동화가 되고,
여러 명의 왕자가 공주들을 구하면 역사가 된다!

백마 탄 왕자들은 왜 그렇게 떠돌아다닐까

세계 명작 동화에 등장하는 인물과 당대의 역사를 통해 보다 깊고 넓은 관점에서 이야기를 재구성하는 책으로 지금껏 간과해 왔던 역사적 배경을 조명하고 있다.

박신영 지음 | 320쪽 | 13,500원

생명과 과학을 관통하는 지식의 대통합!
국내 최초 인문의학자 강신익 교수의 휴먼 사이언스 특강!

불량 유전자는 왜 살아남았을까?

DNA는 과연 모든 것을 설명할 수 있을까? 인간의 생로병사를 과학적으로 해석하고, 다시 그것을 인문학의 가치와 규범을 통해 이해한다! 재미와 의미를 갖춘 우리 몸의 과학에 대해 다룬다.

강신익 지음 | 288쪽 | 13,500원

"저널리스트여, 조직의 구성품이기를 거부하라!"
길들여지지 않는 기자 변상욱의 종횡무진 리포트!

대한민국은 왜 헛발질만 하는가

CBS 대기자가 본 대한민국을 달군 정치·사회·경제의 주요 현안들이 담겨져 있다. 민주주의로 포장되어 휘둘러지는 지배와 군림의 단면들을 적어 간 시대기록의 모음으로서, 역사와 심리학적 분석을 비롯한 외국의 사례나 상황도 꼼꼼히 들어가 있다.

변상욱 지음 | 296쪽 | 14,800원

인생을 바꾸는 고수의 습관

초판 1쇄 발행 2014년 12월 12일
초판 2쇄 발행 2014년 12월 22일

지 은 이   이상훈

펴 낸 이   최용범
펴 낸 곳   페이퍼로드
출판등록   제10-2427호(2002년 8월 7일)
　　　　　서울시 마포구 연남로3길 72(연남동 563-10번지 2층)

편　　　집   김정주, 양현경
디 자 인   장원석(표지), 이춘희(본문)
마 케 팅   윤성환
경영관리   강은선

이 메 일   book@paperroad.net
홈페이지   www.paperroad.net
커뮤니티   blog.naver.com/paperroad
Tel (02)326-0328, 6387-2341 | Fax (02)335-0334

ISBN　—　978-89-92920-08-7 03320

- 책값은 뒤표지에 있습니다.
- 잘못 만들어진 책은 구입하신 곳에서 바꾸어 드립니다.
- 이 책은 저작권법에 따라 보호 받는 저작물이므로 무단 전재와 무단 복제를 금합니다.